Marshall · Gott hat keine Enkel

Catherine Marshall

Gott hat keine Enkel

Mein Weg zum Glauben

Aussaat Verlag Neukirchen-Vluyn

Die Originalausgabe erschien unter dem Titel
„Beyond our selves“
bei McGraw-Hill Book Company, Inc., New York

Aus dem Amerikanischen übersetzt von Wiltrud Bichsel-Kessler

3. Auflage 1995

Gesamtherstellung: MZ-Verlagsdruckerei GmbH, Memmingen
Printed in Germany
3-7615-5102-9

Vorwort

Als ich vor siebzehn Jahren durch Krankheit ans Bett gefesselt war, beschäftigten mich gewisse Fragen auf einmal sehr eindringlich:
Ist es tatsächlich möglich, mit Gott, der unsere Welt erschuf, in Verbindung zu treten?
Warum erlaubt Gott das Böse, wenn er die Macht hat, es zu verhindern?
Kann Gott heilen, wo die Medizin versagt?
Kann das Gebet die äußeren Umstände unseres Lebens beeinflussen?
Führt Gott die Menschen auch heute?
Die Suche nach einer Antwort auf diese Fragen wurde für mich auf eine Weise zum Abenteuer, wie ich es nie für möglich gehalten hätte. Dies hier ist die Geschichte dieser Suche.

Viele andere Menschen hatten an den Untersuchungen teil, die zur Entstehung dieses Buches führten. Drei Personen möchte ich besonders erwähnen. Eine davon ist eine Frau, die starb, ehe ich geboren wurde. Ich begegnete ihr erstmals in einem ihrer Bücher.
Im Herbst 1944 gelangte ein Exemplar des Buches *The Christian's Secret of a Happy Life* von Hannah Whitall Smith in meine Hände. Rein äußerlich gesehen, wirkte der Band alles andere als einladend. Der Druck war klein und eng, die Sprache altmodisch, der Schreibstil veraltet. All dies war verständlich, denn das Buch wurde um 1870 geschrieben. Seit damals sind — fast ohne Werbung — ungefähr drei Millionen Exemplare des Buches verkauft worden. Ich fragte mich warum.
Ich entdeckte es rasch. Das Buch war ein praktischer christlicher Ratgeber und zu einer Zeit geschrieben, als es so etwas nicht gab. Die Kapitelüberschriften lasen sich wie ein Inhaltsverzeichnis, das noch feucht von Druckerschwärze war: „Wie man eintritt" (das heißt, ins christliche Leben);

„Schwierigkeiten hinsichtlich der göttlichen Führung"; „Schwierigkeiten im Hinblick auf Zweifel"; „Glaubensschwierigkeiten" ...
Eifer und Entschiedenheit ihrer Aussage zeigten Hannah Smith als eine Frau, die wußte, was sie glaubte und warum sie glaubte. Zu ihrer Zeit bildeten Hölle und Verdammnis noch Grundbegriffe christlicher Lehre. Sie aber betonte, das christliche Leben an Gott sei das glücklichste Leben, das es gebe.
Ich las das Buch ein erstes, dann ein zweites Mal. Zu bestimmten Kapiteln kehrte ich immer wieder zurück. Hatte ich ein geistliches Problem, das mich verwirrte, konnte ich hier stets eine Antwort finden, vorausgesetzt — es war mir ernst, Klarheit zu gewinnen. Eines Tages, so sagte ich mir, würde ich gerne ein ähnliches hilfreiches Buch für meine Zeit schreiben. In ihm wollte ich, wie Hannah Smith, all die großen und kleinen Erfahrungen und Entdeckungen, die auf meinem christlichen Weg für mich wertvoll gewesen waren, mit anderen teilen.
Die zweite Person, die meinem Buch unaustilgbar ihren Stempel aufdrückte, ist Peter Marshall. Als ich in Atlanta studierte, erregte Peter meine Aufmerksamkeit zunächst durch seine auf persönlicher Erfahrung beruhende Überzeugung, die aus all seinen Predigten sprach. Auf hunderterlei verschiedene Weise sagte er: „Ich weiß, das ist so, weil ich es selbst erlebt habe."
Er wußte viel darüber zu sagen, wie freudvoll christliches Leben ist. Wer mit ihm kegelte, ihn auf einer Angeltour oder zu einem Baseballspiel begleitete, erlebte diese Freude unmittelbar.
Auf uns Studentinnen wirkten seine feste Überzeugung und sein lebendiger Glaube stärker und nachhaltiger als alle Predigten, die wir bis dahin gehört hatten.
Nachdem Peter mein Mann geworden war, fuhr er fort, mich zu formen. Die Liebe Gottes durchströmte hier eine der wärmsten und lebendigsten Persönlichkeiten, die ich je kannte. Durch Peter lernte ich, daß in unsere Liebe zu Gott die Gefühle miteinbezogen werden müssen. Warum auch nicht? Gefühl braucht ja nicht sentimental zu sein. Es kann auch voll männlicher Kraft sein.
Ich weiß heute, daß seine Ideen, seine Überzeugung, selbst seine bildhaften Wortgemälde samt und sonders ein Teil meiner selbst geworden sind. Darum ist jedes Buch, das ich schreibe, zugleich auch Peters Buch.

Auf eine seltsame Weise verdanke ich Peter auch mein gegenwärtiges Glück. Er prägte mir nämlich ein, daß es nach Gottes Plan keine Rivalität und Eifersucht gibt. Jede geliebte Person hat ihren bestimmten Platz hier in diesem Leben wie in der Ewigkeit. Aus diesem Grund auch kann ich die Erinnerung an ihn mit Len teilen, und Len ist ebenso dankbar wie ich über Peters Einfluß auf unser gemeinsames Leben.

Die dritte Person nämlich, die ich in diesem Zusammenhang erwähnen muß, ist natürlich Leonard LeSourd, den ich 1959 heiratete, fast elf Jahre nach Peters Tod.

Ich finde, einen Redaktionsleiter in der Familie zu haben, hat neben einigen Nachteilen viele Vorteile. Da Len Chefredakteur und selbst Schriftsteller ist, hat er Verständnis für meine Arbeit. Er ist geduldig mit mir, wenn ich trüber Stimmung bin, weil mir keine Ideen kommen, der Satzbau hölzern und das, was ich schreibe, einfach fürchterlich ist.

Dennoch gibt es Zeiten, da möchte ich die Tür meines Arbeitszimmers zuwerfen und über mein Manuskript bis zum nächsten Tag weder nachdenken noch reden.

Aber Ideen halten sich bei Len nicht an bestimmte Stunden. Einmal telefonierte er mit mir sogar von einer Zollstation der New Jersey-Mautstraße aus: „Das Kapitel über die Vergebung hat mich auf dem ganzen Weg hier herunter beschäftigt. Der Eröffnungsabschnitt ist noch nicht, wie er sein sollte.“ Und dann ist Len, wie jeder Redakteur, unbarmherzig mit dem Blaustift, und er weiß immer, wann ich mit einer schriftstellerischen Arbeit längere Zeit aussetzen muß.

Eines Tages werde ich vielleicht darüber schreiben, welch ein Abenteuer es ist, eine zweite Familie großzuziehen. Gerade als ich dachte, das Kapitel Kindererziehung wäre für mich abgeschlossen, gesellten sich Lens drei Kinder zu Peter John und nannten mich „Mutter“.

Da ist Jeffrey, ein schelmischer und liebenswerter Fünfjähriger. Wenn Jeff neben dem 1,94 Meter großen Peter John steht, wirkt er noch kleiner als er ohnehin schon ist. Chester, jetzt volle acht Jahre alt, hat riesengroße, tiefbraune Augen und spielt leidenschaftlich gern Baseball. Peter John, der oft mit ihm trainiert, hat sich seine durch nichts zu erschütternde Bewunderung erworben. Dann ist da Linda, mit ihren zwölf Jahren schon bald in dem Alter, wo man erwachsen zu werden beginnt. Sie hat sich immer einen großen Bruder gewünscht und betrachtet den, den sie nun bekommen hat, als ein Geschenk des Himmels. Außerdem ist Linda begeistert darüber, eine Schriftstellerin „zur Mutti" zu haben. Sie wird noch viel begeisterter sein, hoffe ich, wenn sie sich selbst in diesem Buch wiederfindet.

Das breitgelagerte weiße Haus mit den roten Fensterläden, das unser Heim ist, liegt in der felsigen, von Bäumen überschatteten Landschaft der Westchester County. Unser Briefkasten steht einsam an der Straße, wir haben eine Schulbuslinie und Maulwürfe im Rasen. Viele Dinge wurden im Laufe meines Lebens zur Bewährungsprobe für mich, und zur größten wurde meine zweite Familie. Und nichts hat mich glücklicher gemacht.

Peter, Len und Hannah waren meine ständigen Begleiter, während ich dieses Buch schrieb. Obgleich sie alle drei sehr verschieden voneinander sind, haben sie etwas ganz Charakteristisches gemeinsam: Enthusiastische Freude an dem, was Peter Marshall gerne „unbegrenzte geistige Suche" nannte. Nur zu oft fehlt dieser Enthusiasmus in christlichen Kreisen. Wenn es mir daher gelungen ist, auf den folgenden Seiten wenigstens ein Hundertstel meiner Begeisterung für das Christentum spürbar zu machen, habe ich mein Ziel erreicht.

Catherine Marshall

Inhalt

1 Vom Sinn des Lebens

Wenn Sie mit Ihrem Leben zufrieden sind und kein Bedürfnis nach Hilfe verspüren, ist dieses Buch nichts für Sie. Die Suche nach Gott beginnt an dem Punkt, da man ihn nötig hat.

Die meisten von uns spüren dieses Nötighaben, weil wir auf unsere Probleme keine Antwort mehr wissen, oder weil uns bewußt geworden ist, daß wir mehr aus unserem Leben machen oder mehr in es hineinlegen sollten. Wir erkennen plötzlich, daß wir nur das Tretwerk des Lebens durchlaufen und unser halberstarrtes Dasein sicher nicht das Leben ist, wie es sein sollte! Wir sehnen uns nach mehr.

Ich empfand diese Sehnsucht erstmals während meiner Collegejahre. Kürzlich stieß ich in einem Tagebuch, das ich während meines ersten Semesters führte, auf folgende Bemerkungen:

„Die Menschen schaffen, hasten und streben. Ihre Augen sind meist auf materielle Belange gerichtet. Sie sterben, und anscheinend ist dann alles vorüber. Wozu sind wir denn überhaupt hier? Das Leben muß einen bestimmten Zweck haben, aber ich habe noch nicht entdeckt welchen.

Mein Leben lang habe ich gedacht, ich sei vom Wandertrieb besessen. Jetzt weiß ich, daß das Problem in mir selbst liegt und daß ich mir selbst nicht entfliehen kann. Ich bin ruhelos und unglücklich."

Ein Teil der Ruhelosigkeit mag für die Schlußphase der Reifezeit typisch gewesen sein. Aber nur ein Teil, denn diese Suche nach etwas, das ich noch nicht kennengelernt hatte, dauerte zehn Jahre oder mehr — bis ich Ende Zwanzig war.

Ich denke dabei an viele Menschen, die gleich mir suchten. Zum Beispiel an Alex. Er ist groß und hager und hat die Augen eines nachdenklichen Menschen. Alex absolvierte sein Studium an einer der besten Universitäten des Landes und ist heute ein erfolgreicher Schriftsteller. Sein im Materialismus und Rationalismus geschulter Verstand vermutete hinter jeder Religion eine Form hochentwickelter Selbsttäuschung.

„In Wahrheit war die Vernunft mein Gott", erzählte er mir kürzlich. „Und sie schien ein Gott, der der Verehrung wert war, bis ..."

Bis Alex in seinem eigenen Familienleben auf Probleme stieß, die durch keinerlei Vernunftgründe zu lösen waren.

„Es war hart für mich, zugeben zu müssen, daß es im Leben Bereiche wie das Gefühlsleben des Menschen und das komplizierte Problem der menschlichen Beziehungen gibt, für die die Vernunft keine Antworten bereithält. Das zu erkennen, erschütterte mich", sagte er. Zum erstenmal stieß er auf die unwiderlegbare Tatsache, daß es noch etwas anderes im Leben geben muß.

Und ich denke an Sheila Goshen, eine Hausfrau in Birmingham, die mich um Hilfe bei ihrer Suche bat: „... Nachdem ich mich fünfzig Jahre lang nicht um Gott kümmerte, betrachtete ich mich selbst kürzlich unter einem ganz neuen Gesichtspunkt, und glauben Sie mir, was ich sah, gefiel mir nicht. Seither versuche ich, das zu werden, was ich gerne sein möchte, doch ich kann mich nicht ändern. Heute weiß ich, daß ich es ohne Gott und den Glauben niemals schaffen werde. Die Frage ist nur, was muß eine gewöhnliche Person wie ich tun, um mit Gott in ‚vertrauten Umgang' zu kommen?"

Diese Frage ist leicht zu stellen und schwer zu beantworten. Ich dachte Wochen, dann Monate darüber nach. Auf eine Art ist dieses Buch meine Antwort.

Es gibt übergenug Beweise dafür, daß beruflicher und materieller Erfolg nicht imstande sind, unseren inneren Hunger zu stillen. Die berühmte Hollywood-Schauspielerin Mary Astor kannte den märchenhaften Zauber der Filmwelt. Sie erhielt einen Akademiepreis, ging zwei glänzende Ehen ein, hatte zwei Kinder, mehrere Villen in Beverly Hills, Pelze, Juwelen, Berühmtheit — was konnte eine Frau noch mehr begehren?

Doch Mary Astor schrieb über sich selbst: „Jahrelang — selbst inmitten von allem Ruhm — sehnte ich mich nach Zufriedenheit und Glück. Es kostete mich fast zwanzig Jahre, dahin zu gelangen, Gott als Person und Vater zu erkennen und zu wissen, daß im Glauben zu wandeln, erwachsen werden bedeutet."

Ich habe diese Suche nach Gott auch an Collegestudenten beobachtet, vor allem den älteren unter ihnen. Unlängst erlebte ich während eines Wochenendbesuches bei meinem an der Yale-Universität studierenden Sohn Peter John folgendes: Drei von Peters Freunden und ich hatten beim Lunch in einem Selbstbedienungsrestaurant geplaudert. Der große dunkelhaarige Junge mir gegenüber erhob sich. „Tut mir leid, daß ich mich so beeilen muß, aber ich habe um ein Uhr eine Vorlesung. Das war ein interessantes Gespräch." Ein seltsamer Ausdruck, den ich mir nicht erklären konnte, flog über sein Gesicht, und nur zögernd sprach er weiter: „Seitdem ich ein höheres Semester bin, verwende ich ziemlich viel Zeit darauf, ausfindig zu machen, was es mit dem Leben eigentlich auf sich hat. Ist es nicht sonderbar, daß wir hierbei vom College so wenig Hilfestellung bekommen? Ich meine, warum wir hier sind und wie wir das Leben meistern sollen und all das. Na, Wiedersehn miteinander."

Oft erfaßt der innere Hunger diejenigen, die dem Materialismus am meisten verhaftet sind. Eines Tages unterhielt ich mich mit einem Mann, der im Börsengeschäft tätig ist. „Seit einem Jahr", so erzählte er mir, „hat mich eine Art Ruhelosigkeit gepackt, die ich mir nicht erklären kann. Ich habe bis spätabends im Büro gearbeitet und mich in jede Art von Geschäften gestürzt, bloß um keine Zeit zu haben, über mich selbst nachzudenken. Ich bin viel ausgegangen und habe jede Art von Vergnügungen gesucht, und oft betrank ich mich. Aber nichts konnte mich befriedigen. Dann versuchte ich es mit einer neuen Sportausrüstung — zwei teuren Wagen. Es nützte alles nichts.

Was ich jetzt fragen möchte, mag seltsam klingen, insbesondere von einem Makler, der seine Zeit eher mit dem Studium des Börsenindexes als der Religion verbringt. Aber ich frage mich, könnte dieses bohrende Gefühl in meinem Innern ... Nun, könnte es meine Seele sein, die nach ihrem Schöpfer schreit und sich weigert, sich mit weniger zufriedenzugeben? Wenn dies eine Erklärung ist, was soll ich dann tun? Wie stellt man es an, Gott zu begegnen?"

In jeder Gemeinde, in jedem Land, in jeder sozialen und wirtschaftlichen Schicht finden sich Menschen, die genauso begierig wie der Börsenmakler sind, den Weg zu Gott zu finden, wenngleich viele von ihnen zu schüchtern sind, es in Worte zu fassen. Sie haben Fragen und Probleme. Sie wissen nicht recht, ob das Christentum tatsächlich eine Antwort für sie hat. Es ist zumindest ein Schritt in die rechte Richtung, wenn man weiß, wo man keine Antwort bekommt. Bis zum ersten Weltkrieg waren viele Leute überzeugt, daß sich dieses Etwas, das dem Leben Sinn verleiht, hier auf Erden befinde. Natürlich hielten wir es für klug, einer höheren Macht mit den Lippen zu dienen. *Gott ist unsere Zuversicht* war auf unsere Münzen geprägt. Ein bis zwei Sätze, die ein höchstes Wesen erwähnten, tauchten in den meisten politischen Reden als Garnierung auf wie Petersilie auf einer Aufschnittplatte. Im übrigen bestand die stillschweigende Übereinkunft, daß wir unser Geschick sowohl auf persönlicher als auch auf nationaler Ebene selbst lenken könnten. In Wirklichkeit brauchten wir Gott nicht. In der Tat waren die Amerikaner bei Anbruch des zwanzigsten Jahrhunderts wohl das optimistischste Volk der Erde. Die durch Massenproduktion und Massenvertrieb sich rasch entwickelnde Industrie ließ das Ende der Armut in Sicht erscheinen. Schon in absehbarer Zeit würden alle Erdbewohner zumindest mit dem Existenzminimum an Nahrung, Kleidung und Unterkunft versorgt werden können. Ließ man ihr Zeit, würde die Medizin Krankheit faktisch ausrotten. Neue Erfindungen und Maschinen würden uns mehr Freizeit schenken, und Erziehung und Bildung die Menschen schließlich überzeugen, daß Kriegführen Wahnsinn war. Ende der zwanziger Jahre lernten Jungen und Mädchen auf allen High Schools der Vereinigten Staaten die Satzungen des Völkerbunds. Ich weiß es, weil ich manch lange Winterabende damit verbrachte, mich auf eine sehr schwierige Prüfung über dieses Thema vorzubereiten. Der Preis (den ich nicht gewann) war eine Reise nach Genf, um den Völkerbund und seine Arbeit zu erleben. Meine Generation war überzeugt, daß kluge, vom Völkerbund und vom Internationalen Gerichtshof in Den Haag getroffene Entscheidungen bald dem sinnlosen Greuel des Krieges ein Ende setzen würden. Dies alles war Teil der Lehre vom unvermeidlichen Fortschritt.

Ohne klar zu erkennen, was geschah, begannen die meisten von uns die Voraussetzungen als selbstverständlich anzusehen, die dieser Philosophie des Optimismus zugrunde lagen. Wir gingen dazu über, nach diesen Grundsätzen zu leben, obgleich wir sie nicht so milde ausgedrückt hätten, wie ich es hier tue:

Der Mensch ist von Natur aus gut.

Jeder einzelne kann sein Wohl mit Hilfe von Erziehung, Bildung und einer fortschrittlichen Gesellschaftsordnung selbst gestalten.

Die Wirklichkeit und die Werte, nach denen zu suchen es sich lohnt, sind in der materiellen Welt zu finden, die zu analysieren, zu katalogisieren und zu messen uns die Wissenschaft lehrt. Obgleich wir die Existenz innerer Werte nicht verneinen wollen, verweisen wir sie auf den zweiten Platz.

Ziel des Lebens ist Glücklichsein. Und unter Glück verstehen wir eine freudenbringende Tätigkeit, Freunde und möglichst viele materielle Güter.

Leid und Elend des Lebens — Unwissenheit, Armut, Selbstsucht, Haß, Habsucht, Machtgier — sind von äußeren Faktoren abhängig. Deshalb können wir sie durch eine Reform der menschlichen Institutionen und eine Verbesserung der Umweltbedingungen beseitigen.

Während Wissenschaft und Technik der Armut zu Leibe rücken und die Last unseres Existenzkampfes von uns nehmen, werden wir ganz von selbst zu besseren Menschen.

Mit der Zeit wird die Welt einsehen, daß die amerikanische Art zu leben, die beste ist. Sie wird dann ebenfalls nach einem Leben in Freiheit und Wohlstand trachten. Dies wird der größte Ansporn zur Beendigung weltweiter Konflikte sein.

Um mit den Menschen auszukommen, hüte man sich vor religiösen Maximen und Dogmen. Das Ideal ist, ein netter Mensch zu sein, dessen Glaubensbekenntnis Toleranz heißt. So erregen wir wenig Anstoß. Wir leben und lassen leben. Dies ist die amerikanische Art zu leben.

Das glaubten wir. Danach handelten wir.

Dann kam der erste Weltkrieg mit seinen schrecklichen Folgen. In Europa war die Ernüchterung groß und echt. Dort war man nicht mehr der Überzeugung, daß der Mensch von Natur aus gut ist.

Aber bei uns in der westlichen Hemisphäre waren keine Städte zerstört, war die Landschaft nicht verwüstet worden. Die Tinte auf dem Versailler Vertrag war kaum trocken, da machte sich unsere Philosophie des Optimismus schon wieder breit. Schuld an dem Krieg von 1914—1918, so sagten wir uns, war nicht die erzschlechte menschliche Natur, sondern die Rüstungsindustrie und ähnliche von einem unerleuchteten neunzehnten Jahrhundert ererbte Einrichtungen. In den Colleges, auf den Rednertribünen und bei kirchlichen Veranstaltungen verliehen wir unserer Entrüstung lautstark Ausdruck. Ich erinnere mich, an Diskussionen zwischen verschiedenen Colleges teilgenommen zu haben — einige davon mit internationalen Teams aus Oxford, Cambridge und London —, bei denen wir unserem Abscheu über Rüstungsfabrikanten und Kriegstreiber freien Lauf ließen.

Der Fehler lag niemals bei uns selbst. Nein, dies hatte nichts mit dem Menschen und seinem Gott zu tun. Man mußte lediglich die Knitter aus unserer Gesellschaft herausbügeln. Mittlerweile erklomm die technische Entwicklung immer größere Höhen. Die goldenen Zwanzigerjahre bestätigten die Doktrin vom unvermeidlichen Fortschritt. Und als die Depression Ende Oktober 1929 über uns hereinbrach, meinten die meisten Menschen, daß das Problem nicht am Menschen, sondern an seinen Einrichtungen lag — in diesem Fall dem Geld- und Kreditmarkt, dem Börsengeschäft, kurz am Monopolkapitalismus. Franklin Delano Roosevelts New Deal mit seiner Kreditausweitung, seinen Staatsdarlehen und Sozialreformen würde damit schon aufräumen.

Der Verdacht, daß die Menschheit nicht am Heil unserer Welt wirke, kam mit Adolf Hitler. Die Tschechoslowakei, Polen, Dänemark, Norwegen, die Niederlande, Belgien, Frankreich — ein Land nach dem anderen fiel seinem Ansturm zum Opfer. Aber weniger der Krieg selbst, als die damals geschehenen Greueltaten zerstörten schließlich und gründlich unser optimistisches Bild des von Natur aus guten Menschen. Sie erschreckten uns bis ins Innerste.

Was war mit dem deutschen Volk geschehen? Amerikaner, die Deutschland zwischen den beiden Weltkriegen bereist hatten, erinnerten sich an den Zauber der Landschaft, an die Freundlichkeit der Menschen auf den Straßen der Städte und in den Geschäften, an ihre Musikliebe und den Frohsinn. Der typische deutsche Geschäftsmann hatte uns gesunden Respekt eingeflößt; sein Verhalten schien dem unseren so verwandt!

Daher entsetzte uns nicht nur die Ungeheuerlichkeit der Naziverbrechen, sondern es kam uns auch der häßliche Verdacht, der unvollkommene Mensch könne noch andere Brutalitäten begehen — irgendwo, zu irgendeiner Zeit. Stimmte es überhaupt, daß der Mensch von Natur aus gut war, daß Erziehung und Bildung, Wissenschaft und Technik und bessere Umweltbedingungen ihn schließlich vervollkommnen würden?

Aber es gab noch immer einen Winkel, in den wir Amerikaner uns vor der Wahrheit flüchten konnten, also zogen wir uns dorthin zurück. Unbestreitbar waren in der übrigen Welt schlimme Dinge geschehen. Aber die Amerikaner, so erklärten wir, sind anders. Wir sind Menschen guten Willens. Wir hassen den Krieg, und wir wollen die Welt gewiß nicht beherrschen.

Und dann wurde die Atombombe über Hiroshima abgeworfen. Sie machte die sorgfältig gezogene Grenze zwischen unserer Hochherzigkeit und der Bösartigkeit der übrigen Welt zweifelhaft. Nicht nur deutsche Verderbtheit war für unaussprechliche Grausamkeiten verantwortlich: menschliche Verderbtheit war es. Und auch wir gehörten zu dieser Menschheit.

Gewisse Vorkommnisse des Koreakrieges rückten die Anfälligkeit des Menschen für Bosheit, ja Verworfenheit in ein neues Licht. Es geschah in den Bergen Nordkoreas, in der Nähe von Pyoktong. Dreiundvierzig amerikanische Gefangene kauerten dicht zusammengedrängt in einer Hütte und versuchten sich gegenseitig zu wärmen. Zwei der Männer litten an Brechdurchfall; nicht angenehm in dem engen Quartier.

Im Laufe des Abends stand plötzlich ein Korporal auf und schleppte einen seiner kranken Kameraden nach draußen; dann kam er zurück und warf den zweiten hinterher. Kein Mann rührte sich, keine Stimme protestierte. Draußen herrschten dreißig Grad unter Null; die ausgesetzten Männer waren innerhalb von Minuten tot.

Der mitleidlose Korporal, der so den Tod zweier Landsleute verschuldete, wurde nach dem Krieg vor Gericht gestellt, des Mordes für schuldig befunden und zu lebenslänglicher Haft verurteilt.

Was aber war mit den vierzig Zeugen? Sie alle wurden von Heerespsychiatern über den Vorfall vernommen, und fast alle Verhöre verliefen so:

„Soldat, sahen Sie, wie der Mann die zwei kranken Soldaten zur Hütte hinauswarf?"

„O ja, Sir."

„Was haben Sie zu dem Zeitpunkt getan?"

„O, ich habe mich gerade eng an die anderen gedrängt, um mich warmzuhalten. Es war die einzige Möglichkeit, am Leben zu bleiben."

„Dann wußten Sie also, daß es diese Männer umbringen würde, wenn sie der Kälte ausgesetzt wurden?"

„Nun, ja."

„Und was haben Sie dagegen getan?"

„Ich habe nichts getan, ich habe nur versucht, mich warmzuhalten."

„Warum haben Sie denn nichts getan, Soldat?"

„Weil", so lautete die stereotype Antwort, „weil es mich nichts anging."

Die Worte widerhallen seltsam: „Es ging mich nichts an."

Gewiß, es gab im Koreakrieg viele Beispiele von Selbstaufopferung und Heldentum. Doch etwas an Einstellung und Verhalten eines großen Prozentsatzes unserer Jungen hat die militärische Führung ernstlich beunruhigt. Eine von der Armee angestellte Untersuchung darüber, was mit den ungefähr neuntausend in Gefangenschaft geratenen Amerikanern geschah und wie sie sich damit abfanden, erbrachte erschreckendes Material:

1. Als erstes sonderten die Rotchinesen alle Gefangenen mit Führungseigenschaften aus. Zu diesen zählte jeder, der offen zu seinem Glauben stand oder „zersetzenden Individualismus" zeigte. Schon als fünf Prozent der Gefangenen vom Rest getrennt waren, gab es unter den verbliebenen 95 Prozent keine Führung mehr.

2. Jeder dritte amerikanische Gefangene machte sich irgendwie der Kollaboration schuldig — er war bereit, sich mit dem Gegner zu arrangieren, obgleich die Kommunisten weder körperlichen noch geistigen Zwang anwandten. Was die sogenannte „Gehirnwäsche" angeht, so scheint sie nicht so schlimm gewesen zu sein, als daß ihr nicht jeder Mann mit Willen und Überzeugung hätte widerstehen können.

3. Es gab nicht einen Gefangenen, der erfolgreich aus einem Lager geflohen ist. So etwas war in der ganzen amerikanischen Geschichte noch in keinem Krieg vorgekommen. Dabei gab es nur sechs bewaffnete Wachen auf je fünf- bis sechshundert Amerikaner, keine Hunde, keine mit Maschinengewehren besetzten Türme, keine elektrischen Zäune oder Suchscheinwerfer. Wir dagegen waren schließlich gezwungen, zur Bewachung der von uns gefangengenommenen Rotchinesen drei vollbewaffnete Luftlanderegimenter, das heißt zwischen fünfzehn- bis achtzehntausend Mann, von der Front abzukommandieren.

4. Die amerikanischen Gefangenen in Korea wiesen die höchste Sterblichkeitsquote sämtlicher Kriege unserer Geschichte — einschließlich des Amerikanischen Freiheitskrieges — auf. Ungefähr 38 Prozent der Gefangenen starben. Dies war weder auf mangelnde Ernährung noch auf Seuchen, noch irgendwelche Massenexekutionen zurückzuführen. Vielmehr starb die Mehrzahl der Männer an einer psychischen Erkrankung, für die

das Sanitätskorps keinen Namen hatte. Die Soldaten selbst nannten es „Gib-auf-itis“. Sie befiel den Jungen, der abhängig und heimwehkrank war, den Jungen, der vor sich hinbrütete, den Jungen, der keinen Glauben hatte, an den er sich klammern konnte. Er kroch in eine Ecke, zog sich die Decke über den Kopf und drehte sein Gesicht zur Wand. Eine gründlichere Selbstaufgabe gab es nicht. Oft war er innerhalb von achtundvierzig Stunden tot.

Noch nie zuvor hatte die Medizin so etwas in solchem Umfang bei achtzehn- bis zwanzigjährigen jungen Männern beobachtet. Der Untersuchungsbericht der Armee enthielt die Schlußfolgerung, daß diese Jungen über wenig innere Reserven verfügten, die ihnen Mut hätten machen können, sich über alle Schwierigkeiten hinwegzusetzen.

5. Die Amerikaner wußten größtenteils nichts über ihre eigene Geschichte, über das Erbe der Väter und die Prinzipien, auf denen sich unsere Nation gründet. Genausowenig wußten sie über den Kommunismus und das, was anderswo in der Welt geschah.

Dies aber waren junge Amerikaner aus allen Teilen der Nation — einer Nation, die angeblich „unter Gottes Führung“ steht. Sie hatten alle eine abgeschlossene Schulbildung, ein gewisser Prozentsatz hatte auch die Sonntagsschulen besucht. Seit ihrer Kindheit hatten sie vom Wert des Einzelmenschen, von Freiheit und Menschenrechten und der „Liebe zum Nächsten“ gehört. Wie war es möglich, daß sie sich diese Begriffe nicht zu eigen gemacht hatten?

Offensichtlich war bei ihnen zu Hause etwas geschehen, das sie als unsichere Kinder eines Zeitalters der Angst aufwachsen ließ in einem Gefühl der Isolierung und des verzweifelten Verlangens nach Kontakt mit anderen Menschen. Als Gefangene im kalten Ödland von Nordkorea entdeckten sie, daß das, was dem Leben Sinn gibt, nicht da zu finden ist, wo sie es gesucht hatten. Der Materialismus hatte ihnen Vergnügen geboten, aber auf die Frage nach dem Sinn des Lebens keine Antwort gegeben.

Diese jungen Männer gehörten jener Generation an, die es liebt, sich die „kühle, ungebundene“ Generation zu nennen. Was ist schon wert, daß man sich dafür begeistert, darum kämpft oder daran glaubt?

Die Kommunisten andererseits glauben an etwas, glauben so fest an ihre Ideen, daß sie seit langem die Initiative im weltweiten ideologischen Kampf ergriffen haben, und sie erzielen Resultate, weil selbst falsche

Ideen, wenn man leidenschaftlich an sie glaubt, wirksamer sind als kühle Indifferenz.

Könnte es sein, daß wir in der westlichen Welt uns noch immer vormachen, einem pränuklearen, übermäßig auf die Defensive bedachten Denken verhaftet bleiben zu können? Wir tun, als hinge unsere Sicherheit von der Anhäufung größerer und besserer Atomwaffen ab, dabei wissen wir im Grund genommen genau, daß davon keine Sicherheit zu erwarten ist.

Wir handeln, als glaubten wir noch immer, eine materialistische Ideologie vermöge die Flut des die Welt überschwemmenden Nihilismus aufzuhalten. Dabei haben wir übergenug Beweise, daß eine Ideologie, die den Geist ignoriert, immer wieder versagen muß. Wir geben vor, zu glauben, daß allein schon die Furcht vor atomarer Massenvernichtung schließlich den Krieg verhindern werde, und wissen doch, daß eine auf Furcht gründende Politik noch nie eine bessere Welt geschaffen hat.

Unsere wirkliche Verteidigung liegt folglich allein auf dem Schlachtfeld der Ideen und inneren Werte. Warum ist der Mensch auf Erden? Welche Ziele hat er? Was ist mit den im Vormarsch befindlichen unterentwickelten Völkern, die nach dem Sinn des Lebens suchen? Haben wir ihnen außer unserem materialistischen Trödel und unserem großen Gott Wissenschaft etwas anzubieten?

„In Wahrheit", so erklärte der verstorbene Russell Davenport, „scheint unsere Vorstellung von der Freiheit weder den Bedürfnissen noch den Idealen der meisten Menschen dieser Erde zu entsprechen. Es fehlt ihr etwas, wonach die Menschen verlangen, was sie brauchen . . . Und wir täten besser daran, ausfindig zu machen, was dieses Etwas ist."

Wo sollen wir danach suchen? Der Humanismus hat versagt; wir haben Beweise in Fülle, daß wir uns selbst nicht retten können. Und seit die Atomphysiker bewiesen haben, daß die Materie sozusagen immateriell ist können wir im Materialismus nicht mehr die letzte Wahrheit sehen. Es ist wahr, daß uns die Wissenschaft große materielle Güter geschenkt hat. Aber sie hat uns auch unser größtes Problem beschert: Superwaffen in den Händen der unerlösten menschlichen Natur.

Und so gehört unsere einzige Hoffnung dem inneren Wandel des Menschen. Sind wir endlich zu dem Schluß gekommen, daß ein Mensch, daß ein Volk nur mit Hilfe einer Macht erlöst werden kann, die größer ist als wir selbst?

Ist dieser Weg zu umständlich, jetzt, da die Zivilisation kurz vor Toresschluß angelangt ist? Nein, denn wir sind alle anderen Wege ohne Erfolg gegangen. Der Einfluß, den ein einziger von einer göttlichen Idee besessener Mann ausüben kann, läßt sich niemals abschätzen. So wie eine Handvoll Führer, die sich dem Bösen anvertrauten, das Leben von Millionen zugrunde gerichtet haben, können andere Führer, die sich allein dem mächtigen Strom der Allmacht Gottes anvertrauen, uns eine Gnadenfrist erwirken.

Die Einsätze sind höher als je. Zum erstenmal steht die Menschheit vor der Möglichkeit der Selbstausrottung. Aber dieses gewagte Spiel ist nicht nur voller Gefahr für uns, sondern auch eine Herausforderung.

Es ist noch nicht so lange her, da hieß es, das Atom könne nicht gespalten werden. Das Atom wurde gespalten. Warum können wir uns nicht genauso an die Erforschung der geistigen Welt machen, die die Antwort auf ein noch größeres Rätsel birgt — das Rätsel der menschlichen Natur und ihrer Beziehung zum Universum?

Diese geistige Welt ist eine reale Welt. Es gibt dort Terrain, das noch entdeckt werden muß, Gipfel, die noch erklommen, Wahrheiten, die noch ausgegraben werden müssen; kurz, das geistige Atom muß erst noch gespalten werden.

Wir können viel von den geistigen Wegbereitern lernen, die nach dieser Wahrheit gesucht und sie teilweise auch gefunden haben. Sie können uns zumindest ein Stück des Weges bis zu den Vorbergen führen, hinter denen sich das Gebirge erhebt, das unsere Zeit herausfordert. Manche von ihnen lebten, gleich Hannah Whitall Smith, in andren Jahrhunderten, und wir haben das Privileg, ihre Entdeckungen durch das geschriebene Wort mit ihnen zu teilen. Manche sind Zeitgenossen und manche sind Freunde, die alles, was sie erfahren und gelernt haben, mit andren Menschen teilen, damit sie zu weiteren Entdeckungen schreiten können. Einige ihrer Berichte finden sich auf den folgenden Seiten.

Dieses Buch ist demnach die Geschichte einer Pilgerschaft. Ihr letztes Kapitel wurde noch nicht geschrieben. In gewissem Sinn werden Sie und ich das in den kommenden Tagen und Jahren tun. Was ich hier niedergeschrieben habe, ist für jeden bestimmt, den es nach mehr verlangt und der sich mit auf die Suche machen will.

2 Die Uneigennützigkeit Gottes

Ich kenne einen jungen Wissenschaftler, der offen sagt, daß er nicht an Gott glaubt. Er ist warmherzig, liebenswert, ein guter Familienvater und doch von einer nicht enden wollenden Ungewißheit über den Sinn des Lebens erfüllt.

Aus Gesprächen mit ihm weiß ich, daß er sich immer wieder in einer Art Kreis bewegt, aus dem es kein Entrinnen gibt. Auf Grund irgendwelcher Erfahrungen kommt er zu dem Schluß, daß es im Leben noch etwas anderes geben müsse als Geburt, Kampf, Tod und das Nichts. Doch zu dem Zeitpunkt, an dem ein geistiger Durchbruch erfolgen könnte, stößt er auf irgendeine Tragödie — den Tod eines Kindes, die Verunstaltung eines jungen Menschen, die tödliche Krankheit eines Freundes. Wie kann ein guter und liebender Gott das zulassen, wenn er selbst die Welt erschuf und sie lenkt, fragt er sich dann. Und statt nach einer Erklärung zu suchen, tut er die Religion mit einem Achselzucken als zu verwirrend und unverständlich ab.

Wenn es einen Schöpfer gibt, welcher Art könnte er sein? Es ist eine Frage, über die viele Möchtegerngläubige stolpern. Es ist eine Frage, mit der wir beginnen müssen, die wir das Abenteuer der Erforschung der geistigen Welt auf uns nehmen. Die Antwort ist wichtig für unser Glück. Wenn wir keine befriedigende Antwort finden, können wir diesem Schöpfer nicht unsere liebsten Hoffnungen anvertrauen und haben somit keine Basis für unseren Glauben an ihn.

Wir alle haben schon einander widersprechende Erfahrungen über das Wesen Gottes gemacht. Ich weiß, mir ging es so. Sie laufen wie Fäden durch meine Kindheit. Ganz am Anfang lehrte mich die Liebe meiner Eltern die Väterlichkeit Gottes erkennen, sie war Mittelpunkt der Welt. Blicke ich auf meine Kindheit zurück, steigt noch jetzt ein Gefühl glorreicher Freiheit und stürmischer Freude in mir auf. Wir waren sicher und geliebt in Gottes Welt.

Mein Bruder Bob, meine Schwester Emmy und ich pflegten die Wälder und Berge um unsere kleine westvirginische Stadt zu durchstreifen. Wir durchwateten Gebirgsbäche, um Minze, Wasserkresse und Veilchen am anderen Ufer zu pflücken. Wir ließen flache Steine über das Wasser hüpfen und spornten uns gegenseitig an, über schwankende Brücken zu laufen. Ich erinnere mich noch genau, wie wir uns einmal einen Berghang hinaufplagten, die kühle Luft in tiefen Zügen einatmend; der Augenblick aber, als wir endlich auf dem Gipfel standen und auf die uns so wohlbekannte Welt zu unseren Füßen sahen, entschädigte uns reichlich für die mühevolle Anstrengung.

Was für ein Wintervergnügen, bäuchlings weite schneebedeckte Hügel hinabzurodeln! Oder wie war das doch, als wir auf unserer Schaukel standen und mit ihr auf- und niederschwangen? Langsam anfangen. Die Knie im Rhythmus des Schaukelns beugen und strecken. Höher, immer höher, auf und ab. Nun wieder in sausendem Flug durch die Luft, bis uns der Ruck der Kette schließlich sagte, daß die Schaukel nicht höher zu schwingen vermochte. Dann langsam ausschaukeln.

Da waren die Dämmerstunden langer Sommerabende, wenn alle Kinder aus der Nachbarschaft herbeikamen, um „Stoß die Büchse" zu spielen; der atemlose Sprung aus dem Versteck, um der Blechbüchse einen raschen Stoß mit dem Fuß zu versetzen und dann zuzuhören, wie sie scheppernd und klappernd die Straße hinunterkollerte.

Es war die herrliche Freiheit des Kindes, das geliebt wird und sich geliebt weiß. Nicht, daß wir etwa ungehorsam sein oder tun und lassen durften, was wir wollten. Aber ebensowenig brauchten wir uns abzumühen, uns die Liebe unserer Eltern durch Bravsein zu verdienen. Denn Vater und Mutter bewiesen uns ständig, daß sie uns auch dann liebten, wenn sie unser Tun nicht gutheißen konnten.

Wie gut erinnere ich mich an einen Frühlingstag, als ein wütender Nachbar zu Vater kam und ihm sagte, daß ein Teil der Mauer seines Hinterhofs eingestürzt war, und der Überzeugung Ausdruck gab, daß die Kinder der Familie Wood irgend etwas damit zu tun hatten.

Vaters Untersuchung ergab, daß der Mann recht hatte. Wir hatten ein hinter dem Nachbargrundstück gelegenes Kohlenhaus als „Spielhütte"

benutzt. Mehrere Wochen lang hatten wir unsere ganze Freizeit darauf verwendet, einen geheimen Gang zu graben. Bald hatte unser Spielzeugwagen einen ansehnlichen Haufen Erde herausgeschafft. Der Gang, der unter dem Kohlenhaus begann, war jedoch zu nahe an die Steinmauer unseres Nachbarn geraten und hatte diese teilweise unterhöhlt.
Zu solchen Zeiten konnte das väterliche Temperament jäh aufbrausen. Wir Mädchen wußten besser als Bob, wie dieser einzigen Schwäche Vaters zu begegnen war. Gewöhnlich entwickelte sich eine hochdramatische Szene, in der die beiden die Hauptrollen spielten. Em und ich standen daneben und suchten Bob zu unterstützen. „Ihr wißt ganz genau", pflegte Vater mit seiner dröhnenden Stimme, die er sich im Seminar angeeignet hatte, zu beginnen, „daß ihr keinerlei Recht hattet, auf anderer Leute Hof diese ganze Graberei zu veranstalten. Schon die Tatsache, daß ihr es geheimgehalten habt, beweist, daß . . . "
Bob war bereits den Tränen nahe, und seine Stirnlocke wippte aufgeregt hin und her.
„Aber wir mußten es geheimhalten. Wir hatten alle drei einen Blutsvertrag unterzeichnet . . . "
„Einen was? Ist ja egal, mir ist es gleich, mit was ihr den Vertrag unterzeichnet habt. Ich warnte euch immer und immer . . . "
Mittlerweile stand Em hinter Mutters Rücken und machte Bob ein Zeichen. Wir alle waren eine aufmerksame Zuhörerschaft für Vaters überzeugende Rede. Seine Strafpredigt setzte sich wie alle seine Predigten aus mehreren Teilen zusammen: erstens Hinweis auf frühere Warnungen; zweitens unser völliger Mangel an Respekt gegenüber der elterlichen Autorität; drittens das unsichere Schicksal der jüngeren Generation; viertens die Nutzlosigkeit des Versuchs, gute und gehorsame Kinder heranzuziehen; fünftens, dieses Mal schlug es dem Faß wirklich den Boden aus.
Als er beim steigenden Crescendo des fünften Punktes angekommen war, sagte Mutter: „Bitte, John, senke deine Stimme! Müssen es denn alle Nachbarn hören?"
Vaters Gebaren war das eines verwundeten Löwen. „Leonora, in diesem Fall ist es so, daß die Nachbarn nur zu gut Bescheid wissen." Dann stürmte der große Mann mit Riesenschritten zur Hintertür hinaus, schnappte sich entschlossen eine schlanke Rute von der Ligusterhecke, warf die Tür wieder hinter sich zu und trat erneut ins Zimmer.

Dies war für Bob das Zeichen, sein Wehgeheul zu verstärken: „Es tut mir leid, Pa, ich will's nicht mehr tun, nie mehr, nie mehr ... ", und für mich, mir Gehör zu verschaffen: „Vater, Bob war es nicht allein. Em und ich ... ", und für Em, in Tränen auszubrechen: „Schlag Bob nicht, Vati! Ich hab' den Tunnel mitgegraben ... "

Nachdem sich das Gewitter gelegt hatte und der Friede wiederhergestellt war, half uns Vater geduldig bei der Reparatur der Steinmauer. Durch Strafpredigt und nachfolgende Strafe schimmerte seine Liebe (die damals für uns auch Gottes Liebe war) hindurch. So lernten wir sogar aus unseren Missetaten, daß unser Vater und unsere Mutter uns in allen schwierigen Lagen zur Seite stehen und uns immer lieben werden.

Ich kann mich erinnern, wie ich als kleineres Kind die Wärme und Stärke von Vaters Armen genoß, wenn ich mich auf seinen Schoß kuschelte und stillzufrieden dort saß, während er sich in Muße mit seinen Besuchern unterhielt. Genauso deutlich kann ich mich an Mutters feste Hand auf meiner Stirn erinnern, wenn ich krank war; die Köstlichkeit eines eiskalten, mit silbernem Löffel geschabten Apfels auf der fiebernden Zunge, die Geschichten, die sie vorlas, während ich mit Masern oder Windpocken im Bett lag. Ich lernte früh, daß Geschichten Erlebnisse waren, bezaubernde Länder, zu denen die Tore stets einladend offenstanden.

Im Bewußtsein der Liebe Gottes in ihrer einfachsten und tiefsten Art, erinnere ich mich auch des Dufts der ersten Hyazinthen im Frühling und der rötlichbraunen Blüten des Gewürzstrauchs ... des Gefühls, mit bloßen Füßen auf dem Moos unter unseren riesigen Eichen zu stehen ... der üppigen Blütenpracht der purpurnen Glyzinie, die sogar das alte Kohlenhaus verschönte ... der Art und Weise, wie wir Kinder das Ende einer Geißblattblüte abbissen und den Honig heraussogen ... und, gegen Ende des Jahres, des Geruchs von Weihnachtstannen und Kerzenwachs.

Eines Tages standen meine Mutter und ich am Fenster und beobachteten einen heftigen Gewittersturm von beinahe orkanartiger Stärke. Er glich einem Orchesterkonzert kosmischen Ausmaßes — das Geschmetter der Zimbeln am Himmel, das Rollen der Trommeln, das Feuerwerk der Blitze. Statt mich zu fürchten, hatte ich eher das Gefühl, laut schreien und applaudieren zu müssen, als der grimmige Sturmwind die großen Bäume hin- und herschüttelte, als wären es Zweige im Maul eines Hundes. Die ganze Zeit über lag Mutters Arm schützend auf meinen Schultern.

Rückblickend erst würde ich eines Tages die Verbindung zwischen diesen Kindheitserlebnissen und meinem Verständnis für das Wesen Gottes erkennen. Dann würde ich wissen, daß es unverständlich wäre, wenn Gott meinen Eltern größere Liebesfähigkeit gegeben hätte, als er selbst sie hat.

Gleichzeitig erlebte ich in meiner Jugend aber auch Dinge ganz anderer Art. Als ich größer wurde, lernte ich das Böse und das Leiden in der Welt kennen. Im Hause jedes Geistlichen wie im Hause jedes Arztes hat man das ungeschminkte Leben beständig vor Augen.

Ich erinnere mich noch lebhaft an meine erste Begegnung mit dem Leiden — die Winternacht, als Vater ins Krankenhaus gerufen wurde, um einer sterbenden Frau beizustehen, die fast am ganzen Körper Verbrennungen erlitten hatte. Ein Ofen war explodiert, als sie versucht hatte, mit Petroleum ein Feuer anzuzünden. Als Vater nach stundenlanger Nachtwache erschöpft nach Hause zurückkehrte, schreckten wir Kinder vor ihm zurück. Der Geruch verbrannten Fleisches hing an seinen Kleidern. Tagelang wurde Vater von dem, was er gesehen hatte, so verfolgt, daß er kaum zu essen vermochte.

Dann war da die Nacht, als der Bürgermeister unserer Stadt um drei Uhr morgens an unsere Tür klopfte, um Vater zu sagen, daß man unseren Freund und Nachbarn Mr. Fisher bei Harpers Ferry tot auf den Schienen der Baltimore- und Ohio-Eisenbahn gefunden hatte. Anscheinend hatte er das Gleichgewicht verloren und war von der hinteren Plattform des Capitolexpresses gestürzt.

„Ich bringe es einfach nicht fertig, seiner Frau diese schreckliche Nachricht zu überbringen", sagte der Bürgermeister. „Sie sind Pfarrer. Sie werden es am besten sagen können."

Aber Vater war auch nur ein Mensch. Wir alle wußten, daß es für ihn genauso schlimm war wie für jeden anderen, ein solche Nachricht zu überbringen.

In gewissem Sinne war Mutter so sehr Pfarrer wie Vater. Sie war vom Bürgermeister berufen worden, den Vorsitz der Armenpflege zu übernehmen, denn sie genoß den Ruf, stets auf seiten der Zukurzgekommenen zu stehen. Alljährlich überwachte sie an Weihnachten das Zusammenstellen von über hundert Körben mit Lebensmitteln, Kleidern und Spielzeug für die Armen. Und ein Ort wie Radical Hill — das Elendsviertel unserer Stadt — bedrückte schwer ihr Gewissen. Viele Familien lebten dort in

Baracken ohne Wasserleitung und meist auch ohne ausreichende Heizmöglichkeit.

Dann kam der Nachmittag, an dem sich Mutters feste Überzeugung, daß etwas getan werden müsse, in Tatkraft verwandelte. Sie verbrachte den Tag damit, Radical Hill zu durchwandern und zu helfen, wo es am nötigsten war. Als sie nach Hause zurückkehrte, flößte es uns Kindern große Scheu ein, sie weinen zu sehen bei dem Gedanken an das, was sie gesehen hatte. Dann zog sie vorsichtig sämtliche Kleider aus und steckte sie in die Waschmaschine, nahm ein Bad und wusch sich sogar das Haar.

Während meiner Studienzeit am Agnes-Scott-College hatte ich ein ähnliches Erlebnis. Eine Gruppe von Collegestudenten und -studentinnen wurde aufgefordert, sich der syrischen Mission in Atlanta, Georgia, einen Nachmittag lang zur Verfügung zu stellen. Ich war unter den Freiwilligen.

Die Mission lag mitten im schlimmsten Elendsviertel von Atlanta, und zwar, wie das oft der Fall ist, in der Nähe des Regierungsgebäudes. Nach einem kurzen Gottesdienst in der Missionsstation und anschließenden Hausbesuchen — zu zweit — fiel es mir plötzlich wie Schuppen von den Augen. Ich hatte dunkel geahnt, daß solch verwahrloste, schmutzige Quartiere existierten, aber ich hatte sie noch nie mit eigenen Augen gesehen.

Die Bilder ziehen noch immer an mir vorüber: Männer um einen offenen Kamin, die sich fortschlichen, als wir hereinkamen . . . Mit Lumpen und Papier zugestopfte zerbrochene Fensterscheibe . . . Ein krankes Kind, zusammengekrümmt auf einem schmutzigen Bett in einer Ecke . . . Verbrauchte Luft, die einzuatmen körperlichen Schmerz bereitete . . . Eine lächerlich junge Mutter in Söckchen, die ihr Baby stillte . . . Eine alte Frau mit gelber Haut und hohlen Wangen, die schon seit sechs Monaten krank lag. Eine Lampe auf einer altmodischen Frisierkommode warf groteske Schatten auf die mit Fliegenschmutz befleckten Wände.

Ich wollte fliehen und fragte mich, ob dies auch Gottes Welt sei. Damals schien mir der Kontrast zwischen meinen liebenden, mitleidsvollen Eltern und einem Gott, der solch schreckliche Dinge zuließ, beständig größer zu werden. Eines Tages trug ich diese verwirrende Frage einer Bekannten vor, die mir eine ganz besondere Freundin geworden war.

Mrs. MacDonald gehörte zu den bemerkenswerten Menschen, die viel für junge Menschen übrig haben. Da sie Teenagern gegenüber niemals herablassend redete, schenkten ihr viele von uns völliges Vertrauen. Sie war mit einem Schotten, einem erfolgreichen Rechtsanwalt, verheiratet. Wenn ihr Mann wegen irgendwelcher Rechtssachen nach auswärts mußte, pflegte ich bei ihr zu wohnen. Die Stunden vor dem Zubettgehen waren die reinsten Redefeste.

Mrs. Macs Lebensstil spiegelte sich in ihrem Heim. Die Fensterbretter standen voll afrikanischer Veilchen. Auf dem Treppenabsatz zeigte eine Standuhr mit melodischen Glockentönen die Viertelstunden an. Aktuelle historische Werke und Reisebeschreibungen lagen umher. Unmittelbar vor dem Schlafengehen gab es für uns beide übervolle Schalen mit Eiskrem — mehr als ich essen konnte. Danach steckte sie mich in ein Mahagonibett mit hohen, ananasförmigen Bettpfosten und deckte mich mit einer Daunendecke zu.

An einem dieser Abende verriet ich ihr meine innere Auflehnung gegen einen Gott, der Leiden und Böses zuließ, obgleich er die Macht hatte, es zu verhindern.

„Catherine", sagte sie gedankenvoll, „du weißt, wie oft ich von Kenneth erzähle."

Ich nickte. Rasch rief ich mir ins Gedächtnis zurück, was ich über Kenneth wußte. Er war der einzige Sohn der MacDonalds gewesen und in der Blüte seiner Jugend an Diabetes gestorben. Besonders schmerzlich war es für die Eltern, daß man ihren Sohn hätte retten können, wenn das Insulin nur ein paar Monate früher entdeckt worden wäre. Hier in nächster Nähe also war die Art von Tragödie, die mich die Liebe Gottes in Zweifel ziehen ließ.

„Nun", fuhr meine Freundin fort, „wenn ich geurteilt hätte wie du, hätte ich mich erbittert gegen Gott auflehnen müssen, weil er Kenneths Tod zuließ. Gott ist mächtig. Er hätte es verhindern können, warum verhinderte er es also nicht?

Selbst jetzt kann ich dir darauf keine vollständige Antwort geben. Aber ich bringe es auch nicht fertig, verbittert zu sein, denn während Kenneths langer Krankheit erfuhr ich viele Beweise der gütigen Vaterliebe Gottes. So zum Beispiel damals, als Kenneth ahnte, daß er sterben werde, und mich fragte: „Mutter, wie ist es, wenn man stirbt? Mutter, tut es weh?"

Als Mrs. Mac diese Fragen wiederholte, traten mir Tränen in die Augen. Die weißhaarige Frau schien sich in die Vergangenheit zurückzuversetzen.

„Ich erinnere mich, daß ich in die Küche floh, angeblich um nach etwas auf dem Herd zu sehen. Ich lehnte mich gegen den Küchenschrank. Merkwürdig, bestimmte Einzelheiten, wie das Gefühl meiner gegen die glatte, kalte Oberfläche des Schranks gepreßten Fingerknöchel, werde ich nie mehr vergessen. Und ich fragte Gott, was ich meinem Jungen antworten solle.

Gott sagte es mir. Nur er konnte mir die Antwort auf die schwerste Frage, die man einer Mutter stellen kann, eingegeben haben. Ich wußte — wußte einfach, wie ich meinem Jungen den Tod erklären sollte. Ich erinnere mich, daß ich zu ihm sagte: ‚Kenneth, als du noch ein kleiner Junge warst, hast du den Tag über oft so eifrig gespielt, daß du am Abend zu müde warst, dich auszuziehen — und einfach auf Mutters Bett gesunken und eingeschlafen bist. Es war nicht dein Bett. Du gehörtest nicht dorthin. Und du bliebst dort nur eine kleine Weile. Am Morgen wachtest du auf und fandest dich zu deiner Überraschung in deinem Zimmer wieder. Du warst dort, weil dich jemand liebte und umsorgt hatte. Dein Vater hatte dich auf seine starken Arme genommen und hinübergetragen.'

Der Tod, so sagte ich zu Kenneth, ist ganz ähnlich. Wir erwachen einfach eines Morgens und befinden uns in einem anderen Zimmer — unserem eigenen Zimmer, in das wir gehören. Wir werden dort sein, weil uns Gott noch inniger liebt als unser irdischer Vater uns liebt, und weil er genauso zärtlich für uns sorgt."

Wir schwiegen beide einen Augenblick. Dann sagte Mrs. Mac leise: „Kenneth fürchtete sich danach nie mehr vor dem Tod. Wenn er auch — aus einem Grund, den ich noch immer nicht verstehe — nicht geheilt werden konnte, so war doch diese Befreiung von jeder Todesfurcht das nächstgrößte Geschenk, das Gott uns machen konnte. Und am Ende ging Kenneth genauso ins andere Leben hinüber, wie Gott es mir eingegeben hatte, friedvoll und leicht."

Auf dem Gesicht meiner Freundin lag ein Ausdruck tiefen Friedens, als sie dies sagte.

An jenem Abend lag ich noch lange wach und sann über unser Gespräch nach. In Wirklichkeit hatte Mrs. Mac mich gelehrt, daß diejenigen, die in eine Tragödie verwickelt sind, oft in all ihrem Leid etwas erfahren, wovon Außenstehende unter Umständen keine Ahnung haben, und zwar Gottes unmittelbare, beständige und unverfälschte Liebe. Die Gegenwart Gottes

ist für sie wertvoller als jedes Geschenk, das er ihnen vielleicht machen könnte.
Erst Jahre später, nach meiner Heirat mit Peter Marshall, erfuhr ich dies an mir selbst. Während unseres ersten glücklichen Ehejahres in Atlanta hatten wir eine gute Bekannte, die im Leben viel Leid erfahren hatte — den Tod von zwei Kindern, finanzielle Verluste, Streitigkeiten mit Freunden. Sie pflegte uns, die wir so jung, so verliebt und unerfahren in unserem Vertrauen auf Gottes Güte waren, oft seltsam anzusehen.
„Keiner von euch hat bisher wirklich Unglück gehabt", konnte sie dann sagen. „Aber früher oder später wird es kommen. Kein Mensch kann ihm entfliehen. Ich möchte nur wissen, ob ihr dann noch so denkt wie jetzt!"
Diese Voraussage war richtig. Wir hatten Unglück. Krankheit suchte uns heim, und schließlich starb Peter Marshall mit nur 46 Jahren — so kann ich die Frage unserer Bekannten heute besser beantworten. Die Antwort lautet wieder: Ja, ich glaube noch immer an Gottes Liebe, glaube fester denn je daran, denn mein Glaube hat die Prüfung bestanden.
Ein paar Stunden vor Peters Tod erkannte ich, was der Prophet meinte, als er von Gottes „ewigen Armen" (5. Mose 33, 27) sprach. Ich erfuhr den Trost jener Arme. Es geschah in den frühen Morgenstunden, nachdem Peter im Krankenwagen ins Krankenhaus gebracht worden war. Ich mußte zurückbleiben, denn unser kleiner Sohn Peter John konnte nicht allein gelassen werden.
Es bestand kein Zweifel, daß Peters Leben an einem seidenen Faden hing. Ich sank neben dem Bett nieder, legte meinen Kopf auf die Arme und dachte darüber nach, wie ich beten sollte. Plötzlich hatte ich das Gefühl, von der Liebe Gottvaters umflutet — von ihr umhüllt und mit unendlicher Sanftheit umfangen zu sein.
Heilige Scheu durchzuckte mich, gefolgt von der Überzeugung, daß es nicht notwendig sei, um irgend etwas zu bitten. Ich hatte nur Peter, mich und unsere Zukunft dieser großen Liebe zu überantworten. In jener Stunde dachte ich, daß dies Peters Rettung bedeute.
Viel später — als ich den langen Weg durch das Tal der Schatten gegangen war — erkannte ich, daß Gott mir diese Erfahrung in den Stunden vor Peters Tod geschenkt hatte, damit ich die absolute Gewißheit fand, daß er Peter und mich keine Minute allein ließ, uns liebte und Peters Seligkeit und meinen Schmerz teilte.

Durch diese ganz persönliche Erfahrung lernte ich, daß des Apostels Paulus begeisterte Versicherung, nichts — „weder Tod noch Leben ... weder Hohes noch Tiefes ... uns von der Liebe Gottes scheiden kann" (Röm. 8, 38), wortwörtlich wahr ist.

In den Jahren nach Peter Marshalls Tod schien mir, als sehe ich einen weiteren Lichtstrahl, der die dunkle Nacht menschlichen Schmerzes erhellt. Gott steht, mit unserem Leiden identisch geworden, in Not nicht nur stets neben uns, sondern er sorgt auch dafür, daß alles — selbst Unglück und Leid, „zu unserem Besten dient" (Röm. 8, 28).

Wie oft habe ich Briefe von mir unbekannten Lesern erhalten, die Gottes Güte gerade in unserem Fall erkannten. „... Wie gerne hätte ich Dr. Marshall predigen hören! Aber ohne Ihr Buch *Ein Mann namens Peter* hätte ich hier in Neuseeland überhaupt nichts von ihm gewußt. Und nun spricht er heute zu mehr Menschen als je zuvor."

Dies soll nicht heißen, daß Gott Peters Tod wollte, um in noch größerem Maße durch ihn wirken zu können. Es war eher so, daß Gott auch dies zum Guten wandte, wiewohl er ihn sterben ließ.

Ich erinnere mich an den erschütternden Brief einer Leserin mit der schwierigen Frage, warum der Tod kleine Kinder hinwegraffen müsse: „Unser kleiner Junge wurde letztes Frühjahr auf der Straße vor unserem Haus von einem Lastwagen überfahren. Er starb eine Woche später. Billy war unser einziges Kind. Er war uns immer wie ein Geschenk Gottes erschienen, weil wir zwei Jahre lang vergeblich gehofft und um ein Kind gebetet hatten ... "

War es Gottes Wille, daß dieser kleine Junge einen solch unnötigen Tod sterben mußte? Seine Eltern, die sich ehrlich mühten, zu Gott zu sagen „Dein Wille geschehe", standen verwirrt vor dieser Frage. Denn sie hatten alles versucht, was die medizinische Wissenschaft kennt, um ihr Kind zu retten, sie hatten die besten Ärzte und Chirurgen zu Rate gezogen, die sie finden konnten. Hatten sie sich damit dem Willen Gottes entgegengestemmt?

Ich verstand die Fragen dieser Mutter, weil auch ich vor ihnen gestanden hatte, als der Tod in mein Leben trat.

Damals kam mir die Erkenntnis, daß Gott, der den menschlichen Wesen Willensfreiheit gab, dadurch seine eigene Macht freiwillig beschränkt hat. Er wagte das kühne Experiment, uns die freie Entscheidung zu überlassen,

ob wir Gutes oder Böses tun, ein anständiges oder verwahrlostes Leben führen wollen, denn Gott will nicht einen erzwungenen Gehorsam Geknechteter, sondern die Liebe und die freiwillige Unterordnung seiner Kinder, die ihn um seiner selbst willen lieben sollen.
Hier haben wir schon einen Großteil der Antwort auf meine frühere Frage: Warum beeilt sich Gott nicht, alles Unrecht wiedergutzumachen, wenn er ein mitleidsvoller Gott ist. Ich erinnere mich, wie Peter Marshall diese Frage in seiner während des zweiten Weltkriegs in Washington gehaltenen, denkwürdigen Predigt „Gott regiert noch immer" beantwortete:

Es nützt nichts, dem Problem ausweichen zu wollen.
Es gibt Zeiten, wo Gott nicht eingreift — die Tatsache, daß er nichts unternimmt, ist eines der verwirrendsten Geheimnisse im christlichen Leben.
H. G. Wells faßte das Dilemma, dem sich im Krieg viele beunruhigte Herzen gegenübersahen, einmal in die Worte:
„Entweder hat Gott die Macht, dies ganze Gemetzel und Morden zu enden, und es kümmert ihn nicht, oder es bekümmert ihn, aber er hat nicht die Macht, es zu enden."
Aber das ist nicht die richtige Antwort.
Solange die Sünde in der Welt ist.
Solange es Gier gibt,
Egoismus,
Haß in den Herzen der Menschen,
wird es Krieg geben.
Nur weil Gott Gott ist, ist er unbesorgt genug, den Menschen einen freien Willen zuzugestehen, auch wenn er die Welt in die gegenwärtige Katastrophe führte.

Gott hätte den Krieg verhindern können!
Bezweifeln Sie auch nur einen Augenblick, daß Gott die Macht dazu hätte?
Aber angenommen, er hätte sie benutzt?
Die Menschen hätten dann ihre Handlungsfreiheit verloren und besäßen nicht mehr die Fähigkeit zu wählen.

Sie würden statt dessen zu Marionetten
Robotern
Maschinen
Spielzeugsoldaten.
Nein, Gott spielt ein viel größeres Spiel.
Er erwartet noch immer, daß in den Herzen aller Männer und Frauen der Sinn für Verantwortung und Brüderlichkeit erwacht.
Er wird das, was wir selbst tun können, nicht für uns tun ...

Vor einigen Jahren wurde ich gebeten, in einem exklusiven, außerhalb Washingtons gelegenen Mädchenpensionat ein Seminar abzuhalten. Als ich ankam, fand ich die Schülerinnen zwanglos über ein großes Wohnzimmer verteilt, manche hatten es sich auf den Orientteppichen vor dem rotglühenden Kaminfeuer bequem gemacht.
Man hatte den Schülerinnen gesagt, daß sie jede beliebige Frage stellen dürften. Nach den ersten paar Minuten schon erwies es sich, daß diese Mädchen ungeachtet ihrer Intelligenz Gott auf ganz fundamentale Weise mißverstanden. Eines der jungen Mädchen verlieh einer Frage Ausdruck, die bei jedem kirchlichen Jugendtreffen stets von neuem gestellt wird: „Was ist mit den Menschen in entlegenen Teilen Afrikas oder irgendwo im Dschungel Südamerikas, die niemals von Jesus Christus gehört haben? Sind sie zu ewiger Pein verdammt?"
Ein anderes Mädchen, das sich offensichtlich mit Soziologie beschäftigte, mischte sich ins Gespräch ein: „Lassen Sie uns die Frage genauer stellen. Was ist mit den Menschen, die zu Kriminellen wurden, weil sie in die Slums oder eine andere schreckliche Umgebung hineingeboren wurden, wo sie von Anfang an keine Chance hatten? Wie könnte Gott gerecht sein und sie gleichzeitig zur Verantwortung ziehen?"
Eine Fünfzehnjährige stellte eine Frage, die mir sehr zu Herzen ging: „Es gibt etwas, was mich wirklich beunruhigt ..." Ich sah, wie sie sich bemühte, sich nicht anmerken zu lassen, wie wichtig für sie die Frage war: „Mein Vater und meine Mutter gehen nur selten zur Kirche. Wird Gott sie dafür auf ewig verdammen?"
Ich war erschüttert über die erschreckend falsche Vorstellung von Gott, die diese Fragen offenbarten. Die Fünfzehnjährige liebte ihre Mutter und ihren Vater. Liebte Gott ihre Eltern weniger, als sie selbst sie liebte? Und

wie könnte sie ihrem Schöpfer je ihr eigenes Glück anvertrauen, solange ihr einziges Gefühl ihm gegenüber nur aus Angst besteht?

Die Liebe zu ihrer Familie, die so deutlich aus der Frage dieses Mädchens sprach, erinnerte mich daran, was meine eigene freudvolle Jugend mich gelehrt hatte: Gott würde Vätern und Müttern schwerlich mehr Liebe zu ihren Kindern geben, als er selbst sie all seinen Kindern gegenüber hegt. Ich gab den Mädchen zu verstehen, daß Gott sich nicht erst die Mühe gemacht hätte, Vater- und Mutterliebe zu erschaffen, wenn er sie nicht selbst in reicher Fülle besäße.

Als ich den Mädchen dann von meinen eigenen tastenden Versuchen erzählte, dachte ich, wie bekümmert Gott darüber sein mußte, daß manche seiner Kinder voller Angst vor ihm in den Staub kriechen, und daß wir ihm oft Gefühlsregungen und Taten unterschieben, die wir nur verworfensten menschlichen Gemütern zutrauen würden. Wahrscheinlich wird keine Persönlichkeit in der Welt so verleumdet wie die des Schöpfers.

Bald nach diesem Abend stieß ich in einem Buch von Hannah Whitall Smith auf denselben Gedanken: „ . . . Erstaunlich ist, daß alle möglichen Zerrbilder Gottes und Verunglimpfungen seiner Güte willkommenen Einlaß in christliche Herzen finden können . . . Auf nichts kommt es so sehr an wie auf das, was Gott ist, denn unsere Erlösung hängt voll und ganz davon ab, und wenn er sich nicht als absolut gut und absolut selbstlos herausstellt, ist unser Fall hoffnungslos."

Dann erzählt Hannah Smith, wie sie selbst die Uneigennützigkeit Gottes entdeckte. Zwischen ihrem 16. und 26. Lebensjahr hatte sie eine Periode des Skeptizismus durchlaufen. Während dieses Zeitraums war ihr Gott weit entfernt vorgekommen, ein unnahbares Wesen, ein strenger und selbstsüchtiger Dienstherr, ein Autokrat. Sie stellte genau dieselben Fragen, die mir die Schülerinnen jenes Internats an jenem Sonntagabend stellten: Was ist mit den Menschen, die in Verhältnisse hineingeboren sind, für die sie nichts können, und aus denen es kein Entrinnen gibt? Würde eine Unzahl von Mitmenschen folglich für etwas zu ewiger Strafe verdammt sein, wofür sie nichts konnte? Die meisten Kirchen ihrer Zeit lehrten dies noch.

Aber Hannah Smith fragte sich, würde das Gerechtigkeit von seiten eines Schöpfers sein, der in dem Rufe steht, „sich aller seiner Werke zu erbarmen" (Ps. 145, 9)?

Hannah Smith begann auf jedem Gesicht die Qual zu sehen, die der Einzug der Sünde in die Welt zur Folge hatte. Sie war daher dankbar dafür, daß die damalige Mode in der Öffentlichkeit Schleier für Frauen vorschrieb; so sah sie die Gesichter ihrer Mitmenschen wenigstens nur noch verschwommen.

Eines Tages fuhr sie mit der Straßenbahn die Market Street in Philadelphia entlang. Zwei Männer kamen herein und setzten sich ihr gegenüber. Als der Schaffner das Fahrgeld einzog, war sie gezwungen, ihren Schleier hochzuschlagen, um das Kleingeld abzuzählen.

Sie schaute auf und sah in die Gesichter der beiden — verlorene, verkommene Gesichter. Wieder überflutete sie eine Welle des Mitleids. In Gedanken ereiferte sie sich wider Gott: „Wie kannst du dies ertragen? Du hättest all dies Elend verhindern können, aber du tatest es nicht. Selbst jetzt könntest du es noch ändern, aber du tust es nicht. Wie kannst du dies überhaupt ertragen?"

Mitten im Straßenbahnwagen schien ihr Gott plötzlich zu antworten. Das Wort *verloren* flammte in ungeheurer Helligkeit vor ihr auf: Nichts kann verlorengehen, das nicht zuerst jemand gehörte. Genauso wie ein Vater oder eine Mutter nach dem Bürgerlichen Recht für ihre Familie und ihren Besitz verantwortlich sind, ist der Schöpfer durch sein eigenes göttliches Recht für seine Kinder verantwortlich. Und das bedeutet, daß er nicht nur für die guten Kinder, sondern auch für die bösen und die verlorenen zu sorgen hat.

So wurde das Wort *verloren* für Hannah Smith zu einem äußerst tröstlichen Wort. Wenn ein Mensch ein „verlorenes Schaf" ist, bedeutet das nur, daß er vorübergehend vom guten Hirten getrennt ist, dem er gehört. Der gute Hirte hat als Eigentümer die Pflicht, nach allen zu suchen, die verlorengingen, bis er sie gefunden hat. Für Hannah Smith war die Frage nach dem Schicksal der Stiefkinder des Lebens ein für allemal gelöst. „Wer kann sich vorstellen, daß eine Mutter die Suche nach ihrem verlorenen Kind aufgibt, solange auch nur die geringste Möglichkeit besteht, es wiederzufinden?" schrieb sie. „Sollte Gott gleichgültiger sein als eine Mutter? Seit ich um die Liebe im Herzen Gottes wußte, hatte ich um keines seiner Kinder mehr Angst. Wir können ihm vertrauen."

Im Verkehr mit anderen Menschen war ich immer wieder überrascht, wie viele allen Ernstes daran zweifeln, daß Gott unser Glück und unsere Erfüllung wünscht. Wir haben unser Leben lang gehört, daß Gott die Liebe ist, aber wir bestehen darauf, dies im übertragenen Sinn zu verstehen. Viele Christen lernten, daß Gottes Liebe anders ist als unsere — von einer Art, die seine Geschöpfe nicht verstehen können. Die Vorstellung, daß Gott in erster Linie an unserer einwandfreien geistigen und moralischen Haltung interessiert ist, hat sich in unser Bewußtsein tief eingenistet; deshalb ist uns das, was er von uns verlangt, im allgemeinen so unwillkommen wie Rizinusöl.

Natürlich ist Gott daran interessiert, daß wir uns zu reifen Menschen entwickeln. Und Gott verlangt manchmal schwierige Dinge von uns, das ist wahr. Aber sein Wille schließt gleichzeitig unser Glück in einer Fülle mit ein, die alle irdischen Schwierigkeiten ausgleicht.

Aber wie kann Gott uns zeigen, was er wirklich ist, wenn wir Menschen auf diesen falsch verstandenen und tragischen Vorstellungen vom Schöpfer beharren? Vor dieses Problem sah sich Gott beim Menschen gestellt. Und er löste es durch die Menschwerdung. Wenn Gott in den Ablauf der Geschichte einbrach, als Mensch zur Erde kam und den Menschen zeigte, daß er sie liebte, daß er mit ihnen weinte, wenn sie litten, sich mit ihnen freute, wenn sie sich freuten, dann mußte dies zu einer engeren Beziehung zwischen ihm und seinen Kindern führen.

Eine Geschichte, die ich erstmals las, als ich Ende der Zwanzig war, half mir verstehen, weshalb die Menschwerdung sein mußte: Eines Tages entdeckte ein britischer Naturwissenschaftler einen großen Ameisenhügel in seinem Gemüsegarten. Die Ameisen waren anders als alle, die er bis dahin beobachtet hatte, deshalb war er begierig, ihre Lebensweise zu studieren. Aber jedesmal, wenn sein Schatten auf den Ameisenhügel fiel, nahmen die erschreckten Tiere Reißaus.

„Ich trat zurück", schrieb er in sein Tagebuch, „und setzte mich ins Gras, um die Situation zu überdenken. Ich meinte es nur gut mit den Ameisen, wollte keiner von ihnen ein Leid antun. Aber wie konnte ich das den Ameisen begreiflich machen? Meine Phantasie spielte mit dem Problem. Für diese winzigen Ameisen war ich ein allmächtiges Wesen ‚irgendwo dort oben', dessen Gedanken sie nicht lesen, dessen Gewohnheiten und Absichten sie nicht kennen konnten. Wenn ich mich nur mit ihnen in Verbindung setzen könnte! Aber selbst das wäre nicht genug. Selbst dann wäre ich für die Ameisen ein gigantisches Wesen, und sie würden mir nie glauben, daß ich ihre Probleme verstehe — den minuziösen Aufbau ihres Hügels, ihre Bemühungen um Nahrung, ihre Kämpfe mit anderen Ameisen. Nur eines würde ihnen völliges Vertrauen einflößen: Wenn ich durch irgendeine magische Verwandlung — für eine gewisse Zeit — eine Ameise werden könnte.“

Die Kluft zwischen unserem Naturverständnis und unserem Verständnis der Absichten Gottes ist weit größer als die Kluft zwischen Ameise und Mensch. Geradesoviel von Gott, wie die fleischliche Gestalt eines Menschen aufzunehmen vermag, würde den Menschen schon zeigen können, wie und was unser Vater ist. Deshalb war die Menschwerdung notwendig. Darum betonte Jesus: „Denn ich bin vom Himmel gekommen, nicht damit ich meinen Willen tue, sondern den Willen dessen, der mich gesandt hat“ (Joh. 6, 38). Und: „Wer mich sieht, der sieht den Vater“ (Joh. 14, 9).
Was lernten nun die Jünger im Zusammensein mit Jesus über Gott?
Das Augenfälligste war der tägliche vertraute Umgang Jesu mit seinem himmlischen Vater. Zuerst muß dies verwirrend für die Jünger gewesen sein. Denn er schien immer auf Gottes Stimme zu horchen. Es existiert kein Bericht, daß Jesus je mit jemand über die Existenz Gottes diskutierte; sie war für ihn Tatsache. Und ebenso gab es für ihn keinen Zweifel, daß Gott immer gegenwärtig ist, um helfend, führend oder stützend einzugreifen.
Jesus handelte, als bestünde niemals ein Zweifel, daß der Vater für alle Bedürfnisse aufkommen werde — und seien es so materielle Dinge wie das Stillen des Hungers. Gott kümmert sich um den Körper des Menschen ebenso wie um seine Seele: Die göttliche Liebe findet Freude daran, Schmerzen zu vertreiben, Gesundheit wiederzuschenken, gekrümmte Glieder wieder gerade, blinde Augen sehend zu machen, ja sogar vorzeitigen Tod zu bannen. Jesus sagte, daß im Himmel unmittelbare Bereitschaft zur Vergebung und große Freude über die Rückkehr Verlorener herrsche. Und sind dies alles nicht Dinge, die gewöhnliche menschliche Vater- und Mutterliebe mit Freuden vollbringen würde, wenn sie es könnte?
Bei jeder Gelegenheit verglich Jesus die Vaterschaft Gottes mit der menschlichen Familie. Da ist die unvergeßliche allgemeingültige Geschichte vom Vater und vom verlorenen Sohn (Luk. 15, 11—32).

Und in der Bergpredigt fragte Jesus:

Wo wäre jemand unter euch, der seinem Sohne,
wenn er um Brot bittet, einen Stein reichte?
Oder der, wenn er um einen Fisch bittet, ihm eine Schlange gäbe?
Wenn nun ihr, die ihr doch böse seid, euren Kindern
gute Gaben zu geben versteht,
wieviel mehr wird euer Vater im Himmel denen Gutes geben,
die ihn bitten (Matth. 7, 9—11 Menge)!

Die Evangelien machen es klar, daß der Vater für Jesus alliebend ist, das Wesen der Liebe, und nicht anders als lieben kann. Darüberhinaus umfaßt diese Liebe die uns allen bekannten Eigenschaften der Liebe — guten Willen, Selbstlosigkeit, Rücksicht, Gerechtigkeit; sie wünscht nur Gutes für uns, ersehnt unser Glück. Es ist keine Liebe, die wir uns erst verdienen müssen. Gott ist zuerst, zuletzt und immer „für uns" da. Durch jedes seiner Worte, jede seiner Handlungen, mit der ganzen Macht seiner Persönlichkeit suchte Christus uns zu sagen, daß uns der Vater stets näher, mächtiger und bereitwilliger ist zu helfen, als wir uns vorstellen können.

Da waren jene, die sagten, daß ein Mensch, der solche Ideen habe, verrückt sein müsse. Aber die Jünger, die Tag für Tag mit Jesus über die staubigen Straßen wanderten, die Zeugen waren seiner Entschiedenheit im Umgang mit den Menschen, seiner Furchtlosigkeit vor Kritik, seines Gefühls für die Heiligkeit der menschlichen Persönlichkeit, seines Wirklichkeitssinnes, mit dem er dem Bösen begegnete, diese Jünger wußten, daß Jesus nicht verrückt war. Er war in der Tat bei gesunderem Verstand als irgend jemand, den sie kannten.

Und so trat das Kernproblem immer schärfer hervor. Wie es D. S. Cairns so bemerkenswert ausgedrückt hat: „Entweder war Jesus Christus ein Träumer in bezug auf Gott — oder sie und alle Menschen waren Träumer, die in der Finsternis wandelten und sie für Licht hielten. Entweder war er allein für die Wirklichkeit aufgeschlossen, mit seinem unablässigen Aufruf zum Glauben, seiner Aufforderung, alles auf Gott zu setzen, und seiner Besorgtheit um das Wohl der ganzen Menschheit — oder aber Jesus war ein Lügner, ein Verrückter, ein Scharlatan."

Eine Alternative gibt es nicht. Und die Jünger hatten recht mit ihrer Schlußfolgerung, daß dies die allerwichtigste Frage war, die sie und alle andern Menschen zu lösen haben.

Das Problem ist heute so akut wie eh und je. Ich glaube, nur wenn wir uns auf den Schöpfer als auf einen Gott der Liebe (keiner verborgenen, vergeistigten Liebe, sondern Liebe wie wir sie kennen) verlassen können, werden wir den Mut und die Zuversicht haben, ihm unser Leben und unsere Angelegenheiten zu übertragen. Hannah Smith schrieb einmal diesen prägnanten Satz: „Vollkommener Gehorsam wäre vollkommenes Glück, wenn wir nur vollkommenes Vertrauen in die Macht hätten, der wir gehorchen sollen."

Wie können wir solches Vertrauen zum Schöpfer fassen? Nur, wenn wir ihn so gut kennen — seine Motive, seinen vollkommen guten Willen —, daß wir sicher sind, daß ihn nichts und gar nichts ändern wird.

Es gibt viele Menschen, die für sich in Anspruch nehmen, zu dieser Erkenntnis vorgedrungen zu sein — vom Apostel Paulus über geistige Abenteurer aller Jahrhunderte bis in unsere Zeit. „Ich weiß, an wen (nicht was!) ich glaube", lautet Paulus' klingende Versicherung, „und bin gewiß, er kann mir bewahren, was mir anvertraut ist" (2. Tim. 1, 12).

Und wie stellen wir es an, die wir uns nach einer ebenso zuversichtlichen wie sicheren Basis für unser Leben sehnen, in eine solche Beziehung mit Gott zu treten?

3 Vom Eintritt ins christliche Leben

Noch ehe ich zehn war, kam der Erweckungsprediger Gypsy Smith jr. in unsere Stadt — Canton, Mississippi. Am Rande der Stadt wurde ein großes Zelt aufgeschlagen. Es erwies sich als zu klein, um die herbeiströmenden Volksmassen aufzunehmen. Auf einer Tribüne aus rohen Brettern, aus denen noch das Harz tropfte, saßen die versammelten Chöre, die man aus allen Kirchen herbeigeholt hatte. Ihre Lieblingshymne war der „Erwekkungschor":

Jesus kam uns zu erlösen, preiset den Herrn!
Er zertrat die Macht des Bösen, preiset den Herrn!

Das Preiset-den-Herrn widerhallte so gellend, daß es mir jedesmal eine Gänsehaut über den Rücken jagte. Während die Gemeinde sang, schlug der Chorleiter mit weitausholenden Armen den Takt zu den Hymnen:

Aus Erbarmen nimm mich Armen,
nimm mich, Jesus, wie ich bin . . .
und
Ich blicke voll Demut und Staunen
hinein in das Meer seiner Gnad . . .

Jedesmal, wenn wir gemeinsam Atem schöpften, flocht der Pianist Tonleitern, Akkorde und Läufe ein, die meinen kindlichen Ohren wundervoll erschienen.

Es folgte die Predigt. Gypsy Smith pflegte sich weit über die rohgezimmerte Kanzel hinauszulehnen. Von Zeit zu Zeit legte er eine Pause ein, um ein Taschentuch hervorzuzerren und sein Gesicht abzuwischen oder um einen Schluck Wasser zu trinken. Sein Zeugnis war aufrichtig. Er redete sich in steigende Begeisterung hinein und riß auch seine Zuhörer mit. Schließlich fiel Schweigen über das Zelt, als der Chor fast flüsternd sang:

Jesus sucht dich; laß dich finden . . .

„Glaubt an den Herrn Jesus Christus, und ihr werdet gerettet werden", donnerte der Erweckungsprediger dann. „Das ist alles, was ihr zu tun habt. Nehmt Christus an als euren persönlichen Heiland."

Bald darauf erhob sich am anderen Ende des Zeltes jemand und schritt langsam den Gang hinab nach vorne. Dann noch jemand — und noch jemand — und noch jemand — und noch jemand.

Von diesen Erweckungsversammlungen meiner Kindheit her glaubte ich, daß „an den Herrn Jesus Christus glauben" einfach bedeutete, vollkommen von dem überzeugt zu sein, was uns die Kirche über Christi Göttlichkeit lehrte.

Dies schien nicht schwierig. Tatsächlich entschloß ich mich, kurz nachdem das Erweckungszelt zusammengepackt und nach einer anderen Stadt gebracht worden war, der Kirche beizutreten. Eines Sonntags sprach mein Pfarrer-Vater am Schluß des Gottesdienstes die Einladung dazu aus. Einer plötzlichen Regung folgend, erhob ich mich, schritt den Mittelgang hinab und wurde so ein Mitglied der First Presbyterian Church von Canton. Ich war spontan losmarschiert, und mein Vater war darüber so bewegt, daß er vor dem Altar stand und mich mit Tränen in den Augen durch seine Brille ansah.

Jahre vergingen. Erst während meiner Studienzeit erkannte ich, daß diesem „ererbten" Christentum, das nie auf die Probe gestellt worden war und allein auf Zustimmung beruhte, etwas fehlte. Um diese Zeit hatte ich ein Neues Testament erworben, das neben der King-James-Fassung die Übersetzung von Moffatt enthielt. Moffatts Übersetzung machte mir die alten Worte auf einmal lebendig.

Ich stellte fest, daß der Erweckungsprediger meiner Kindheit recht gehabt hatte, als er betonte, daß die einzige Möglichkeit, Gott wirklich kennenzulernen, darin bestehe, auf Jesus Christus zu schauen. Christus ist der Mittelpunkt des Christentums. Irgend etwas anderes vorzugeben — beispielsweise daß wir in ihm nur den guten Menschen zu sehen brauchen, der ein großer Lehrer war — ist nicht Christentum, was immer es sonst sein mag.

Aber zu meinem Erstaunen entdeckte ich auch, daß Jesus ein rein verstandesmäßiges Annehmen seiner Göttlichkeit als unzureichend für den Eintritt in sein Königreich angesehen haben würde. Er verlangt nicht mehr und nicht weniger, als daß man ihn zum Herrscher seines Lebens macht, was unvermeidlich zur Folge hat, daß man sich täglich neu in praktischem Gehorsam üben muß: „Was heißt ihr mich aber Herr, Herr, und tut nicht, was ich euch sage (Luk. 6, 46)?“ Kein Wunder, daß mich mein Vormarschieren in der Kirche keinen Deut geändert hatte.

„Ich habe das Gefühl, mich in einer Krise zu befinden (schrieb ich während dieser Studienjahre in mein Tagebuch), und ich verstehe nur zu gut, warum die Leute ihre sogenannte Religiosität verlieren, wenn ihre Ausbildung sie erst einmal zum Denken befähigt. Es wird sehr wahrscheinlich jedem so gehen, dessen Religion nur Erbe oder Gewohnheit ist. Wofern nicht etwas Besonderes geschieht, könnte es auch mir so gehen . . . Meine Religion ruht auf keiner sehr festen Grundlage, fürchte ich. Ich habe keine entscheidende Erfahrung gemacht. Gott erscheint mir unwirklich. Ich glaube zwar um mancher Menschen willen, die ich kenne und die wie Peter Marshall etwas Kraftvolles und Reales an sich haben. Aber so kann es nicht weitergehen. Wozu sind wir denn überhaupt auf dieser Welt?“

Diese Überlegungen hätten der Beginn meiner inneren Wandlung sein können, tatsächlich blieb ich aber noch viele Jahre „auf diesem Weg“, selbst nach meinem Schlußexamen am College und meiner Heirat mit dem jungen Prediger Peter Marshall.

Während jener Jahre war ich eine aktive, interessierte Pfarrfrau. Neben meinen Haushaltspflichten besuchte ich Frauenversammlungen, leitete Bibelstunden, hielt Vorträge, besuchte Gemeindeglieder und nahm an Ausschußsitzungen teil.

Offenkundig lag diese Arbeit meist auf organisatorischer Ebene. Selbst wenn ich Bibelstunden für kleine Gruppen von Frauen leitete, einen Vortrag hielt oder eine Buchbesprechung schrieb, verließ ich mich in der Hauptsache auf anderer Leute Vorstellungen vom christlichen Leben. Diejenigen, die aufmerksam zuhörten, mußten die überzeugende Note persönlicher Gotteserfahrung vermißt haben.

Während all dieser Zeit bemühte ich mich unablässig, den Weg zu Gott zu finden. Peters Predigen war die nicht endenwollende Aufforderung dazu:

> Die christliche Kirche nahm in ihrer ersten Zeit an Zahl und Einfluß zu, weil Gott sich des Zeugnisses von Männern und Frauen bediente, die etwas über Jesus zu sagen hatten; daß nämlich dieser Jesus, der an einem Kreuz gestorben war, lebendig und für seine Jünger geistig jeden

Tag gegenwärtig war. Und wohin sie auch kamen, verkündeten sie voll Begeisterung und Überzeugung die Frohbotschaft des Evangeliums.

Für sie war es die aufwühlende und erregende Geschichte, wie sich ihr Leben geändert hatte, und wie sie für das Leben verändert worden waren.

Sie konnten ebensowenig schweigen, wie eine Blume ihren Duft oder die Sonne ihr Licht zurückhalten kann. Diese Macht, die sie gewandelt hatte, so sagten sie, war für jeden verfügbar, der glauben wollte ... Sünden konnten vergeben werden; Christus konnte ins menschliche Leben treten, um Charakter und Veranlagung,

Stimmung und Temperament zu ändern,
Furcht und Sorge zu bannen,
Scham und Schuldgefühle zu beheben,

neue Triebkraft, ein neues Lebensziel, neue Freude und einen Frieden zu schenken, den nichts zerstören konnte.

Die ersten Jünger wurden ins Gefängnis geworfen.

Sie wurden verfolgt,
gepeinigt,
von Ort zu Ort gejagt.

Doch Tausende schlossen sich ihrer Gemeinschaft an und entdeckten die Wahrheit, die sie verkündeten; und erlebten, wie das Leben zu einer neuen und begeisternden Erfahrung wurde.

Warum konnte ich unter dem Einfluß Peter Marshalls, der bei meinem Suchen gern geholfen und meine Fragen sicher beantwortet hätte, keinen engeren Kontakt mit Christus finden, den er doch so gut hatte? Vielleicht war ich noch immer nicht bereit. Oft kommt diese persönliche Begegnung mit Gott erst durch eine Krise. Bei Peter war sie durch die Frage entstanden, ob er sein heimatliches Schottland verlassen sollte oder nicht, um Pastor zu werden. Mein Leben war bisher beschützt, ruhig und frei von Not gewesen. Da war nur jene immer wieder auftretende Frage nach Mehr, die mich seit meiner Collegezeit beunruhigte.

Im März 1943 trat dann das Ereignis ein, das mein Leben verändern sollte. Eine routinemäßige körperliche Untersuchung verhieß nichts Gutes. Röntgenaufnahmen der Lungen zeigten schwache Fleckenbildungen. Lungenspezialisten erklärten sich außerstande, eine endgültige Diagnose zu stellen, aber es schien sich um Tuberkulose zu handeln. Tuberkulose! Verhaßtes Wort, verhaßte Krankheit. Ich wurde auf unbestimmte Zeit ins Bett beordert.

Fünfzehn Monate später hatte ich ungefähr fünfzehn Pfund zugenommen; sonst aber hatte sich nichts geändert. Der Infektionsherd war noch genauso ausgedehnt wie zu Beginn meiner Erkrankung. Weitere Fachärzte, die konsultiert wurden, lehnten sowohl die übliche Pneumothoraxbehandlung als auch Medikamente ab, die man damals bei solchen Erkrankungen zu verabreichen begann. Ihr einziger Rat war „weiterhin Bettruhe". Als wir fragten: „Wie lange?" sagten sie offen, sie hätten keine Ahnung.

Verzweiflung überkam mich. Nach fast eineinhalb Jahren Bettruhe waren kaum Fortschritte zu verzeichnen. Mein Mann und mein vierjähriger Sohn benötigten mich. Unsere Haushaltsführung wurde mit jedem Monat schwieriger.

Während jener entmutigenden Zeit stand vor meinen Augen oft folgendes Bild: Ich tastete mich in einem stockfinsteren Tunnel vorwärts. Da gab es Gänge, Windungen und Abzweigungen. Ich versuchte es mit diesem und jenem Weg. Wiederholt landete ich in einer Sackgasse und war gezwungen, mich zum finsteren Haupttunnel zurückzutasten. Ich klammerte mich an die Hoffnung, daß ich irgendwie, irgendwann aus der Dunkelheit wieder ans Licht finden würde. Um jedoch dorthin zu kommen, mußte ich entschlossen geradeaus gehen. Ich wußte inzwischen, daß es keine Abkürzung gab. Voller Verzweiflung sehnte ich mich danach, den Ausgang zu erreichen. Meine ganze Religiosität, die sich in der Hauptsache auf zeremonielle oder organisatorische Dinge beschränkte und sooft das Wesentliche verdrängen, war nun abgestreift. Gesundsein bedeutete für mich auf einmal mehr als nur körperliche Gesundheit. Wie ich Jesus verstand, war körperliche Gesundheit bloß Teil einer vollkommenen Gesundheit, in der sich der Mensch mit der Quelle seines Seins vereinigt. Die Suche nach Gesundheit wurde für mich daher identisch mit der Suche nach einer echten Beziehung zu Gott. Die Frage war nur, was verhinderte diese Beziehung? Ich stand hüllenlos vor meinem Schöpfer. Meine Unwürdigkeit schrie mich an; meine Neigung zu überkritischer Haltung, zu hartem, voreiligem Urteil; meine kleinen Eifersüchteleien, die Ichbezogenheit, die mich für jede gemeinsame Arbeit ziemlich ungeeignet gemacht hatte. Während ich so im Bett lag, ließ ich alle meine unredlichen Handlungen an mir vorüberziehen.

In der Schule hatte ich einmal bei einer Algebraprüfung gemogelt, ein anderes Mal hatte ich mir als Kassenwart einer Schülerorganisation Geld „geborgt" und es dann zehn Tage später zurückgelegt.

Da waren andere unschöne Dinge: Ich war zu Peter nicht immer offen gewesen. Ich bemerkte eine Neigung zu Heimlichtuerei an mir, die Peter aus einem Winkel meines Herzens fernzuhalten suchte. Ich wußte gut, daß dies nicht der richtige Weg war, um eine stabile Ehe aufzubauen.

Tage hindurch machte ich mir methodisch Notizen über alle meine falschen Handlungen, dann bat ich Peter, mich anzuhören. Peter litt sehr darunter, nicht wegen meiner Geständnisse, sondern weil er sah, wie ich mich abquälte.

Ich hielt es dann für notwendig, zwei Briefe zu schreiben — einen an den Schulleiter, der mich in Algebra unterrichtet hatte, den anderen an den Lehrer, der Vertrauensmann unseres Schulklubs gewesen war. Da ich keinesfalls als religiös überspannt angesehen werden wollte, gab ich mir große Mühe bei der Formulierung der Briefe. In beiden Fällen erklärte ich so sachlich wie möglich, warum ich den Brief für notwendig hielt: Weil mir mein ungetrübtes Verhältnis zu Gott jetzt mehr bedeutete als alles andre.

Drei Tage vergingen, bevor ich den Mut aufbrachte, die Briefe abzusenden. Beide Empfänger erwiesen sich als großmütig und verzeihend, wie Menschen es gewöhnlich sind, denen man ein ehrliches Geständnis macht. Dann lehrte mich Peter den nächsten Schritt zu Gott. Dem eigenen Geständnis ins Auge zu sehen wirkt gesundend, vorausgesetzt, wir schreiten weiter zur Vergebung und schwelgen nicht in unseren Sünden. Man kann nämlich die Ichbezogenheit, das „Ichzuerst" sogar in Verbindung mit den eigenen Sünden übertreiben: „Schau mich an, was für ein großer Sünder ich gewesen bin. Mein Fall ist schlimmer als die meisten. Gott wird bei mir ganz Besonderes wirken müssen. Ich, ich und nochmals ich!"

Nachdem ich alles Unrecht gebeichtet hatte, nahm ich Gottes Versprechen ganz für mich in Anspruch: „Wenn wir aber unsere Sünden bekennen, so ist er treu und gerecht, daß er uns die Sünden vergibt und uns von aller Ungerechtigkeit reinigt" (1. Joh. 1, 9 Menge).

Dann verbrannte ich Liste und Notizen als Symbol, daß von diesem Moment an alles vergeben, vergessen, für immer vergangen war.

Kein Zweifel, das Verbrennen war eine kindische Handlung. Doch auf diese Weise ging mir auf, wie wertvoll es ist, einen endgültigen Vertrag mit Gott offenbar zu machen, und ihm auf diese Weise mehr Realität zu verleihen — wenigstens in meinen Augen.

So war der Hausputz also nun vorüber — bis auf eines. Ich war mir im klaren darüber, daß ein Psychiater meine amateurhafte Selbstprüfung kaum als ausreichende Selbstanalyse gelten lassen würde. So bat ich Gott darum, daß alle im Unterbewußten verbliebenen Überreste schließlich ans Licht kommen oder daß er sich des noch Verbliebenen annehmen möge, indem er seinen reinigenden und heilenden Geist in jene unterbewußten Schichten goß.

In den folgenden Monaten kam noch manches Unschöne ans Licht. So entdeckte ich zum Beispiel, daß ich gewisse Personen, die ich nicht leiden konnte, in einen Winkel meines Wesens verbannte. Aber jetzt schien Christus davor zu stehen und zu sagen: „Das ist keine Vergebung. Das genügt nicht. Verschlossene Türen sind nicht erlaubt. Das Königreich Gottes ist das Königreich der rechten Beziehungen zueinander. Erinnere dich, was ich sagte: ‚Wenn ihr sie aber den Menschen nicht vergebt, so wird euer Vater euch eure Verfehlungen auch nicht vergeben' (Matth. 6, 15 Menge). Wenn du nicht vergeben kannst, kannst du nicht in das Königreich Gottes eintreten. Diese Unversöhnlichkeit betrübt mich mehr als jedes Mogeln bei einer Algebraprüfung."

Bis ich das einsah, war der Sommer 1944 und damit die Zeit für unsere alljährliche Reise nach unserem Ferienhäuschen in Cape Cod gekommen. Mir war die Fahrt nur dank besonderer Vorkehrungen möglich — einem eigenen Abteil im Zug und einem Krankenwagen, der mich vom Bahnhof abholte.

Wenig später, es war noch immer Juni, las ich eines Morgens Jesu Gleichnis über das gereinigte Haus:

„Wenn der unsaubere Geist von dem Menschen ausgefahren ist, so durchwandelt er dürre Stätten, sucht Ruhe und findet sie nicht. Da spricht er denn: Ich will wieder umkehren in mein Haus, daraus ich gegangen bin. Und wenn er kommt, so findet er's leer, gekehrt und geschmückt. Dann geht er hin und nimmt zu sich sieben andere Geister, die ärger sind als er selbst; und wenn sie hineinkommen, wohnen sie allda; und es wird mit demselben Menschen hernach ärger, als es zuvor war" (Matth. 12, 43—45). Meine Versuche, das Haus zu reinigen, waren demnach gefährlich, wenn der Geist Gottes das Haus nicht übernahm. Schlüssel und Verwaltung des

Hauses mußten Christus übergeben werden. Denn wie konnte ich ihn bitten, mich zu heilen, ehe er nicht die gesamte Verantwortung hatte? Jeder Arzt verlangt das völlige Vertrauen seines Patienten; er kann dem Kranken nicht helfen, wenn derselbe nicht bereit ist, seinen Anordnungen zu gehorchen. Mein gesunder Menschenverstand sagte mir, daß für den großen Arzt genau dasselbe gilt.

So stieg ich an jenem sonnigen Junimorgen aus meinem Bett und sah aus dem Schlafzimmerfenster auf den Garten hinab, den Peter so liebevoll angepflanzt hatte — rote und weiße Stockrosen, gelbe Taglilien, Zinnien und darüber ein blauer, blauer Himmel. Da stand ich und wagte den entscheidenden Schritt. Er wurde zu einem stillen Vertrag mit Gott, zu dem Versprechen eines Blankoschecks über mein Leben:

„Es ist zwölf Minuten nach zehn, und heute ist der 22. Juni 1944", sagte ich. „Ich verspreche, daß ich von diesem Augenblick an alles tun will, was du mir für den Rest meines Lebens zu tun gebietest, sofern du mich nur wissen läßt, was du von mir verlangst. Ich bin schwach und werde wahrscheinlich oft von meinem Versprechen zurücktreten wollen. Aber Herr, du wirst mir auch da helfen müssen."

Ich tat einen tiefen Atemzug; ich zitterte. Ich war „eingetreten". Aber nichts schien anders geworden zu sein. Die Gesichter der Stockrosen nickten noch immer zum Fenster herauf. Noch immer schwebten flaumige Wolken über den tiefblauen Himmel. Ich drehte mich um und vermerkte in meinem Tagebuch Datum und Stunde des eben gegebenen Versprechens. Es würden Augenblicke kommen, in denen es mir unwirklich erscheinen würde. Aber es war Wirklichkeit, und es niederzuschreiben würde mir helfen, meine Zusage nie wieder zu vergessen.

Ich war ungeheuer erleichtert darüber, daß ich meinen Teil getan hatte, soweit er mir bekannt war. Dies schenkte mir einen Seelenfrieden, wie ich ihn während der vielen qualvollen Tage der Selbsterforschung nicht gekannt hatte.

Den Beweis für die Realität des von mir gegebenen Versprechens erhielt ich im Verlauf der nächsten sechs Wochen. Mein körperlicher Zustand begann sich zu bessern. Jeden Morgen pflegte ich im Hof in der Sonne zu liegen. Neuerdings versuchte ich, abends gemeinsam mit der Familie zu essen. Es ermüdete mich nicht allzusehr. Dann begann ich, nachmittags kurze Spaziergänge mit Jeffrey, unserem Cockerspaniel, zu machen. Es war eine Wonne, oben auf der Anhöhe zu stehen und das Meer wiederzusehen, die scharfe Salzluft auf den Wangen zu fühlen und über den Seewind zu lachen, der Jeffreys herabhängende Ohren nach hinten wehte, während er da oben stand und die kreisenden Möwen beobachtete. Es tat sogar gut, Sand in den Schuhen zu spüren.

Allmählich interessierte ich mich wieder für den Garten und die Küche. Vielleicht konnte ich es übernehmen, jeden Tag ein paar Blumen im Haus zu richten. Und könnte die Familie wohl Strandpflaumen für Gelee sammeln? Ich konnte beim Geleemachen vielleicht ein bißchen helfen. Mir war, als erwachte ich wieder zum Leben. Und das Leben war gut, so gut! Der Lichtfleck am anderen Ende des Tunnels wurde zum gleichmäßigen Strahl.

Gott behandelt jeden von uns anders. Er kennt keine Normen. Er sucht uns an einem entscheidenden Punkt unserer Not und unseres Sehnens auf; diese individuelle Behandlung sollte uns eher erfreuen als verwirren, weil sie so deutlich die ganz persönliche Art von Gottes Liebe und Mühe offenbart.

Gleichzeitig gibt es einen Hauptpunkt der Gottesbegegnung, der allen gemeinsam ist, die sie erleben. Es ist der Entschluß, sich selbst — Vergangenheit, Gegenwart und Zukunft — in Gottes Hand zu geben, damit er mit uns nach seinem Gutdünken verfahre.

Ein Mädchen fragte mich einmal: „Aber ist das nicht ein schreckliches Wagnis?"

Ja, das wäre es sicherlich, wenn wir einen Gott hätten, der uns aller Freude berauben wollte, statt uns neue Freuden zu schenken; wenn er nicht ein Gott wäre, der aufs äußerste um uns besorgt ist. Aber was er uns wünscht, ist genau das, was jeder umsichtige Vater und jede umsichtige Mutter ihrem Kind wünschen, jene reine, aus der Tiefe kommende Freude, die der Reife und Erfüllung entspringt.

Daß Gott so ist, muß jedes von uns selbst entdecken, doch die Entdeckung kommt an zweiter Stelle. Als erstes müssen wir aus freiem Entschluß unser ganzes Leben Gott überantworten und ihm Gehorsam versprechen; dann, und nur dann stellen sich Verständnis und Kenntnis des Wesens Gottes ein.

Dieser Entschluß muß nicht unbedingt in dramatischer oder gefühlsbetonter Form gefaßt werden; er gilt genauso, wenn er nur auf ruhiger Zustimmung beruht. Dies wurde mir kürzlich sehr eindrücklich durch John Sherrill vor Augen geführt, der heute ein lieber Freund von uns ist.

Auch John wurde durch persönliche Sorgen bewogen, sich Gott zu überantworten. Bei mir war eine lange Krankheit der Anlaß gewesen. Bei John handelte es sich um eine ganz plötzliche Erkrankung. Drei Jahre zuvor hatte man ihm einen bösartigen Leberfleck aus dem Ohr entfernt, der sich als Melanom, eine der tödlichsten Krebsarten, entpuppt hatte. Wunderbarerweise — so glaubte jedermann — hatte man die Sache damals rechtzeitig bemerkt. Aber nun hatte der Arzt bei John einen kleinen Tumor im Nacken entdeckt, der verdächtig aussah.

Ich will hier weder auf Einzelheiten der Erkrankung noch auf die Gebete um Heilung näher eingehen. Es möge genügen, zu sagen, daß Johns Problem, sowie ich davon erfuhr, auch mein Problem wurde — Teil meines Bündels an Verantwortung, wie die Quäker es so lebendig ausdrücken.

Eine Reihe von Gedanken beschäftigte mich unaufhörlich und ließ mir keine Ruhe: Heilung ist kein Ziel an sich, sondern nur ein Teil dieses Ziels. Körperliche Gesundheit ist ohne geistige Gesundheit nur Stückwerk. Aber durfte ich John fragen, ob er jemals bewußt sein ganzes Sein in Gottes Hände gelegt habe?

Er war ein Intellektueller — Herausgeber einer Zeitung und erfolgreicher Schriftsteller. Jedes gefühlsbetonte Christentum sowie die üblichen religiösen Vorstellungen und Formen waren ihm zuwider. Würde ihm nicht jede Frage nach seinem Verhältnis zu Gott als vermessen erscheinen und verhaßt sein?

Doch die Zeit drängte. Nur vierundzwanzig Stunden blieben noch, bis John sich ins New Yorker Memorial Hospital begeben würde, um operiert zu werden. Schließlich spielte es in einem solchen Augenblick keine Rolle, was er von mir dachte. Die Tatsache, daß sein Leben auf dem Spiel stand, gab mir den Mut, John anzurufen und ihm zu sagen, daß ich ihn sprechen müsse.

Seine Frau Tibby kam mit ihm. Ich machte keinen Versuch, das Thema vorsichtig anzugehen, sondern erklärte, was zu meinem Anruf geführt hatte, was ich selbst über den Eintritt ins christliche Leben gelernt hatte, und warum dies mir als Grundlage für jedes Gebet um Heilung so wichtig erschien. Ich war so mit ganzem Herzen dabei, daß mir mehrfach die Stimme versagte.

Als ich geendet hatte, fragte John verwundert: „Sie meinen, ich kann einfach beschließen, daß ich Gott mein Leben überantworten will, ihm das höflich und sachlich mitteilen, und alles ist in Ordnung?"
„Das ist richtig", war meine Antwort. „Sagen Sie es so sachlich, wie Sie wollen. Sie brauchen sich vorher auch nicht über alle Ihre theologischen Anschauungen klar zu werden. Ebensowenig brauchen Sie alles zu verstehen. Sie kommen einfach zu Christus, wie Sie sind — Fragen, Hemmungen, Widersprüche, Zweifel, alles inbegriffen. Wie anders könnten wir schließlich zu ihm kommen? Sie unterstellen Ihren Willen dem Willen Gottes. Danach liegt der nächste Schritt bei ihm. Das Gefühl, der Beweis, daß er Sie gehört und erhört hat, selbst das Verständnis dafür, stellen sich dann von selbst ein."
Als wir an diesem Punkt angelangt waren, mußten John und Tib aufbrechen, um letzte eilige Vorbereitungen für den Krankenhausaufenthalt zu treffen. Erst viel später erfuhr ich, was unmittelbar darauf geschehen war.
„Nachdem wir uns von dir verabschiedeten, fuhr ich rückwärts aus deiner Einfahrt heraus", erzählte mir John später. „Während ich nach Hause fuhr, tat ich das, was du vorgeschlagen hattest — ich sagte einfach ja zu Gott am Steuer meines Wagens. Ich kann dir die genaue Stelle in der Millwood-Allee zeigen, wo es geschah.
Danach hatte ich das Gefühl, daß ich es, da es eine so schweigsame, innere Angelegenheit gewesen war, irgendwie festhalten müsse, indem ich jemand davon erzählte. So sagte ich, vermutlich ein bißchen zaghaft, zu Tib: ‚So, nun bin ich ein Christ.'
Und sie fragte neugierig: ‚Merkst du irgendeinen Unterschied?'
‚Überhaupt keinen', sagte ich zu ihr."
Doch John ist jetzt anders — ganz anders. Die stille Abmachung dort in der Millwood-Allee war tatsächlich ausreichend. Noch nie habe ich in einem kurzen Jahr so viel wirkende Kraft von seiten Gottes im Leben eines Menschen gesehen. Doch das ist eine andere Geschichte — eine erregende Geschichte, die zu erzählen Johns Sache ist. Eines Tages, so hoffe ich, wird er es tun. Aber ich kann wenigstens hinzufügen, daß der bekannte New Yorker Spezialist, der die Operation durchführte, nichts als ein vertrocknetes Knötchen finden konnte, das leicht zu entfernen war. Man fand keinen bösartigen Tumor.

Das Kirchenvolk ruft oft den Eindruck hervor, als gebe es nur zwei Möglichkeiten, ein christliches Leben zu beginnen, nämlich als Kind in eine christliche Familie hineingeboren zu werden oder als Erwachsener unerwartet eine erregende religiöse Erfahrung zu machen. Beide Möglichkeiten haben zwei unglückliche Tatsachen gemeinsam: Die Initiative geht offensichtlich nicht vom einzelnen aus, und der Weg zu Gott ist durch Unklarheit verdunkelt.

Ich bin überzeugt, daß Gott bestimmt nie wollte, daß das Christentum unklar und verschwommen sein solle, am allerwenigsten aber die Art und Weise, wie wir in ein engeres Verhältnis zu ihm selbst treten. Die Unklarheit muß also an uns und nicht an Gott liegen.

Wie wertvoll es ist, in einer gläubigen Familie aufzuwachsen, darf nicht unterschätzt werden. Es ist noch immer der ideale Ausgangspunkt, weil es die Grundlage für die denkbar glücklichste Kindheit ist. Doch ich weiß jetzt, daß mehr notwendig ist: Jeder Mensch muß aus eigenem Antrieb ins christliche Leben eintreten. Es ist unmöglich, das Christentum zu *erben*.

David duPlessis, ein Geistlicher aus Südafrika und ein guter Bekannter von uns, erzählte mir kürzlich eine faszinierende Geschichte über sich selbst und dieses Problem eines ererbten Christentums.

„Es geschah in einer kalten Januarnacht — draußen herrschten fünf Grad unter Null. Ich hatte fest geschlafen, dann wachte ich plötzlich gegen vier Uhr morgens auf. Aber als ich horchend dalag, hörte ich keinen Laut außer dem Knarren der schneebeladenen Äste vor dem Schlafzimmerfenster und dem gleichmäßigen Atmen der Kinder im anstoßenden Raum. Dann war wieder die Stimme da. Es klingt merkwürdig, ich weiß, aber ich kann offen gestanden nicht sagen, ob die Stimme wirklich war oder nicht. Auf jeden Fall waren die Worte deutlich genug, obgleich sie sinnlos erschienen: ‚Gott hat keine Enkel'. Nur das — nichts sonst. Ich knipste meine Nachttischlampe an und griff nach meiner Konkordanzbibel. Ich suchte nach dem Wort *Enkel*. Nirgends in der Heiligen Schrift ein Hinweis. Dann suchte ich nach *Großvater*. Nichts. *Kinder?* Ja, da gab es eine Menge von Hinweisen: ‚Sehet, welch eine Liebe hat uns der Vater erzeiget, daß wir Gottes Kinder sollen heißen' (1. Joh. 3, 1) . . . ‚Welche der Geist Gottes treibt, die sind Gottes Kinder' (Röm. 8, 14) und so fort, eine lange Liste.

Aber, so fragte ich mich, was hatten diese Hinweise damit zu tun, daß Gott keine Enkel hat? Doch dieser eine Satz hatte sich mir klar eingeprägt. Verwirrter denn je, löschte ich schließlich das Licht und schlief wieder ein.

Ich fand es erst nach zehn Tagen heraus. Es war an Bord eines Flugzeugs, das von Milwaukee nach Chicago unterwegs war — als ich es plötzlich wußte.

Als Jesu Apostel zu predigen begannen, betonten sie, daß jeder Mensch eine persönliche Christus-Begegnung haben und sich selbst dafür entscheiden müsse, Christi Weg auch für sich anzunehmen. Der Geschichte nach zu urteilen, muß die Kirche im ersten Jahrhundert sehr viel Aktivität entwickelt haben — genug jedenfalls, um die verfeinerte römische Welt bis in ihre Grundfesten zu erschüttern.

Nun, die Jahre vergingen. Nach einiger Zeit begannen sich jene ersten Anhänger Christi zu sagen: Diese unsere Kinder wurden in eine christliche Familie hineingeboren. Sie sind in der Kirche aufgewachsen und wurden im Glauben unterrichtet. Sie kamen als Christen zur Welt. Sie brauchen doch sicherlich keine besondere Erfahrung in der Bußfertigkeit, wie das bei uns der Fall war.

Die Kirchenbänke waren bald mit den Söhnen und Töchtern jener ersten Christen gefüllt. Aber da die Kinder ihren Glauben geerbt hatten, kannten sie Christus nicht aus eigener Erfahrung.

Daher war es wohl nicht überraschend, daß die Aktivität der Kirche um das zweite Jahrhundert nachzulassen begann. Beweise der Macht Gottes, wie Heilungen durch den Glauben, wurden eher zur Ausnahme als zur Regel.

Gewiß gab es in jedem Jahrhundert Beispiele von Menschen, die eine persönliche Christusbegegnung hatten. Zur Zeit der Reformation oder der Erweckungsbewegungen machten viele Menschen die Erfahrung, durch den Glauben wahrhaft wiedergeboren und Kinder Gottes geworden zu sein. Aber in den folgenden Generationen begann erneut derselbe traurige Vorgang. Und bald waren die Kirchenbänke wieder zum großen Teil mit Gläubigen ohne eigene Gotteserfahrung besetzt — Enkeln und Enkelinnen.“

Mein Bekannter hatte unabsichtlich meine Situation geschildert. Ich verstand, warum mein überkommener Glaube nicht genug gewesen war. Ich war das glänzende Beispiel einer Enkelin gewesen. *Gott hat keine Enkel.*

Ich frage mich, wie viele Menschen es wohl gibt, die die formelle Zugehörigkeit zu einer Kirche als Ersatz für jene direkte Vater-Kind-Beziehung ansehen, die Gott in Wirklichkeit haben will. Kein Wunder, daß unser religiöses Leben heute so sehr unter Unklarheit und Verschwommenheit leidet. Täuschen wir uns nicht! Gotteskindschaft erfordert ein kindliches Gemüt. Die Tür, durch die wir ins christliche Leben eintreten, ist eine niedrige Tür. Und manchmal sind es die Demütigen und die Bedürftigen, die uns anderen den Weg zeigen können.

Das entdeckte kürzlich auch eine Gruppe von Geistlichen. Einer von ihnen, Bruce Larson, Mitarbeiter der Zeitschrift FAITH AT WORK, erzählte mir die Geschichte. Sie hatten sich in einer Kirche in New Jersey zu einer zweitägigen Rüstzeit getroffen, um ihre vielseitigen Probleme zu besprechen und betend zu überdenken. Wie oft, wurde viel zuviel diskutiert. Da ereignete sich am Spätnachmittag des Schlußtages ein bestürzender Vorfall.

Die Tür des Versammlungsraums öffnete sich plötzlich, und ein Fremder trat herein. Der Geistliche der gastgebenden Kirche kannte ihn nur vom Sehen. Befangen setzte sich der Mann an den Rand des Zuhörerkreises. Obgleich nur eine kurze Pause in der Diskussion eintrat, erfaßten die erfahrenen Augen der anderen Geistlichen die Situation mit einem Blick — die wäßrigen Augen, die hängenden Schultern, die schäbige Kleidung des Neuankömmlings — offensichtlich war der Mann Alkoholiker.

Die Diskussion ging weiter, während der Fremde zuhörte. „Es scheint mir", sagte eine entschiedene Stimme, „daß alles, worüber wir in diesen zwei Tagen redeten, als unser Bedürfnis nach der Kraft Gottes bezeichnet werden kann — der Kraft, die Leben ändert, die heilt, wiederherstellt, die . . . "

Durch die erregten Bewegungen des Fremden aufmerksam geworden, hielt er inne.

„Das ist es! Das ist es, was ich suche. Davon könnte ich etwas brauchen."

Es herrschte plötzliches Schweigen. Während ihn alle ansahen, wurden seine trüben Augen noch etwas wäßriger, und die zitternde Stimme fuhr fort: „Mein Name ist Ernie. Ich trinke zuviel. Die Leute haben versucht, mir zu helfen — Ärzte, Krankenhäuser, Kliniken, Missionen und all das. Aber ich . . . Ich kann anscheinend nicht aufhören. Wie komme ich zu der Kraft, von der Sie reden?"

Die Frage hing zitternd in der Luft. Obgleich im Umgang mit Menschen in Not erfahren, war ihnen diese Einmischung peinlich. Das Treffen näherte sich seinem Ende, die Zeit drängte.

Schließlich äußerte ein weißhaariger Geistlicher ganz offen: „Ernie, auch wir haben unsere Probleme. Wir leben in einer von Problemen erfüllten Welt . . ." Die Stimme des älteren Geistlichen war sanft, freundlich, als er sich mit dem Fremden zu identifizieren suchte. Alle anderen wußten, daß der Sprecher ein besonders qualifizierter geistlicher Berater war.

„Was die Frage nach Gottes Hilfe angeht, nun, sie zu erlangen ist nicht immer ganz einfach. Es verlangt Geduld und Zeit. Es gibt viele Wege zu Gott, viele Straßen, auf denen . . . "

„Nein!" Die Unterbrechung war leidenschaftlich, explosiv. „Nein, nein, nein und abermals nein!" Die Stille im Raum wurde plötzlich durch Ted, einen jungen Geistlichen und früheren Geschäftsmann, unterbrochen, dem Ärger und Unwille im Gesicht geschrieben standen. Wieder und wieder schlug er mit der Faust auf den Sitz des leeren Stuhles neben sich.

„Dieser Mann interessiert sich nicht für unsere Probleme", sagte Ted heftig. „Er hat uns eine Frage gestellt — wie kann er Gottes Hilfe erlangen, um mit Trinken aufzuhören? Wir haben ihm nicht geantwortet. Wenn wir die Antwort nicht wissen, dann laßt uns dieses Treffen, unser endloses Gerede beenden, nach Hause gehen und unseren Leuten sagen, daß die Kirche auf die Fragen von heute keine Antwort weiß. In diesem Fall hören wir mit unserer Heuchelei besser auf und schließen die Kirchentüren ein für allemal."

Entsetztes Schweigen herrschte, aber die leidenschaftlichen Worte hatten die Atmosphäre gereinigt. Fast gleichzeitig erhoben sich nun fünf oder sechs der Männer — einschließlich des verärgerten jungen Predigers und des weißhaarigen Pastors — und gingen zu Ernie hinüber.

Ted kniete vor dem Alkoholiker. „Ernie, glauben Sie, daß Jesus Christus in Ihr Leben kommen und es ändern kann?"

Die wäßrigen Augen blickten auf ihn herab. „Ja, das glaube ich."

„Dann werden wir Gott jetzt darum bitten, Ernie, daß er es tun möge." Der junge Geistliche nahm Ernies Hände in die seinen. Der weißhaarige Prediger stand hinter Ernie und legte seine Hände auf den Kopf des Alkoholikers. Die anderen standen im Halbkreis um sie herum, jeder mit einer Hand auf Arm oder Schulter des Fremden.

Teds Gebet war kurz, treffend, leidenschaftlich. Er bat um Christi heilende Kraft für Ernie, um Sündenvergebung, um einen Neuanfang für ihn.
„Und nun, Ernie", sagte Ted, „beten Sie auch. Danken Sie Gott einfach dafür, daß er Sie erhören und heilen will."
„Ich hoffe es", sagte Ernie mit zittriger Stimme.
„Sie hoffen es nicht nur. Gott tut es."
„Ich, nun, ich möchte es gerne glauben."
„Ernie, danken Sie Jesus, daß er in Ihr Leben gekommen ist!" Die Antwort war freundlich und bestimmt.
Im Raum war es still. Und dann stiegen Ernies Worte in zitternden Sätzen zu Gott auf. „O Gott, ich bin ein müder, schwacher, alter Mann. Ich weiß nicht, was ich irgend jemand nützen könnte. Aber ich würde gern das neue Leben finden, von dem sie reden. Bitte hilf mir!"
Es war echt. Es war wesentlich. Jeder Zuhörer spürte es. Sie hatten über die Kraft Gottes geredet. Jetzt erlebten sie diese Kraft.
Vergessen waren Fahrpläne, Platzreservierungen, andere Verpflichtungen. Zum erstenmal seit zwei Tagen war ein echter Kontakt mit Gott hergestellt, und zwar durch die Person, von der man es am wenigsten erwartet hatte. Die Luft war mit Spannung geladen. Einige der tiefsten Nöte der Geistlichen kamen jetzt ans Tageslicht.
Ein Pastor aus Neuengland begann zu sprechen. Zuerst schienen seine Worte unzusammenhängend: „Vor einigen Tagen fuhr ich hierher und fühlte mich allein und fern von Gott. Während ich die Bear-Mountain-Brücke überquerte, schaute ich auf den mit Eisschollen besäten Fluß hinab und sah ein kleines Boot, das in einiger Entfernung vom Ufer festsaß. Das Boot faszinierte mich. Denn mein Leben glich ihm. Eingefroren war ich, isoliert, in mich selbst verschlossen. Eingefroren in der Angst vor der Meinung der Leute, in der Angst, ein Versager zu sein, in der Angst, den Mitmenschen zu mißfallen."
Plötzlich füllten sich seine Augen mit Tränen. „Würdet ihr für mich beten, daß ich zum Auftauen gebracht werde und den Menschen wieder wirklich helfen kann?"
Niemand zögerte. Die Männer versammelten sich rasch um ihn. Alle außer Ernie, der sich schüchtern zurückhielt. Aber der junge Geistliche ging zu ihm hinüber.
„Ernie, kommen Sie und beten Sie mit uns andern!"

„O nein! Ich könnte das nicht ... “

Der Prediger nahm ihn bei der Hand. „Schauen Sie, Ernie, Sie haben etwas bekommen, nun müssen Sie auch etwas geben. Wir brauchen Sie.“

Und Ernie kniete neben dem Pfarrer und betete mit den andern. Das Gebet war sehr einfach. Und in diesem Raum, der auf wunderbare Weise mit Gottes Kraft erfüllt war, ging nun jeder einzelne der Geistlichen seinen Weg zurück zu Gott und überantwortete sich ihm von neuem.

Später sprach der Pastor aus Neuengland mit dem jungen Geistlichen über die wunderbare Wendung, die die Dinge genommen hatten. „Solang ich lebe, werde ich dies Erlebnis nicht vergessen“, sagte er. „Was Minuten vorher mit Ernie geschah, war Wirklichkeit. Der beste Beweis ist mir, daß ausgerechnet Ernie mit seinem nach Alkohol riechenden Atem dazu ausersehen wurde, Gottes Kraft auf uns zu übertragen. Es war wie Elektrizität, die von ihm zu mir floß.“ Und er fügte mit Ehrfurcht in der Stimme hinzu: „ . . . wenn ihr nicht werdet wie die Kinder, so werdet ihr nicht ins Himmelreich kommen“ (Matth. 18, 3).

Und so treten wir ein; jeder von uns, schreitet seine eigene, geheime Treppe hinauf in die freudvollste und lohnendste Beziehung unseres Lebens. Das Gute daran ist, daß diese Erfahrung nicht nur für Heilige bestimmt ist. Gott heißt uns willkommen, einerlei, wie unser Leben verlief, einerlei, was wir getan oder unterlassen haben, ob wir uns seiner würdig, ob wir uns gebrochen oder nur leer fühlen.

Und noch etwas ist gut daran: Der Weg ins christliche Leben braucht nicht unklar zu sein. Manchmal können sogar Laien, die sich dem Christentum ohne vorgefaßte Ideen nahen, überraschend und hilfreich sein. Ein solches Beispiel sind die zwölf von Alcoholics Anonymous (eine Organisation, die sich der Alkoholiker annimmt, ohne deren Namen zu nennen; man wird nur mit Vornamen vorgestellt und hilft sich gegenseitig) umrissenen Richtlinien, die zu Gott führen. Aus großer Not und harter Erfahrung heraus stellten ihre Gründer sie zusammen. Als ich sie Jahre nach meinem Eintritt ins christliche Leben erstmals las, war ich erstaunt, daß dieser Pfad zur Nüchternheit der gleiche ist, den auch ich gegangen bin, als ich mich Gott überantwortete.

Ich habe nur ein paar Worte geändert:

1) Wir geben unsere Hilflosigkeit auf den entsprechenden Gebieten unseres Lebens zu.

2) Wir glauben, daß es eine Macht gibt, die größer ist als wir selbst.

3) Wir entschließen uns, unser Leben der Fürsorge Gottes anzuvertrauen.

4) Wir gehen dabei gründlich und furchtlos vor.

5) Wir gestehen Gott, uns selbst und einem anderen Menschen all unser Unrecht ein.

6) Wir geben uns in Gottes Hand, daß er uns ändre und unsere Fehler von uns nehme.

7) Demütig bitten wir den Herrn darum.

8) Wir legen eine Liste all der Menschen an, denen wir Schaden zugefügt haben und erklären uns bereit, ihn nach besten Kräften wiedergutzumachen.

9) Wir entschädigen solche Menschen möglichst direkt, falls sie oder andere dadurch nicht zu Schaden kommen.

10) Wir wollen in gewissen Abständen bei uns immer wieder Inventur machen, und wenn wir unrecht haben, es sogleich zugeben.

11) Durch tägliches Gebet und Meditation suchen wir unsere Verbindung mit Gott (wie wir sie verstehen) bewußt zu verbessern und bitten um Erkenntnis seines Willens und um die Kraft, ihn auszuführen.

12) Wir wollen diese Botschaft weitergeben und diese Grundsätze in all unserem Tun befolgen.

Der Weg zu Gott ist klar gekennzeichnet und gut zu finden. Nur eine Frage bleibt uns noch: Wollen wir diesen Weg tatsächlich gehen?

Wollen wir wirklich ins christliche Leben eintreten?

4 Das Geheimnis des freien Willens

Einige Jahre vor Peter Marshalls Tod sprach ihn nach dem Gottesdienst ein Mann an. Der Fremde stellte sich als Gebrauchtwagenhändler aus St. Paul in Minnesota vor, der in Washington zu Besuch weilte. Er hatte eine direkte, unverblümte Art zu reden. Was er sagte, beeindruckte Peter so, daß er mir auf der Heimfahrt von dem Gespräch erzählte.

Soweit ich mich erinnere, lautete die Kernfrage des Mannes in etwa: „Herr Pfarrer, Sie forderten mich heute morgen in Ihrer Predigt auf, Jesu Lehren auch im Alltag zu befolgen. Aber als Geschäftsmann bin ich verblüfft, wie wenig realistisch zu sein scheint, was Jesus uns — zum Beispiel in der Bergpredigt — zu tun gebietet. Sind Sie schon einmal jemand begegnet, der seinen Nächsten wie sich selbst liebt? Oder wer ist gewillt, stets die andere Backe hinzuhalten? Oder wem kommt nie ein unkeuscher Gedanke? Ich werde extra nochmals nach Washington kommen, wenn Sie mir versprechen, in einer Predigt zu sagen, *wie* wir die Gebote Christi erfüllen können."

Gleich diesem Mann sind viele von uns über das Wie des Christseins verwirrt. Auch ich fragte mich etliche Jahre, ob es hier irgendein Prinzip gäbe, ein Geheimnis, das mir irgendwie entgangen war.

An dem Tag, als ich in dem auf diesen Seiten sooft erwähnten Buch von Hannah Smith die Antwort fand, war mir zumute wie einem Menschen, der auf einen vergrabenen Schatz gestoßen ist. Hannah Smith ihrerseits hatte das Geheimnis in dem Buch *Geistlicher Fortschritt* von François Fénelon entdeckt, einem Franzosen, der im 17. Jahrhundert lebte. Fénelon war ein Kleriker von außerordentlicher Einsicht in die menschliche Natur. Er war geistlicher Ratgeber der Kleinen und Großen seiner Zeit, einschließlich der Madame de Maintenon und des französischen Thronerben, des Herzogs von Burgund.

Wo Fénelon und andere bis zurück zu den Autoren des Neuen Testaments das Geheimnis entdeckten, weiß ich nicht. Aber eines weiß ich: Für mich war es die Antwort auf das Wie.

Das Geheimnis besteht einfach darin, daß das christliche Leben mit dem Willen, nicht mit den Gefühlen gelebt werden muß; daß Gott die Entscheidungen und die Wahl, die der menschliche Wille trifft, als die Entscheidungen und die Wahl des Menschen selbst ansieht — einerlei, wie gegensätzlich dessen Gefühle sein mögen. Darüber hinaus müssen bei Anwendung dieses Prinzips die Gefühle immer vor dem Willen kapitulieren.

Bei der Geburt verleiht Gott wie gesagt jedem Menschen das Geschenk der Willensfreiheit. Unter keinen Umständen wird Gott jemals diese zentrale Zitadelle des menschlichen Wesens angreifen. Ich halte das Bild in der Offenbarung, das Christus vor der verschlossenen Tür des menschlichen Herzens schildert, für ein wörtliches Bild: „So jemand meine Stimme hören wird und die Tür auftun, zu dem werde ich eingehen und das Abendmahl mit ihm halten und er mit mir“ (Offb. 3, 20).

Die Klinke aber ist auf der Innenseite der Tür. An uns ist es, die Tür zu öffnen. Wir sind es, die Christus einladen müssen. Echte Willensfreiheit gestattet kein gewaltsames Eindringen, nicht einmal dem Herrn des Himmels!

Bevor wir uns entschlossen, ins christliche Leben einzutreten, waren wir der Meinung, daß wir uns selbst gehören und alles, was wir tun, nur uns selbst angeht. Wir folgerten, daß Gott uns einen Verstand gab, damit wir ihn dazu benutzen, all die Entscheidungen zu treffen, aus denen das Leben besteht — ob Berufswahl, Heirat, Kindererziehung und so fort. Was das Ich für wünschenswert hielt, was dem Ich am besten erschien — das waren für uns bisher die entscheidenden Faktoren.

Aber wenn sich ein Mensch Gott öffnen will, muß er einsehen, daß es, obzwar ihm dieser kluge Eigennutz gut erscheinen mag, einen besseren Weg gibt. Der Mensch muß dieses Ich veranlassen, seinen Thron zu räumen, damit Christus ihn einnehmen kann. Und diese Übergabe des Willens — jenes Entscheidungen treffenden Teils des Menschen — muß erfolgen, ohne daß man den Gefühlen irgendwelche Beachtung schenkt.

Es ist wichtig, daß wir die Realität der geistigen Erfahrung nicht an unseren Gefühlen messen. Ein sechzehnjähriges Mädchen stellte mir in einem Brief die Frage: „Wie kann man sicher sein, daß man Christ ist? Wenn ein

Mensch Christus aufrichtig bittet, bei ihm einzukehren, sich aber noch immer gleich fühlt — wie kann er dann wissen, ob Christus ihn erhört hat?"

Schlüssel ihres Dilemmas, so scheint mir, ist das Wort fühlen. Wir bitten, wir beten, wir warten, aber wir fühlen uns kein bißchen anders. Gefühle sind meist der wahre Grund unserer christlichen Schwierigkeiten. Unsere Gefühle sind oft peinlich irreführend, und wir beherrschen sie bestenfalls nur zum Teil. Das ist nicht überraschend, denn die Psychologie sagt uns, daß die Gefühle vielfach aus den Tiefen des Unterbewußtseins kommen, ja sogar aus der inneren Einstellung längst verstorbener Vorfahren entspringen. Unsere Gefühle können von ganz nebensächlichen Dingen beeinflußt werden, etwa durch die Stimmung unserer Umgebung oder davon, ob wir gut geschlafen, ob wir Hunger oder Magenschmerzen haben; oder durch einen Morgen, an dem der Wind den Regen durchs offene Fenster hereinbläst und die Hunde aus der Nachbarschaft den Mülleimer umwerfen. „Ich spüre heute nichts von Gottes Gegenwart", jammern wir.

Welches Mittel gibt es dagegen? Es ist ganz einfach: Unsere Gefühle sind nicht unser wahres Ich. Die bewegende Kraft im Zentrum unseres Seins ist der Wille; das Lexikon beschreibt ihn als „die Kraft zu bewußter, vorsätzlicher Handlung". Der Wille ist das Steuer, die Triebfeder unserer Handlungen. Vor Gott sind wir nur für die Zielrichtung dieses Willens verantwortlich — ob wir uns für Gottes Willen entscheiden oder auf unserem eigenen bestehen. Unser Schöpfer weiß, daß unsere Gefühle unlenkbare, unzuverlässige Meßgeräte sind. Wenn wir also darauf achten, daß unsere Absichten (unsere Motive) gut sind, können wir darauf vertrauen, daß Gott sich um die Ergebnisse kümmert.

Wenn das Mädchen, das nicht sicher ist, ob es ein Christ ist, seinen Willen ganz bewußt dem Willen Gottes unterordnet, ist das in Gottes Augen eine wirkliche Abmachung, auch wenn das Mädchen nichts davon verspürt. Sobald es dies glaubt, wird Gott seine Gefühle lenken. Schließlich *wird* es anders *fühlen*. Schließlich *wird* es Gottes Gegenwart *spüren*. Die Gefühle hinken hinter dem Willen her. In der Zwischenzeit darf es sich nicht durch vorübergehende Reaktionen auf eine mißglückte Arbeit oder nicht eingehaltene Verabredung irreführen lassen.

Klingt dies zu einfach? Ich glaube tatsächlich, daß es das einzige Prinzip ist, das uns den Eintritt ins christliche Leben ermöglicht.

Es ist eine Theorie, die auch im wirklichen Leben gilt. Ich denke dabei an den vor einigen Jahren verstorbenen Fulton Oursler, der lange Zeit Herausgeber der Zeitschrift *Liberty* und später Redaktionsleiter von *Reader's Digest* war. Fulton Oursler, besonders bekannt durch seine Bibelerzählung *The Greatest Story Ever Told*, war jahrelang ein enger Freund und Mitarbeiter meines Mannes Len.

Mit dreißig Jahren nannte Oursler sich einen Agnostiker. Er glaubte nicht an das Absolute von Recht und Unrecht und an nichts, was dem Übernatürlichen nahekam. Nach seinen eigenen Worten hielt er sich an ethische Normen, vorausgesetzt, sie widersprachen nicht allzusehr dem, was er zu tun wünschte. Er machte sich über Gott als eine vollendete Selbsttäuschung lustig und tat alles, um den Glauben seiner Umgebung herabzusetzen.

Dann brach plötzlich auf allen Lebensgebieten Unheil über ihn herein. Die Zeitschrift ging ein; Oursler wurde arbeitslos. Gleichzeitig bereiteten ihm seine Gesundheit und seine Ehe große Sorgen. Schließlich erkannte er, daß er allein völlig hilflos war und nicht das Geringste für sich selbst tun konnte.

Da geschah das Wunder. An einem naßkalten Herbsttag wanderte Oursler durch die Fifth Avenue in New York. Vor einer Kirche blieb er stehen — befangen und von zwiespältigen Gefühlen erfüllt, aber wohlwissend, daß er hilflos und verloren war. Zum erstenmal seit Jahren wagte er sich ins Innere einer Kirche. Lassen wir ihn selbst weitererzählen: „In zehn Minuten oder eher besinne ich mich vielleicht schon wieder anders", betete er. „Ich verspotte mich vielleicht — und irre erneut. Höre dann nicht auf mich, Herr! Jetzt, in diesem Augenblick, denke und handle ich richtig. Dies hier ist mein Bestes. Nimm es und vergiß alles andre; und wenn du Wirklichkeit bist, Gott, hilf mir."

Was Oursler in der stillen Kirche tat, nannte Hannah Smith das „Steuerruder des Willens" setzen. Und Gott muß dies als den aufrechten Entschluß eines aufrichtigen Menschen akzeptiert haben. Schon nach kurzer Zeit kannte Fulton Oursler keine Probleme mehr.

„Der Ungläubige könnte es sich nur als Zufall erklären", sagte er später, „weil nichts, was ich oder sonst jemand tat, die Ereignisse beeinflußte. Die Schwierigkeiten lösten sich auf eine Weise, die der Rationalist vielleicht als eine Anhäufung günstiger Zufälle bezeichnen würde. Gott nahm buchstäblich mein Leben in die Hand, nahm es mir aus den Händen."

Der eindrucksvollste Beweis, daß Gott Fulton Oursler an jenem Tag in der Kirche erhörte und das Geschenk seines Willens annahm, ist sein Beitrag zum religiösen Leben der Nation, den er während der ihm noch verbleibenden Jahre seines Lebens leistete. Ein wissender, lebendiger christlicher Glaube ersetzte seinen früheren Agnostizismus. In großer Verlorenheit entdeckte er die Führung Gottes. Seine Begeisterungsfähigkeit, sein Eifer, seine unersättliche Vorliebe für gute Geschichten, die früher in Kriminalromanen, Theaterstücken und Drehbüchern ihren Niederschlag gefunden hatten, galten jetzt ganz der Stärkung des Glaubens andrer Menschen. Seit jener einschneidenden Erfahrung umfaßt sein Werk ungefähr achtzehn Bücher, eine endlose Folge von Artikeln und seine Wochenspalte „Moderne Gleichnisse", die gleichzeitig in vielen Zeitungen des Landes erschien.

Das Willensprinzip läßt sich ohne weiteres auf zahllose alltägliche Schwierigkeiten anwenden. Im Augenblick haben wir an unserer zwölfjährigen Tochter Linda ein bezeichnendes Beispiel dafür. Zur Richtigstellung ihrer Zähne waren kieferorthopädische Maßnahmen notwendig. Nachdem sie ein Jahr lang Metallbügel getragen hatte, paßte ihr der Zahnarzt eine Dehnplatte an, eine komplizierte und kostspielige Kunststoffvorrichtung zur Bißkorrektur. Das Dumme daran war, daß die Dehnplatte herausgenommen werden konnte.

Allzuoft spielte sich abends folgende Szene ab: „Linda, wo ist deine Platte?"

Schweigen. Dann ein leicht bestürzter Ausdruck auf ihrem sommersprossigen Gesicht. „Ich weiß nicht."

„Trugst du sie in der Schule?"

„Ja, aber ich nahm sie beim Mittagessen heraus."

„Und dann?"

„Ein paar Mädchen gaben sie unter dem Tisch von Hand zu Hand weiter — nur aus Spaß natürlich."

Wir starrten sie entgeistert an. „Spaß? Aber nicht sehr hygienisch! Weißt du denn nicht, daß ... "

Linda, die ahnt, daß gleich ein Gewitter losbrechen wird, fügt rasch hinzu: „Sie ist in meinem Geldbeutel. Sicher ist sie dort. Das heißt, ziemlich sicher."

„Würdest du bitte mal nachsehen?“
Linda kehrt bald zurück, den lästigen Gegenstand in die Höhe haltend. In ihrer Stimme schwingt Triumph mit: „Seht, alles in Ordnung.“
Wir beißen uns hilflos auf die Lippen und sagen gar nichts.
Später: „Linda, wie können wir dich bloß dazu bewegen, die Platte regelmäßig zu tragen?“
„Ich weiß nicht“ (die stereotype Antwort auf alles).
Monate vergehen. Die Platte wird noch oft in letzter Sekunde gerettet, aus Autos, dem Sprechzimmer eines Arztes, dem Rasen vor unserem Haus. Einmal mußte Lindas Großmutter sie mit der Post zurückschicken. Schließlich vermachte Linda sie der Pennsylvania Railroad, indem sie sie in einem der Züge auf der Toilette liegenließ. Es fiel ihr Stunden später ein, aber der Zug war bereits Hunderte von Kilometern weg. Die Korrespondenz mit der Eisenbahngesellschaft offenbarte, daß mein Englisch — selbst mit Wörterbuch — der angemessenen Beschreibung einer Dehnplatte nicht gewachsen war. Jedenfalls wurde sie nicht gefunden. Also ging Linda wieder zum Zahnarzt, um eine neue Platte zu erhalten, während ihr Papa beim Gedanken an die Rechnung mit den eigenen Zähnen knirschte.
Der Zahnarzt sagte Linda, daß sie durch ihre Vergeßlichkeit wieder zunichte machen werde, was er in zweijähriger Arbeit erreicht habe. Doch weder Warnungen noch Mahnungen halfen. Endlich beschloß ich, es mit dem Willensprinzip zu versuchen. Eines Abends wagte ich zu vermuten, daß sie, weil die Platte so unbequem war, tief in ihrem Innern beschlossen hatte: „Ich will sie nicht tragen, also werde ich sie einfach vergessen.“
„Weißt du, was es heißt, Willenskraft zu haben, Linda?“ fragte ich.
„Ja, ich glaube.“
„Was heißt es für dich?“
„Etwas tun, was ich nicht tun mag“, antwortete sie nach einigem Zögern.
„Das hast du ziemlich gut getroffen. Du erinnerst dich doch, daß wir dir gesagt haben, daß du dein ganzes Leben hindurch immer wieder Dinge tun mußt, die dir vielleicht nicht behagen. Mit Willenskraft kannst du versuchen, diese verhaßten Dinge trotzdem zu tun. Aber Linda, es gibt etwas viel Besseres. Wenn du Gott bittest, daß er dich ändern möge, damit du das, was du tun mußt, gerne tust, wird er dir helfen. Bestimmt!“
An jenem Abend fügte Linda ihrem Abendgebet hinzu:

„Gott, ich hasse diese Platte. Aber ich weiß, wenn ich sie nicht trage, bekomme ich keine guten Zähne. Ich bin darum bereit, daß du mich innerlich änderst, damit ich sie tragen und an sie denken will — und dann werde ich es auch tun."

Nachdem sie mehrere Abende hintereinander so gebetet hatte, war das Problem der Platte schon bald kein Problem mehr. Als Linda das Steuer ihres Willens in die richtige Richtung lenkte, so daß Gottes Wille auch ihr Wille wurde, hatte sie keine Mühe mehr, sich an die Platte zu erinnern und fühlte sich nicht mehr elend, wenn sie sie trug.

An eine Dehnplatte zu denken, mag neben den großen Problemen des Lebens als sehr unwichtig erscheinen. Doch ich habe erlebt, daß dieses Willensprinzip auch in den schwierigsten Situationen des Lebens ebenso erfolgreich ist.

Vor mehreren Jahren war ein erfahrener Pilot gezwungen, ein Passagierflugzeug bei dichtem Nebel in Kalifornien zu landen. Die Landeanweisungen vom Kontrollturm waren offensichtlich nicht klar genug für ihn. Zum Entsetzen aller, die die Ankunft des Flugzeugs erwarteten — meist Frauen und Kinder —, stürzte die Maschine am Rand der Landepiste ab und verbrannte. Sämtliche Flugzeuginsassen kamen ums Leben.

Die Untersuchung der Flugsicherung ergab, daß die Schuld wahrscheinlich beim Piloten lag. Viele, die die näheren Umstände kannten, fanden dieses Ergebnis nicht korrekt. Jedenfalls verdoppelte es den Schmerz der Witwe. Es war niederschmetternd genug, den Gatten auf so tragische Weise zu verlieren, daß er aber für den Tod von dreiundzwanzig Mitmenschen verantwortlich gemacht wurde, erschien ihr unerträglich.

Ich bin mit der Witwe des Piloten und ihren drei Töchtern befreundet. Eines Tages fragte sie mich: „Wie kann ich meinen Groll hierüber verwinden und meinen Frieden wiederfinden?"

Bisher hatte ich nichts erlebt, was der bitteren Erfahrung meiner Bekannten entsprach. Ich dachte darüber nach und schrieb ihr dann, auf welche Weise es mir gelungen war, geringfügigere Ressentiments loszuwerden.

> . . . Haß und Ressentiments sind Gefühle. Wir werden sie nicht los, indem wir sagen: „Ich will dieses Gefühl nicht mehr haben. Ich werde diese Person, die mir Leid zufügte, jetzt lieben."
>
> Da ich das Willensprinzip anerkenne, bete ich etwa so: „Herr, du hast mir deutlich gesagt, daß die Rache dein ist und nicht mein. Du hast

gesagt, daß ich vergeben muß. Ich will es tun und habe es immer wieder versucht, aber mein Groll kehrt stets wieder von neuem zurück; jetzt übergebe ich ihn dir. Hier — ich halte ihn dir auf der offenen Hand hin. Ich verspreche, daß ich sie nicht wieder zur Faust ballen und meinen Groll nicht wieder zurückhaben will. Ich bitte dich, nimm ihn von mir und hilf mir, mit diesen Gefühlen fertig zu werden, die ich allein nicht meistern kann."

Dabei lasse ich die Sache bewenden. Wollen sich meine Gedanken ihr wieder zuwenden, so habe ich die beruhigende Gewißheit, daß ich sie Gott übertrug, und daß er sich ihrer annimmt. Und ich stelle stets wieder fest, daß der Groll innerhalb weniger Stunden oder Tage verflogen und Frieden an seine Stelle getreten ist.

Die Witwe des Piloten hatte lange mit ihrer Erbitterung zu kämpfen, doch rang sie sich mit Gottes Hilfe schließlich zu einem Seelenfrieden durch, der ihr ein neues schöpferisches Leben ermöglichte.

Einmal hatte ich Erfolg, als ich dieses Geheimnis des Willens auf eine Nachbarin anwandte, deren Gegenwart mich beständig reizte. Sie hatte mir nichts getan. In der Tat, sämtliche Gründe, die ich für meine Abneigung hätte angeben können, waren nicht stichhaltig — ihr unaufhörliches Gerede etwa oder ihre Angewohnheit, Fragen zu stellen ohne ihren Redestrom zu unterbrechen, um die Antwort zu hören. Sie wirkte auf mich wie das Kratzen von Fingernägeln über eine Tafel. Mein ganzes Bestreben ging dahin, sie zu meiden. Sie soll ihren Weg gehen und ich meinen, sagte ich mir. Die Welt ist groß genug für uns beide.

Aber dann geschah etwas Merkwürdiges. Oft, wenn ich zu beten versuchte, kam mir diese Frau in den Sinn. Als dies vielleicht zum viertenmal geschah, schloß ich daraus, daß Gott mir etwas sagen wollte, und daß ich die Botschaft nur zu gut kannte. „Den Nachbarn meiden ist ungenügend. Hast du vergessen, daß wir einander lieben sollen?"

Sie lieben? Die Idee schien absurd. Und doch wußte ich, daß ich es versuchen mußte. Zunächst erkannte ich, daß Christus unter Liebe niemals gewaltige Wogen überschwenglicher Gefühle verstanden hatte. Mit Liebe meinte er etwas Wesentlicheres — Achtung vor dem andern Menschen, aber auch Interesse für ihn und seine Probleme, ein Gespür für seine Not und den Wunsch, es möge ihm gut gehen.

Sobald ich mir über mein unvollkommenes Verhältnis zu ihr im klaren war, sah ich, daß alles weitere von meinem Willen abhing. Ich mußte bereit sein, diese Frau zu lieben. Angenommen, Gott würde durch ein Wunder meine Abneigung in Sympathie oder gar Zuneigung verwandeln? Nein, Gott erwartete von mir eine Änderung meiner Gefühle im Zentrum meines Willens, die die Möglichkeit freigab, diese Frau zu lieben.

Hilfesuchend kehrte ich zu Hannah Smith zurück, die einmal den Willen mit einer klugen Mutter und ihren Gefühlen gegenüber der lärmenden, schreienden Kinderschar verglich. „Die Mutter legt sich auf ein bestimmtes Verhalten fest, das sie für das beste hält. Die Kinder lehnen sich auf und wollen nicht gehorchen. Aber die Mutter weiß, daß sie zu bestimmen hat und nicht die Kinder, und verfolgt ihr Ziel liebevoll und fest, ohne dem Eigensinn der Kinder auch nur einen Augenblick nachzugeben. Schließlich hört das Geschrei auf; die Kinder tun, was Mutter ihnen sagt. Es herrscht völlige Eintracht in der Kinderstube."

Mein Gebet lautete daher im wesentlichen: „Herr, laß mich zugeben, daß sich mein Gefühl ungestüm gegen den Gedanken auflehnt, meine Nachbarin zu lieben. Aber ich stelle meinen Willen unter deinen und bitte dich, du mögest dich meiner Gefühle annehmen."

Erstes Ergebnis meines Gebets war, daß ich aufhörte, die Frau zu meiden. Bei näherem Zusehen erkannte ich, daß ihr vieles Reden nur zur Tarnung ihrer großen inneren Unsicherheit diente. Sie war mir immer als hoffnungslos rührselig erschienen — nun erkannte ich den Grund. Sie und ihr Mann hatten sich vergeblich Kinder gewünscht. Ihr liebevolles Wesen hatte nie ein wirkliches Betätigungsfeld gefunden. Bald hatte ich die Gewißheit, daß sich hinter ihrer Sentimentalität eine seltene Fähigkeit zu treuer Freundschaft verbarg.

Sie legte ihre Gewohnheit, Fragen zu stellen und sich die Antwort nicht anzuhören, niemals ab. Aber die Zeit kam, wo ich ohne Groll frei heraus fragen konnte: „Nun, wollen Sie die Antwort hören oder nicht?"

Sie starb mit dreiundvierzig Jahren an einer Gehirnblutung. Ich hatte sie noch zwei Tage vor ihrem Tod gesehen, und wir hatten uns voll wirklicher Zuneigung voneinander verabschiedet.

Die geheimnisvolle Kraft unseres Willens ist besonders auf jenen Gebieten wirksam, wo wir gespaltene Persönlichkeiten sind. Wir wissen ganz genau, was wir tun sollten. Wir wollen es tun und wollen es wiederum nicht.

Die wirren Gefühle menschlichen Schmerzes betonen dieses geteilte Ich oft noch. Eine Witwe aus einer kleinen Stadt in Arkansas drückte es in einem Brief so aus:

> Es ist fünf Jahre her, seit mein Mann im Alter von neunundvierzig Jahren starb, nachdem ihm der Arzt eine halbe Stunde zuvor gesagt hatte, er würde ihn jederzeit für eine Lebensversicherung empfehlen. Monatelang war ich vor Schmerz so betäubt und niedergeschlagen, daß ich nicht einmal klar erkennen konnte, was mit mir geschehen war. Im Herzen wußte ich jedoch, daß ein Großteil davon auf Selbstmitleid zurückzuführen war.
>
> Mein Mann hatte an mir immer gelobt, daß ich auch in den schwierigsten Situationen nie den Kopf verlor, und mit der Zeit erkannte ich, daß ich ihn aufs Schlimmste enttäuschen werde, wenn ich weiter in Selbstmitleid schwelgte. Was kann ich aber dagegen tun?

Ich glaube, es gibt verschiedene Gründe, warum in Trauer und Schmerz der Wille so hartnäckig mit sich selbst uneins ist. Zunächst einmal ist man selbst tief in die Sache verwickelt. Die Liebe wurde schwer getroffen, und hierbei starb ein Teil unsres Ichs. Auch hegen die meisten von uns (wie Königin Victoria, die um ihren Albert vierzig Jahre lang trauerte) den heidnischen Verdacht, daß diejenigen, die keine tiefe und langanhaltende Trauer zur Schau tragen, ihre Toten nicht ehren.

Wir brauchen sehr lange, um der Tatsache ins Auge zu sehen, daß uns keine noch so große Trauer den geliebten Menschen zurückgibt. Und da das Leben weitergehen muß, sehen wir uns vor die einfache Alternative gestellt: Soll es ein gutes Leben sein oder ein miserables, seufzendes Dasein? An dieser Stelle kann sich die geheimnisvolle Kraft unseres Willens einschalten und uns auf den richtigen Weg führen.

Nach der Veröffentlichung meines Buches *Im Himmel wie auf Erden,* in dem ich unter anderm über meine Erfahrungen mit dem Schmerz beim Tod meines Mannes schrieb und wie ich mein Gleichgewicht allmählich wiederfand, gingen unzählige Briefe bei mir ein — von Männern und Frauen, die einen geliebten Menschen verloren hatten. Oft waren die Briefe bestürzend, denn viele von ihnen besagten in der Tat: „Ich habe Ihr Buch gelesen. Aber lassen Sie mich Ihnen das Besondere meines Falles schildern. Haben Sie mir nicht noch mehr zu sagen?“

Da ich mich in diesem Buch buchstäblich verströmt hatte, meinte ich, alles mit allen geteilt zu haben, was irgendwie hilfreich sein konnte. Aber jetzt stellte ich fest, daß es noch etwas andres gab. Das Geheimnis — Hannah Smith entdeckte es — beruht darauf, daß Schmerz ein Gefühl ist und daß man nur wenig Kontrolle darüber hat: Du weißt, daß Gott den von dir geliebten Menschen liebt, der nun bei ihm ist, und daß er auch dich liebt. Du weißt, daß Gott einen Plan für dein Leben hat. Daher gestehe Gott, daß deine Gefühle geteilt sind — der eine Teil deines Wesens klammert sich fast leidenschaftlich an deine Trauer, der andre weiß genau, daß du den Schmerz fallenlassen mußt, wenn du noch Glück empfinden und ein gutes Leben führen willst.

Das Willensprinzip kann sich dieses Zwiespalts annehmen, obgleich wir weiter zurückgreifen müssen. Unser Gebet muß hier lauten: „Herr, ich bin bereit, mich bereiten zu lassen."

Hierauf läßt man die Sache auf Tage oder Wochen hinaus beruhen, übt weder Zwang noch Druck aus und läßt Gott Zeit, das Gefühlsklima in den tiefen Schichten der eigenen Persönlichkeit zu ändern.

Ein mir befreundeter Geistlicher aus St. Louis erzählte mir einmal, wie er das Willensprinzip bei einer zerrütteten Ehe anwandte. Die junge Frau, Marty, die ihn in seinem Studierzimmer in der Kirche aufsuchte, eröffnete ihm, daß sie ihren Mann nicht mehr liebe. Bill war ihr untreu gewesen, und sie konnte ihn nicht mehr achten.

„Haben Sie ihn einmal geliebt?" fragte der Pastor.

„Ja."

„Und wie verhält sich Ihr Mann jetzt? Ist er unverändert oder zerknirscht?"

„Wir lebten ein Jahr lang getrennt. Vor zwei Monaten kam Bill zu mir. Er sagte, er sei ein Narr gewesen, die Affäre sei beendet. Jetzt möchte er, daß wir uns aussöhnen."

„Nun, können Sie ihm vergeben?"

Die Frau zögerte. „Ich habe Sie oft genug von der Kanzel herab sagen hören, daß wir vergeben müssen, was immer es sei. Aber das ist nicht mein größtes Problem. Mit der Achtung schwindet auch die Liebe. In Wirklichkeit wollte ich Sie folgendes fragen: Ist es Bill gegenüber richtig und fair, wieder mit ihm zusammenzuleben, wo ich ihn doch nicht liebe?"

„Marty, was meinen Sie, was Gottes Wille ist?"

Sie dachte eine Weile nach. „Aus Gottes Sicht ist Bill vermutlich mein Mann. Ich nahm ihn ‚in Glück und Leid'. Dann muß es Gottes Wille sein, daß ich meinen Mann liebe."
Der Pastor lächelte ihr zu. „Das Schwierige aber ist, daß man Liebe nicht wie einen Hund dressieren kann. Ist es das, Marty?"
„Ja, das ist es."
„Es gibt eine Antwort, Marty. Wenn Sie gewillt sind zu tun, was Sie in Ihrem Inneren als Gottes Willen erkennen, dann wird Gott sich Ihrer Gefühle annehmen und Ihnen die Liebe zu Bill zurückgeben."
„Wie können Sie davon so überzeugt sein?"
„Ich kann es Ihnen garantieren, wenn Sie bestimmte Bedingungen erfüllen."
Dann erklärte der Geistliche der jungen Frau das Willensprinzip. Während er redete, schob er ihr ein grobgezeichnetes Schema über den Schreibtisch zu. „Das stammt nicht von mir", erklärte er. „Ich habe die Idee von Dr. Glenn Clark."

Ich will . . .	wollen . . .	der Wille Gottes
↓	↓	↓
des Menschen Wille	der Wille in Tätigkeit	Gottes Wille

Marty sah sich das Schema eingehend an. Als sie schließlich aufschaute, waren ihre Augen hoffnungsvoll. „Ich fange an einen Ausweg aus meiner schwierigen Lage zu sehen. Sie meinen, daß Liebe ein Gefühl ist, und daß ich darüber keine Kontrolle habe, dafür aber um so mehr Kontrolle über meinen Willen. Und wenn ich meinen Willen in die rechte Richtung lenke, dann müssen ihm auch die Gefühle folgen. Ist es so?"
„So ist es."
„Dann", fuhr Marty fort, „muß ich mich entschließen, zu Bill zurückzugehen."
„Noch etwas mehr als das", verbesserte der Geistliche. „Sie dürfen nicht widerwillig oder mit halbem Herzen zurückgehen, sondern müssen bereit sein, Ihre Ehe mit neuer Liebe und Freude zu erfüllen. Sie können den Willen dazu mitbringen; Gott wird für das übrige sorgen."

Das war vor fünf Jahren. Die Ehe hielt nicht nur, sondern, wie mir der Geistliche erzählte, sind Marty und Bill inzwischen gereifter und erfahrener und heute glücklicher als anfangs ihrer Ehe.

Wir mißverstehen das Christentum, wenn wir glauben, daß Gott einen Gehorsam der Furcht will — widerstrebend, aufbegehrend, jeden Schritt des Weges hassend. Tatsächlich lehrt uns das Neue Testament, daß dieser aus Furcht vor Strafe erwachsene widerwillige Gehorsam für den Alten Bund kennzeichnend war. Jesus kam, um uns einen neuen Weg zu zeigen, denn „Gott ist's, der in euch wirkt beides, das Wollen und das Vollbringen, zu seinem Wohlgefallen“ (Phil. 2, 13). Das heißt, daß Gott uns innerlich so wandeln wird, daß wir seine Pläne und Wünsche mit Freuden annehmen.

Gottes Willen wird durch die einfache Anwendung des Willensprinzips bei jeder Lebenslage in unsere Herzen geschrieben. Christus wäre in der Tat unrealistisch, wenn er das Unmögliche von uns verlangte. Er tut es nicht. Sein Geheimnis des freien Willens ist uns nicht nur Wegweiser, sondern bewirkt, daß wir uns voll Freude auf den Weg machen können.

5 Das Wagnis, auf Gott zu vertrauen

„Bleiben Sie mir bloß mit dem Wort Glauben vom Leib“, sagte kürzlich ein Rechtsanwalt auf einer Abendgesellschaft heftig zu mir. „Es wirkt auf mich wie ein rotes Tuch.“

„Warum diese ablehnende Haltung?“ fragte ich.

„Nun, weil ich gegen die Art protestiere, wie das Christentum den Glauben als theologischen Behelf benutzt, um sich vor allen praktischen Problemen zu drücken. Immer da, wo ein Mensch etwas verstehen will, heißt es: ‚Du brauchst nur den Glauben zu haben‘ oder ‚Unser Verstand vermag dies nicht zu erfassen‘. Das ärgert mich! Ich kann nichts Unrechtes daran finden, wenn man sagt: ‚Beweise es mir erst, dann glaube ich‘.“

Während des Gesprächs erkannte ich, daß diesem intelligenten, gebildeten Mann noch nie der Gedanke gekommen war, daß er im Alltagsleben oft die umgekehrte Reihenfolge einhält — erst Glaube und Zustimmung, dann die Tat. Jeden Tag handelt er ungezählte Male guten Glaubens. Jeden Tag erwartet er von seinen Klienten, daß sie an ihn glauben, ohne den Beweis dafür zu haben, daß er ihren Fall zu einem guten Ende bringt. Dabei würde er es weit von sich weisen, wollte man ihn einen Theoretiker nennen.

Wenn er ein Flugzeug besteigt, glaubt er, daß es ihn an seinen Bestimmungsort bringen wird, aber er hat keinen Beweis dafür. Er vertraut sein Leben einigen unbekannten Mechanikern an, die das Flugzeug überprüfen, und einem Piloten, über den er nichts weiß.

Wenn er in einem Restaurant eine Mahlzeit einnimmt, vertraut er einem unbekannten Koch und ißt das Essen guten Glaubens — des guten Glaubens, daß es nicht mit Krankheitserregern infiziert ist. Er begibt sich zur Operation in ein Krankenhaus und unterzeichnet ein Dokument, daß er damit einverstanden ist. Er tut dies im guten Glauben an einen Anästhesisten, dessen Namen er vielleicht nicht einmal kennt, und einen Chirurgen, der die Macht über sein Leben in Händen hat.

Er nimmt von einem Arzt ein Rezept entgegen und geht mit ihm zum Apotheker, im guten Glauben, daß dieser die verordnete Medizin genau nach Vorschrift zubereiten wird. Die Einnahme der falschen Arznei könnte tödlich sein, aber er hat keine Möglichkeit, den Inhalt der Pille zu untersuchen, ehe er sie schluckt.

Es ist offenkundig, daß unser wohlorganisiertes Leben knirschend und kreischend zum Stillstand käme, wenn wir auf der Reihenfolge erst Beweis, dann Glaube bestehen wollten. Und da uns Menschen ein Leben in der Gemeinschaft nur möglich ist, wenn wir einander glauben und vertrauen, sollte es uns da nicht seltsam vorkommen, daß dasselbe Gesetz auch für ein Leben mit Gott gilt?

Das Neue Testament macht uns klar, daß alle Aktivität im geistigen wie im weltlichen Bereich vollkommen aufhört, wenn wir uns aus irgendeinem Grund weigern, im Glauben zu handeln. Ohne Glauben können wir nicht einmal erste Schritte ins christliche Leben tun, so wie ein Kleinkind ohne blindes kindliches Vertrauen zu den Eltern und den Erwachsenen nicht seinen Lebensweg antreten könnte. Wir müssen die Tatsache einer persönlichen Beziehung zu Jesus Christus gläubig annehmen, wie unsere kleinen Kinder die Tatsache der elterlichen Liebe annehmen. Beim Kind wie beim Eben-Christ-Gewordenen kommen Verständnis und Beweis später.

Ebenso hat jeder Schritt auf unserem christlichen Weg im Glauben zu erfolgen.

Bei den Wunderheilungen Jesu war der Glaube allem Anschein nach vor der göttlichen Tat erforderlich, und nicht (wie die Logik es verlangen würde) hinterher. Die Evangelien sind voll von derartigen Berichten:

> Er aber sprach zu der Frau: Dein Glaube hat dir geholfen; gehe hin in Frieden (Luk. 7, 50).
>
> Da rührte er ihre Augen an und sprach: Euch geschehe nach eurem Glauben (Matth. 9, 29).
>
> Jesus aber sprach zu ihm: . . .Kannst du was? Alle Dinge sind möglich dem, der da glaubt (Mark. 9, 23).
>
> . . . was ihr im Gebete bittet, werdet ihr empfangen, wenn ihr Glauben habt (Matth. 21, 22 Menge).

Mein eigenes Glaubensproblem beruhte auf einem frühen Mißverständnis über das Wesen des Glaubens. Zunächst einmal war ich der Ansicht, daß der Glaube etwas mit dem Gefühl zu tun habe. Wenn ich zum Beispiel etwas Unrechtes getan und Gott um Vergebung gebeten hatte, spähte ich zuerst einmal in mein Inneres um nachzuforschen, ob ich die Vergebung auch spürte. Konnte ich solche Gefühle entdecken, war ich überzeugt, daß Gott mich gehört und mir verziehen hatte. Jetzt weiß ich, daß dies alles andere als ein Glaubenskennzeichen war.

Wir wären wohl nicht so töricht, auf einen Bahnhof zu gehen, in den erstbesten Eisenbahnwagen einzusteigen, einen Platz zu suchen und uns nun von unserem Gefühl sagen zu lassen, ob wir im richtigen Zug sitzen. Unser Gefühl hätte hiermit absolut nichts zu tun. Ich weiß aber jetzt, daß meine Handlungen im geistlichen Bereich zeitweise genauso töricht waren.

Eine andere falsche Auffassung war, daß ich etwas zu glauben versuchte, das ziemlich sicher nicht wahr sein konnte. Aber der Glaube ist keine Alchimie, die jedem Wissen und jeder Wirklichkeit widerspricht; vielmehr beruft er sich genau wie die Wissenschaft auf die Erfahrung. Der Unterschied ist nur, daß er dies in einem Bereich tut, in dem unsere fünf Sinne nichts zu bestimmen haben.

Ebensowenig ist der Glaube eine Art geistlicher Münze, die wir gegen den Segen des Himmels eintauschen können. Er besteht auch nicht einfach daraus, verbissen an eine bestimmte Lehre zu glauben. Man kann an die Göttlichkeit Jesu Christi glauben und sich persönlich ihm gegenüber nicht im geringsten zur Treue verpflichtet fühlen; man kann verstandesmäßig an die Wirksamkeit des Gebetes glauben und selbst niemals beten.

Ein Grund, warum mir persönlich die wirkliche Bedeutung des Glaubens so viele Jahre lang entging, war vielleicht, daß er so überraschend einfach, so praktisch ist. An Gott glauben, heißt einfach, ihm genug vertrauen, um in diesem Vertrauen vorwärtszuschreiten.

Ich erhielt meine erste Lektion, wie man im Vertrauen auf Gott vorwärtsschreitet, als es darum ging, meine Collegeausbildung zu finanzieren. Wir lebten damals in einer kleinen Stadt im östlichen Westvirginia. Als ich das letzte Jahr zur High School ging, hatte die Stadt schon mehrere Jahre mit den Nachwirkungen der Depression von 1929 zu kämpfen. Ihre einzige Industrie — die Baltimore- und Ohio-Eisenbahnwerkstätten — war

fast lahmgelegt. Die Kirche, an der mein Vater als Pfarrer wirkte, litt mit allen anderen. Vater hatte freiwillig mehrere Kürzungen seines ohnehin schmalen Gehalts auf sich genommen. Selbst das Geld für die Lebensmittel war knapp. Es war ein Glück, daß Mutter Maispfannkuchen so zuzubereiten verstand, daß sie wie seltene Leckerbissen schmeckten.
Etwas, wovon ich geträumt hatte, solange ich denken konnte — eine Collegeausbildung —, schien ausgeschlossen; mein Wunschtraum galt sogar einem ganz bestimmten College, dem Agnes-Scott-College in Decatur, Georgia.
Ich erhielt die Zulassung zum Agnes-Scott-College. Aber obgleich die Schule auf den Besuch von Pfarrers- und Missionarstöchtern eingestellt war, deren Ambitionen ihren Geldbeutel gewöhnlich übertrafen, schien die finanzielle Belastung hoffnungslos groß. Selbst bei Gewährung eines kleinen Stipendiums und unter Zuhilfenahme der 125 Dollar, die ich auf der High School als Preise für Aufsätze und Debattierwettbewerbe erhalten hatte, fehlten uns mehrere hundert Dollar. Es war das erstemal, daß meine Eltern einem Fall hilflos gegenüberstanden. In all den Jahren meines Großwerdens, in jeder kindlichen Notlage waren sie stets allem gewachsen gewesen. Bedeutete dies, daß ich meinen Herzenswunsch aufgeben mußte?
Eines Abends fand mich Mutter, als ich schluchzend auf meinem Bett lag. Sie setzte sich neben mich, legte ihre kühle Hand auf meine Stirn. Es bedurfte keiner Worte. Sie wußte, welchen Kummer ich hatte.
Dann sagte sie ruhig: „Wir wollen zusammen beten. Komm mit ins Gastzimmer, damit uns niemand stört.“ Und sie nahm mich fest bei der Hand. Wir setzten uns auf das altmodische Eichenbett, das Vater und Mutter einst für ihr erstes Heim gekauft hatten. „Wir wollen erst noch einen Augenblick darüber reden, ehe wir zu beten beginnen“, sagte Mutter langsam. „Ich glaube, daß es Gottes Wille ist, daß du aufs College gehst, sonst hätte er dir nicht das geistige Rüstzeug dazu gegeben. Außerdem stehen Gott alle Hilfsmittel zur Verfügung. Glaubst du das, Catherine?“
„Ja, ich glaube es.“
„Gut. Nun noch etwas anderes, über das du nachdenken solltest. Jedermann hat Glauben. Er ist uns angeboren. Unser Schicksal hängt weitgehend davon ab, auf was wir unseren Glauben setzen. Setzen wir ihn auf Gott, so stehen wir auf sicherem Grund. Setzen wir unser Vertrauen auf

Armut oder Versagen oder Furcht, dann investieren wir es schlecht. Denk bitte daran, während ich dir etwas vorlese." Sie öffnete ihre Bibel und las 1. Joh. 5, 14; 15: „Und das ist die Zuversicht, die wir haben zu ihm, daß, wenn wir etwas bitten nach seinem Willen, so hört er uns. Und wenn wir wissen, daß er uns hört, was wir auch bitten, so wissen wir, daß wir erlangen, was wir von ihm gebeten haben."

„Beachte den Gedankengang dieses Versprechens, Catherine. Wenn immer wir Gott um etwas bitten, das nach seinem Willen ist, hört er uns. Wenn er uns hört, dann gewährt er uns auch die Bitte, die wir an ihn gerichtet haben. Wir beide können uns auf dieses Versprechen verlassen." Und dann knieten wir neben dem Bett nieder und baten gemeinsam Gott um Hilfe. Ich werde jenen Abend nie vergessen. Während dieser ruhigen Augenblicke lernte ich, was Glaube ist und wie er sich auswirkt. Zugegeben, mein Glaube war unausgereift und schwach, aber die Stärke von Mutters Glauben war ansteckend. Sie hatte mir geholfen, den ersten Schritt zu gehen. Gottes Antwort kam in Gestalt eines Angebots an Mutter, für Federal Writer's die Geschichte unseres Kreises zu schreiben. Das Honorar würde ausreichen, nicht nur die Kosten meines Collegeaufenthaltes zu decken, sondern auch noch ein wenig zu erübrigen. Da Geschichte von jeher ein Lieblingsgebiet meiner Mutter war, hätte ihr keine Arbeit mehr Freude machen können. Überdies konnte sie sie daheim machen und neben ihrer schriftstellerischen Arbeit ihren Haushalt führen.

Auf diese Weise lernte ich, daß wir zuerst den Glauben haben müssen, wenn wir unsere Aufgaben als Menschen überhaupt erfüllen wollen. Die Frage ist nur — Glaube an wen? Glaube an was?

Gott fordert uns auf, unseren Glauben auf ihn zu setzen und nicht auf fehlbare Mitmenschen: „Schmecket und sehet, wie freundlich der Herr ist" (Ps. 3, 8). Nach meiner Erfahrung ist dies der einzige erfolgreiche Weg.

Ich habe die Wirksamkeit dieses Glaubens oft auf erregende Weise bestätigt gefunden. Keine Lebensgeschichte fesselte meine Einbildungskraft so sehr wie die George Müllers. Meine Kinder werden sie lesen und — wenn ich etwas zu sagen habe — auch meine Enkel.

Im Jahre 1828 saß in Teignmouth in England ein Mann in seinem Zimmer und rang mit einem Problem. Ein Deutscher. George Müller war damals dreiundzwanzig Jahre alt. Sein Vater war in Preußen Steuereinnehmer, und der Sohn hatte die Vorliebe des Vaters für Zahlen, sein mit der Präzision einer Rechenmaschine arbeitendes Gehirn und seinen klugen Geschäftssinn geerbt. Um jene Zeit war die industrielle Revolution in England in voller Entwicklung begriffen. George Müller hatte das Gefühl, er könnte ein erfolgreicher Industrieller werden. Aber er zögerte. George hatte erst vor drei Jahren die Universität Halle verlassen und war seither meist völlig von Wirtshäusern, Frauen, Kartenspiel und gelegentlichen Studien in Anspruch genommen gewesen. Er hatte sich ganz gewiß nicht im geringsten um Gott gekümmert. Dann war ein Wendepunkt eingetreten.

Als er eines Abends bei einem Freund eingeladen war, machte er die Entdeckung, daß ihm das Zusammensein mit einer Gruppe von Christen Freude bereitete, eine ganz andere und weit größere Freude, als ihm sein Lieblingslokal zu bieten vermochte.

Zu seiner eigenen Überraschung begann George Müller über den Sinn des Lebens nachzudenken. Vor allem beschäftigte ihn die Tatsache, daß in allen Evangelien beständig Jesu Bitte an uns wiederkehrte, zu glauben und zu bitten, bitten, bitten: „Bisher habt ihr nichts gebeten in meinem Namen. Bittet, so werdet ihr nehmen, daß eure Freude vollkommen sein" (Joh. 16, 24). — „Wenn nun ihr, die ihr doch böse seid, euren Kindern gute Gaben zu geben versteht, wieviel mehr wird euer Vater im Himmel denen Gutes geben, die ihn bitten" (Matth. 7, 11 Menge).

Hatte Christus diese Worte buchstäblich so gemeint? Wenn ja, warum fuhr dann die Menschheit — Generation auf Generation — fort, sie zu ignorieren oder zu verwässern?

George Müller dachte an einige Menschen, die er vor kurzem kennengelernt hatte. Unter ihnen befand sich ein Mann, der vierzehn bis sechszehn Stunden am Tag seinem Beruf nachging. Er hatte keine Zeit für seine Familie, keine Zeit, sich des Lebens zu freuen. Besorgt hatte Müller erst vor einer Woche zu ihm gesagt: „Henry, du mußt einfach weniger arbeiten. Deine Familie braucht mehr von dir als deinen Lohn. Dein Körper leidet schon darunter, und deine Seele verhungert."

Doch die Antwort war gewesen: „Aber wenn ich weniger arbeite, verdiene ich nicht genug, um meine Familie zu ernähren."

Als Müller die Bibelstelle: „Trachtet am ersten nach dem Reich Gottes und nach seiner Gerechtigkeit, so wird euch solches alles zufallen“ (Matth. 6, 33) zitiert hatte, hatte Henry mit einem kläglichen Gesicht geantwortet: „Ich wollte, ich könnte das glauben, George, vermutlich brauche ich einfach mehr Glauben.“

Das Kinn in die Hand gestützt, saß Müller nun da und starrte aus dem Fenster im zweiten Stock über die Schornsteinkappen der Stadt auf das ferne Meer hinaus, das sich schäumend an den roten Klippen von Parson Rock brach. Aber er sah die Schönheit des Sonnenuntergangs an der Küste von Teignmouth heute nicht. Statt dessen dachte er an Marie, eine alte Frau, die sich unendlich vor einem Alter ohne Rente fürchtete und von Entsetzen erfüllt war bei dem Gedanken an das Armenhaus, das am Ende der Straße auf sie wartete. Wo war ihr Glaube an Gottes Fähigkeit, für sie zu sorgen? Und dann dachte er an Lawrence, einen Mann, der jetzt anfangs der Dreißig war und einen kaufmännischen Beruf ausübte, den er haßte. Aber er wagte es nicht, zu dem Beruf überzuwechseln, dem sein Herz gehörte, und sein Medizinstudium zu beenden. „Wie kann ich denn während dieser Zeit für meine Familie sorgen?“ Auch er hatte nur mit den Achseln gezuckt, als Müller den Glauben an Gott als einzige Lösung erwähnt hatte.

Was konnte also er — George Müller — in dieser Sache tun? Wie konnte er diesen Leuten zeigen, was Glauben war, und ihnen beweisen, daß Jesus es ernst meinte, als er uns zu bitten gebot.

In diesem Moment beobachtete er vor seinem Fenster zwei zerlumpte kleine Mädchen. Er hatte sie schon öfters gesehen. Ihr Vater hatte einen Handelssegler besessen und war im vergangenen Jahr vor Desolation Island in der Magellanstraße mit seinem Schiff untergegangen. Vor zwei Wochen war ihre Mutter an Tuberkulose gestorben. Müller erinnerte sich an das erschütternde Begräbnis, den rohen Sarg aus Tannenholz, den verlorenen Blick auf den Gesichtern der Kinder. Er wußte, daß die beiden elf- und dreizehnjährigen Mädchen für ihre drei jüngeren Geschwister zu sorgen versuchten. Und dies waren nicht etwa die einzigen notleidenden Kinder in der Stadt. Es schien keine Einrichtung für bedürftige Kinder in England zu geben. Er fragte sich, warum nicht.

Seine Gedanken kreisten unaufhörlich um diesen Punkt. Und dann bemerkte er die aufgeschlagene Bibel neben sich auf dem Tisch. Er hatte die

Psalmen aufgeschlagen, und sein Blick fiel auf ein Wort, das ihm vorher noch nie aufgefallen war: „Tu deinen Mund weit auf, laß mich ihn füllen" (Ps. 81, 11). Müller betete augenblicklich still vor sich hin: „Gut, ich tue meinen Mund auf und bitte. Wenn du möchtest, daß ich in dieser Sache etwas unternehme, dann zeige mir, wie und wo ich beginnen soll."

George Müller bot zunächst der Heimatmission seine Hilfe an. Seine Energie und sein Ideenreichtum verliehen ihr bald neues Leben. Aus den Aufzeichnungen geht hervor, daß er im Jahr 1830 Mary Groves kennenlernte und heiratete. Die beiden besiegelten ihren Ehebund, indem sie Jesu Worte „Verkauft, was ihr habt, und gebt Almosen" (Luk. 12, 33) wortwörtlich befolgten und sich von all ihren Gütern trennten. Wie viele kühne Pioniere wollte George Müller den Weg ganz gehen. Sein Wunsch war, sich und seine Frau in allem allein von Gott abhängig zu machen.

Der nächste Schritt war noch gewagter. Müller lehnte es ab, ein Gehalt zu beziehen. Er und seine Frau wollten hinfort all ihre Bedürfnisse Gott in ihren Gebeten mitteilen.

Dann konzentrierten sich Georges Gedanken auf die Idee, ein Waisenhaus zu gründen. Es sollte nicht einfach ein Ort sein, an dem für ein paar heimatlose Kinder gesorgt wurde, sondern eine riesige Institution — aufgebaut auf dem Glauben und betrieben im Glauben. Er würde es zu einem Beispiel des Vertrauens auf Gott machen.

Am 21. April 1836 wurde das erste Waisenhaus in einem gemieteten Gebäude feierlich eröffnet. Innerhalb weniger Tage waren schon dreiundvierzig Kinder da, für die gesorgt werden mußte. Müller und seine Mitarbeiter beschlossen, das Waisenhaus nach folgenden Richtlinien zu führen:

1. Man würde sich nie um Geldmittel bemühen. Weder Fakten noch Zahlen, die sich auf ihre Bedürfnisse bezogen, durften an irgend jemand weitergegeben werden, es sei denn an Gott im Gebet.
2. Es durften keinerlei Schulden gemacht werden, denn das Risiko ihres Versuches sollte nicht auf den Schultern der Geschäftsleute und Lieferanten ausgetragen werden.
3. Kein Geld, das für einen bestimmten Zweck zur Verfügung gestellt wurde, durfte für etwas andres benutzt werden.
4. Sämtliche Rechnungen waren einmal im Jahr von einer öffentlichen Amtsstelle zu überprüfen.

5. Der Selbstgefälligkeit des Menschen durfte nicht durch Bekanntgabe der Namen von Gebern und ihren Gaben Vorschub geleistet werden, jedem Spender sollte privat gedankt werden.
6. Keine prominenten oder einen Titel führende Persönlichkeiten sollten in den Verwaltungsausschuß aufgenommen oder zur Werbung für die Institution herangezogen werden.

George Müller und seine Mitarbeiter hielten sich an ihre Grundsätze und verbrachten die Zeit, die normalerweise der Beschaffung von Geldmitteln hätte gelten müssen, im Gebet. Ein ungläubiges Publikum war erstaunt, als sechs Monate nach dem ersten ein zweites Waisenhaus eröffnet wurde. Müller verließ sich auf das Gebet, und das Geld floß weiterhin reichlich. Schließlich waren fünf neue Gebäude und 110 Helfer vorhanden, die 2050 Waisen versorgten.

Ehe er sein erstes Waisenhaus eröffnete, hatte Müller gesagt, daß er das Experiment als mißlungen betrachten würde, wenn die Waisen auch nur einen Tag nichts zu essen hätten. Dies geschah nie. Die Kinder erhielten auch nicht etwa nur ein Mindestmaß an Fürsorge. Müllers Überzeugung war es, daß Gott nicht nur für seine Kinder sorgt, sondern daß er auch reichlich für sie sorgt. Für die damalige Zeit waren seine Waisenhäuser mit bemerkenswerten Dingen ausgestattet — eingebauten Schränken mit einem großen Fach für die Kleider jedes einzelnen Kindes; sonnigen Spielzimmern mit Regalen und Schränken für die noch nicht vorhandenen Spielsachen. Jedes Kind mußte stets drei Paar ordentliche Schuhe besitzen; jeder Knabe drei Anzüge; jedes Mädchen fünf Kleider. Beim Abendessen mußten die Tische stets weiß gedeckt und wenn irgend möglich mit Blumen geschmückt sein. In den Wirtschaftsräumen gab es die neuesten arbeitssparenden Geräte, so eine der ersten amerikanischen Waschmaschinen in England und das erste Modell einer Trockenschleuder.

Nach der jährlichen Rechnungsprüfung wurde jeweils ein detaillierter Bericht veröffentlicht, der zeigte, wie Gott gesorgt hatte. Bald zeigte es sich, daß Leute auf der ganzen Welt dieses Experiment fasziniert verfolgten. Geschäftsleute waren besonders interessiert. So reiste ein Fabrikbesitzer Hunderte von Meilen, um sich bei George Müller Rat zu holen. Seine Firma war vom Bankrott bedroht. In seiner methodischen Art schrieb Müller diesem Besucher ein aus fünf Punkten bestehendes Programm auf, das heute so gut wie damals gilt:

1. Jeden Tag müssen Sie Ihre geschäftlichen Schwierigkeiten vor dem Herrn ausbreiten.
2. Sie müssen achtgeben und die Antworten auf Ihr Gebet erwarten.
3. Absolute Ehrlichkeit ist notwendig; vermeiden Sie alle geschäftlichen Winkelzüge.
4. Beginnen Sie sofort damit, einen gewissen Prozentsatz Ihres Einkommens Gott zu überlassen.
5. Führen Sie genau Buch darüber, wie Gott Sie geführt hat.

Der Mann führte Buch; tatsächlich sandte er monatlich einen Bericht an George Müller, und dieser verzeichnete in seinem Tagebuch, daß das Geschäft des Mannes während des ersten Jahres aus den Schulden herauskam und an die dreitausend Pfund mehr abwarf als im Vorjahr. George Müller zeichnete die Zahlen über einen längeren Zeitraum hinweg auf, und die Gewinne des Geschäftsmannes stiegen beständig weiter.

Die Resultate seines erstaunlichen Waisenhaus-Experimentes veröffentlichte George Müller in den vier Bänden seiner *Tagebücher*. Über sechzig Jahre lang zeichnete er jede besondere Gebetsbitte und ihre Erhörung auf. Das öffentliche Interesse an seiner Arbeit war so groß, daß George Müller mit siebzig Jahren die Zeit für gekommen hielt, seine Erfahrungen den Menschen selbst zu erzählen. Er reiste während einer Reihe von Jahren durch alle fünf Kontinente und hielt in zweiundvierzig Ländern Vorträge. Für Hunderttausende von Menschen wurde er der lebende Beweis dafür, daß Glaube nicht mehr und nicht weniger ist, als Gott ganz und gar zu vertrauen.

Glaube ist seines Namens nur würdig, wenn er im Tun seinen Ausdruck findet. Ungleich George Müller können die meisten von uns wenige durch den Glauben gewonnene Trophäen vorweisen. Würden wir die Muskeln unserer Beine so wenig benutzen wie die Muskeln unseres Glaubens, so wären die meisten von uns unfähig zu stehen.

Was können wir aber tun, um sie zu kräftigen?

Erstens können wir Gott nicht vertrauen, ehe wir nicht etwas über ihn wissen. Beginnen wir also, sein Wort zu lesen und darüber nachzudenken. Die Bibel macht uns mit der Art und dem Wesen Gottes bekannt: seiner Macht; seiner selbstlosen, unveränderlichen Liebe; seiner unendlichen Weisheit. Wir lesen Beispiel auf Beispiel, wie Gott seine Macht und Weisheit benutzt hat, seinem Volk zu helfen und es zu erlösen.

Zweitens wird der Glaube nur gestärkt, indem wir uns selbst darin üben. Wir müssen ihn auf unsere persönlichen Probleme anwenden: Armut, körperliche Beschwerden, Trauer um einen geliebten Menschen, berufliche Schwierigkeiten, verwickelte menschliche Beziehungen.

Drittens muß sich der Glaube mit der Gegenwart — dem Jetzt — befassen. Eine unklare Vorstellung, daß unsere Wünsche sich vielleicht auf die Zukunft auswirken könnten, ist nicht Glaube, sondern Hoffnung.

Viertens ist absolute Ehrlichkeit notwendig. Wir können nicht glauben und gleichzeitig ein schlechtes Gewissen haben. Dann wird der Glaube sofort schwinden.

Fünftens stärkt man seinen Glauben, indem man in der Stunde der Prüfung an ihm festhält. Wir sollten vor Glaubensprüfungen nicht zurückschrecken. Nur wenn wir allein von Gott abhängen, sind wir in der Lage, Gottes Hilfe und Beistand zu erkennen und unseren Glauben zu stärken. Dies bedeutet, daß wir Gott die Arbeit überlassen müssen. Fast immer dauert dies länger als wir denken. Wenn wir ungeduldig werden und, durch Freunde oder Umstände, selbst eine Lösung herbeizuführen suchen, nehmen wir Gott die Arbeit aus der Hand.

George Müller und sein realistisches Beharren, sich allein auf Gott zu verlassen, spiegelt getreulich das Neue Testament wider. In Jakobus 2, 17 heißt es: „Glaube, wenn er nicht Werke hat, ist tot in sich selber." Und Johannes setzt noch unverblümter hinzu „Wer Gott nicht glaubt, der macht ihn zum Lügner ..." (1. Joh. 5, 10).

Das übereinstimmende Zeugnis der Heiligen Schrift über die unerschöpfliche Liebe und den guten Willen unseres Gottes, seine Fähigkeit, uns zu helfen, seine Bereitwilligkeit, ja Begierde, es zu tun, das alles sollen wir glauben.

Das Abenteuer des Lebens hat erst dann wirklich begonnen, wenn wir auf den Füßen unseres Glaubens stehen und — für uns selbst, für unser Heim, für die Erziehung unserer Kinder, für unsere gesundheitlichen Probleme, für unsere geschäftlichen Dinge und für unsere Welt — die Hilfsquellen Gottes in Anspruch nehmen.

6 Das Gebet des Verzichts

Nachdem man entdeckt hat, daß der Glaube an Gott das Leben zum Abenteuer machen kann, stellt sich der Wunsch ein nach neuen Entdekkungen. Wie die meisten Menschen war ich voller Fragen. Warum werden beispielsweise einige verzweifelt aufrichtige Gebete erhört und andere nicht?

Heute, Jahre später, habe ich immer noch Fragen. Das Mysterium des Gebets ist stets dem augenblicklichen Wissen um etwas voraus und reizt, ja verlockt zu weiteren Erfahrungen.

Aber eins weiß ich ganz genau; ich lernte es durch bittere Erfahrung. Es handelt sich um eine Form des Gebetes, die stets eine wunderbare Antwort erhält, wunderbar, weil sie jedesmal eine alle menschliche Berechnung übersteigende Kraft auslöst. Es ist das Gebet des Verzichts.

Eine erste schwache Ahnung davon bekam ich im Herbst 1943. Die bereits erwähnte Krankheit hatte mich monatelang ans Bett gefesselt. Eine Schar von Spezialisten schien unfähig, mir zu helfen. Anhaltendes Gebet, die Aufbietung meines ganzen Glaubens, führten zu — nichts.

Eines Nachmittags wurde mir eine Broschüre in die Hand gedrückt. Es war die Geschichte einer Missionarin, die acht Jahre lang krank gewesen war. Beständig hatte sie gebetet, daß Gott sie gesund machen möge, damit sie mit seiner Arbeit fortfahren könne. Vom vergeblichen Bitten erschöpft, betete sie schließlich: „Herr, ich schicke mich in deine Führung. Wenn du willst, daß ich für den Rest meines Lebens krank sein soll, dann ist das dein Wunsch. Auf jeden Fall habe ich entdeckt, daß du mir wichtiger bist als meine Gesundheit. Die Entscheidung liegt bei dir.“ Zwei Wochen später konnte die Frau das Bett verlassen. Sie gesundete vollkommen.

Ich war skeptisch; es schien mir alles zu glatt zu gehen. Doch ich konnte die Geschichte nicht vergessen. Am Morgen des 14. September war auch ich soweit, mich völlig in den Willen Gottes zu ergeben. „Ich bin es müde zu bitten“, war der Kerngedanke meines Gebets. „Ich bin zerschlagen, ich kann nicht mehr. O Gott, entscheide du, was für den Rest meines Lebens mit mir geschehen soll ... “ Tränen flossen. Ich hatte keinen Glauben, wie ich ihn verstand. Ich erwartete nichts. Das Geschenk meines kranken Ichs wurde ohne jede Spur von Ergebung gebracht.

Doch von diesem Tag an schienen sich Fenster des Himmels geöffnet zu haben, als fließe aus einem Dynamo himmlische Kraft auf mich; ich begann zu gesunden.

Durch diese und andere Geschehnisse, von denen ich einige später erzählen will, suchte Gott mich etwas Wichtiges über das Gebet zu lehren. Noch verstand ich aber erst einen Teil der Botschaft. Ich begriff, daß das fordernde Gebet: „O Gott, ich muß das und das haben; o Gott, tu dies für mich!“ kein wirkliches Gebet ist und infolgedessen nicht erhört werden kann. Ich verstand auch den Grund: Gott lehnt es kategorisch ab, unseren freien Willen einzuengen. Wenn wir also unseren Eigenwillen nicht freiwillig aufgeben, kann auch Gott nichts tun, um uns zu erhören. Aber ich brauchte noch viel Zeit und Erfahrung, ehe ich das Gebet des Verzichts wirklich verstehen lernte.

Ein Teil dieses Verständnisses geht darauf zurück, daß ich aus den Erfahrungen lernte, die andere Menschen mit dieser Form dieses Gebets machten. Es war aufregend, in zeitgenössischen Zeugnissen, in der Bibel und in den Schriften der Vergangenheit Beispiele für die unfehlbare Kraft dieses Gebets zu finden.

Vor einigen Jahren stieß ich in der Lebensbeschreibung des aus den Nordstaaten stammenden Schriftstellers Nathaniel Hawthorne zufällig auf solch ein Beispiel. Im Jahre 1853 hatte Hawthorne beschlossen, seine Familie für längere Zeit ins Ausland mitzunehmen. Er wollte die Welt kennenlernen und dort vor allem Kontakte mit anderen Schriftstellern anknüpfen. Er war damals durch seine *Twice-Told Tales* bereits als Meister der Kurzgeschichte bekannt.

Ende 1858 hatten die Hawthornes in Rom eine Villa bezogen. Im Februar 1860 lag Una, ihre älteste Tochter, infolge einer bösartigen Form von Malaria im Sterben. Der behandelnde Arzt hatte am Nachmittag die bestürzten Eltern darauf hingewiesen, daß das junge Mädchen sterben würde, falls das Fieber im Laufe der Nacht nicht sinke.

Während Sophia Hawthorne am Bett ihrer Tochter saß, wanderten ihre Gedanken zu ihrem Mann hinüber, der sich im anstoßenden Zimmer befand. Sie erinnerte sich daran, was er Stunden früher zu ihr gesagt hatte: „Ich kann diesen Wechsel zwischen Furcht und Hoffnung nicht mehr ertragen und habe mich damit abgefunden, nicht mehr zu hoffen." Aber Sophia konnte Nathaniels Hoffnungslosigkeit nicht teilen. Una konnte, durfte nicht sterben. Diese Tochter glich ihrem Vater sehr stark, sie besaß den glänzendsten Verstand und den feinsinnigsten Charakter der Hawthorne-Kinder. Warum sollte eine launische Vorsehung von ihnen verlangen, sie aufzugeben?

Als sich die Nacht herabsenkte, hörte das unzusammenhängende Gemurmel des jungen Mädchens auf, und es lag so still, als befände es sich schon im Vorraum des Todes. Die Mutter trat ans Fenster und schaute auf die Piazza hinaus. Kein Mondlicht; große Wolken zogen über den dunklen und schweigenden Himmel. „Ich kann diesen Verlust nicht ertragen — kann nicht — kann nicht." Dann plötzlich überwog ein anderer Gedanke. „Warum sollte ich an Gottes Güte zweifeln? Er soll Una zu sich nehmen, wenn er das für das beste hält. Nein, ich will nicht mehr gegen Gott ankämpfen."

Dann geschah etwas noch Merkwürdigeres. Nachdem sie im Geist das große Opfer gebracht hatte, erwartete Sophia, sie werde sich trauriger fühlen. Statt dessen war ihr leichter ums Herz, zum erstenmal seit Unas Krankheit fühlte sie sich glücklicher.

Einige Minuten danach ging sie zum Bett ihrer Tochter zurück und befühlte die Stirn des Mädchens, sie war feucht und kühl. Der Puls schlug regelmäßig und langsam. Una schlief ganz normal.

Sophia eilte ins Nebenzimmer, um ihrem Mann zu sagen, daß die Krise anscheinend überwunden sei. Sie sollte recht behalten.

Über eine Gebetserhörung aus heutiger Zeit, die an die Erfahrung der Hawthornes erinnert, schrieb mir unlängst eine alte Bekannte:

> . . . Vor drei Jahren kam unser Sohn zur Welt. Zuerst schien er ein normales, gesundes Baby zu sein. Aber als er knapp zwölf Stunden alt war, bekam er, während er in meinen Armen lag, einen Krampf, dem innerhalb der nächsten paar Tage weitere folgten. Die einzige Erklärung der Ärzte hierfür war, daß der Junge bei der Geburt irgendeine Gehirnverletzung erlitten haben mußte. Ich war ganz entsetzt. Wenn

er am Leben blieb, würde er vielleicht blind, taub, stumm, verkrüppelt oder schwachsinnig sein.

Ich habe mich niemals so allein gefühlt wie in der nun folgenden Zeit. Ich betete, aber ich hatte nicht das Gefühl, daß sich Gott um mich kümmerte. Warum mußte dies meinem Kind geschehen?

Ich weiß *jetzt*, daß meine Gebete überhaupt keine Gebete, sondern Anklagen waren. Ich forderte, daß Gott mein Kind heile.

Als ich dann körperlich und seelisch völlig erschöpft war, hörte ich auf, Gott zu befehlen und ergab mich seinem Willen. Ich sagte nur: „Nimm ihn, wenn du willst. Alles, was du beschließt, wird mir recht sein. Selbst wenn du willst, daß er ein Krüppel oder taub sein soll, dann werde ich einfach lernen müssen, es anzunehmen und damit zu leben."

Von jenem Augenblick an schwand meine Angst. Ein unerklärlicher Friede erfüllte mein Herz, und ich wußte, wußte einfach, daß Larry nicht nur leben, sondern ein normales, nutzbringendes Leben führen würde.

Nun, Larry ist jetzt so normal und gesund, wie ein kleiner Junge eben sein kann. Er ist sehr intelligent, und wenn er noch lebhafter wäre, würde ich vielleicht eines Tages nicht mehr mitkommen.

Larrys und Unas Geschichte haben verschiedenes gemeinsam. In beiden Fällen wünschten die Mütter verzweifelt dasselbe — Leben und Gesundheit für ihr Kind. Jede Mutter erwartete von Gott, daß er ihr Gebet erhöre; solange dies in fordernder Haltung geschah, schien Gott fern, unnahbar.

Die offenkundige Zwecklosigkeit des fordernden Gebets und die körperliche und seelische Erschöpfung veranlaßten die Mütter zur Kapitulation. In diesem Augenblick trat der Wendepunkt ein. Auf unerklärliche Weise fielen Furcht und Seelenangst plötzlich von ihnen ab. Ein Gefühl der Erleichterung und Freude, das nichts mit äußeren Umständen zu tun hatte, erfüllte sie. Dies war der Wendepunkt. Von diesem Augenblick an wurde das Gebet erhört.

Die interessante Frage ist: Welches geistige Gesetz wohnt diesem Gebet des Verzichts inne? Ich glaube, ich kenne es wenigstens zum Teil. Wir wissen, daß Furcht das Gebet behindert. Furcht ist eine zwischen uns und Gott aufgerichtete Schranke, die seine Kraft nicht zu uns dringen läßt. Wie also wird man seine Furcht los?

Dies ist nicht leicht, wenn das Leben eines geliebten Menschen an einem seidenen Faden hängt, oder wenn uns das, was wir uns am allersehnlichsten wünschen, zu entgleiten droht. In solchen Zeiten ist jedes Gefühl, jede Leidenschaft, durch die Angst lahmgelegt, etwas besonders Befürchtetes werde über uns hereinbrechen. Offensichtlich können nur energische Maßnahmen mit einer so mächtigen Furcht fertigwerden.

Nach meiner Erfahrung reicht es nicht aus, sie durch positives Denken überwinden zu wollen, oder indem man sich selbst gut zuredet. Denn gerade dann stellen wir uns dem Gesetz des Verzichts direkt entgegen. Jesu Worte: „Ihr sollt dem Übel nicht widerstreben . . . “ (Matth. 5, 39), zeigen uns den Weg. In seinen Augen ist Furcht ein Übel, weil sie bedeutet, daß man ohne Vertrauen zu Gott handelt.

Mit anderen Worten heißt das: „Faß die Möglichkeit dessen ins Auge, was du am meisten fürchtest, und siehe, wenn du zu fliehen aufhörst, wenn du dich zwingst, der Furcht ins Auge zu sehen und niemals vergißt, daß Gott und seine Kraft noch immer die oberste Wirklichkeit ist, schwindet die Furcht.“ Drastisch? Ja. Und wirksam.

Zwischen dem Gebet des Glaubens und dem des Verzichts schien mir jahrelang ein Widerspruch zu bestehen. Wenn der Verzicht echt ist, dann muß der Betende auch damit rechnen, daß sein Herzenswunsch nicht erhört wird. Diese Tatsache scheint aber kaum den Glauben auszustrahlen, der um die Erlösung des Gebetes weiß. Und wie ich die Evangelien verstehe, legte Jesus weit größeren Nachdruck auf das Gebet des Glaubens als auf das Gebet des Verzichts.

Ich meine, jetzt die Erklärung dafür gefunden zu haben. Tatsache ist, daß ich eine Zeit durchmachte, in der ich den Glauben mißverstand und dieses oder jenes, ohne den geringsten Zweifel anzunehmen, für Glauben hielt. Jetzt weiß ich, daß Glauben nicht mehr oder weniger ist, als aktiv auf Gott zu vertrauen. Peter Marshall liebte es, solch aktives Vertrauen durch ein einfaches Beispiel zu erläutern:

Angenommen, ein Kind hat ein zerbrochenes Spielzeug. Es bringt das Spielzeug seinem Vater und sagt ihm, daß es das Spielzeug schon ohne Erfolg zu reparieren versucht habe; vielleicht könne der Vater es in Ordnung bringen. Der Vater ist gern dazu bereit.

Nun gelingt dem Vater die Arbeit zweifellos am schnellsten und leichtesten, wenn das Kind sich nicht einzumischen sucht, nur ruhig beobachtend daneben sitzt oder sich mit etwas anderem beschäftigt ohne zu zweifeln, daß sein Spielzeug wieder ganz werden wird.

Aber was tun die meisten Kinder Gottes in so einer Situation? Sie stehen daneben und geben eine Menge falscher Ratschläge oder üben törichte Kritik; oder sie werden ungeduldig, sie versuchen zu helfen und erschweren so dem Vater die Arbeit. Verzweifelt nehmen sie dem Vater schließlich das Spielzeug wieder weg und sagen ziemlich erbittert, sie hätten sowieso nie wirklich geglaubt, daß er es richten könne . . . Sie hätten ihm die Möglichkeit dazu gegeben, und er habe sie nicht genutzt.

Das Entreißen des Spielzeugs hat gewiß nichts mit Vertrauen zu tun. Dagegen beweist es Vertrauen, den Gegenstand oder den Menschen, den man am meisten liebt, ganz in die Hände Gottes zu legen und es ihm freizustellen, wie er damit verfahren will. Dem Gebet des Verzichts mangelt es also keineswegs an Glauben; in der Tat ist es zur Handlung gewordener Glaube. In ihm kann jedes Problem gelöst werden. Ich erinnere mich noch gut an ein attraktives junges Mädchen, Sara Bradford, das mir anvertraute, welche Zweifel ihr hinsichtlich ihres Verlöbnisses gekommen waren.

„Ich liebe Jeb“, sagte sie, und in ihren Worten schwang echtes Gefühl mit. „Und Jeb liebt mich. Aber da sind eine Menge Probleme. Er hatte eine unglückliche Kindheit. Seine Mutter war eine Schönheit. Sie ist es selbst heute mit ihren Zweiundsechzig noch. Die Eltern ließen sich scheiden, als er zehn Jahre alt war. Sie heiratete wieder, und auch diese Ehe war unglücklich. Jeb verteidigt seine Mutter sehr.“

„Haben Sie darum das Gefühl, daß Jeb kein sehr zuverlässiger Ehepartner sein wird?“

Sara zögerte. „Nun, es hinterließ viele Spuren bei ihm. Da sind auch noch andere Probleme. Jeb ist vierundzwanzig Jahre und hat noch nicht festen Fuß gefaßt.“

„Sie meinen, er hat sich noch für keinen bestimmten Beruf entscheiden können?“

„Nein, eben nicht. Außerdem beunruhigt mich, daß ihm das Christentum nicht viel bedeutet. Oh, er ist ein paarmal mit mir zur Kirche gegangen. Aber sein Herz ist nicht dabei. Ich möchte aber kein Heim gründen, in dem Gott nichts zu suchen hat. Und dann ist da sein Trinken . . . Was tue ich bloß? Will Gott mir mit all diesen Zweifeln raten, Jeb aufzugeben?“

Während sie mit mir darüber sprach, kam Sara selbst zu einem Entschluß.

Sie erkannte, daß sie etwas Kostbares verlieren würde, wenn sie sich nicht an das Höchste und Beste hielt, das sie kannte. Sie sagte mit brüchiger Stimme: „Ich werde das Verlöbnis lösen müssen. Wenn Gott will, daß ich Jeb heirate, wird er mir es irgendwie zeigen."

Dann teilte sie Gott ihren Entschluß einfach und ergreifend mit. Ihr Gebet war ein echter Verzicht. Sie legte ihre zerbrochenen Träume und ihre nun unbekannte Zukunft in Gottes Hand.

Ich blieb an Sara und ihrem weiteren Geschick interessiert.

Ein Jahr später schrieb sie mir einen begeisterten Brief: „Etwas Wunderbares geschah bei Ihnen an jenem Nachmittag. Ich konnte den Gedanken kaum ertragen, Jeb aufzugeben. Aber Gott wußte, daß er nicht der richtige Mann für mich war, ihm bin ich jetzt begegnet. Er ist fabelhaft, und wir werden im Oktober heiraten. Heute kann ich wirklich etwas darüber sagen, was Gottvertrauen bedeutet."

Das Gebet des Verzichts hilft uns auch in kleinen Dingen. Eine Freundin vertraute mir an, daß sie an Schlaflosigkeit leide. Ihr Arzt hatte ihr Tabletten verschrieben. „Ich habe in letzter Zeit viel über das Anwachsen der Verkaufsziffern von Schlafmitteln gelesen. Werden wir zu einer Nation von Süchtigen?"

„Du sicherlich nicht", beruhigte ich sie.

„Danke. Aber die Sache beschäftigt mich grundsätzlich. Ich bin nicht sicher, ob ich dieses Mittel wünsche."

Einige Zeit später trafen wir uns wieder, und sie erzählte mir: „Ich beschloß, die Tabletten nicht zu nehmen. So lag ich an jenem Abend wach und betete: ‚Herr, ich gebe mich und meinen Schlaf in deine Hände. Wenn du möchtest, daß ich die ganze Nacht wach liege, gut. Du entscheidest darüber.'"

„Und bliebst du wach?"

Auf ihrem Gesicht zeigte sich ein einfältiger Ausdruck. „Nein, ich schlief wie ein Murmeltier."

Zweifellos könnten Psychologen und Experten diesen Vorgang scharfsinnig erklären. Ich erzähle ihn hier nur, weil er das Gesetz des Verzichts nicht in einer dramatischen Krise, sondern in einer ganz gewöhnlichen Situation zeigt.

Mein jüngstes Abenteuer mit dem Gebet des Verzichts hing mit dem weltlichen Problem einer Haushaltshilfe zusammen. In der Woche vor meiner

Eheschließung mit Leonard LeSourd war ich freudig erregt und gleichzeitig auch in Panikstimmung bei dem Gedanken, demnächst die Sorge für drei Kinder übernehmen zu müssen. Immerhin hatte ich das Kapitel Kindererziehung für mich als beendet angesehen. Peter John war damals schon drei Jahre auf einer Internatsschule. Außerdem wollte ich gern meine schriftstellerische Arbeit fortsetzen. Was aber, wenn ich der Situation nicht gewachsen war?

Um mich zu beruhigen, gab mir Len das feierliche Versprechen, daß er für eine Hausgehilfin sorgen werde. Aber wir waren schon drei, vier Monate verheiratet, und ich hatte noch immer kein Mädchen. Zu allem Unglück mußte auch die Putzfrau, die mir wöchentlich einen Tag half, mit der Arbeit aufhören.

Eines Morgens war ich besonders entmutigt. Ich war zwischen all meinen Segnungen gefangen: ein wunderbarer Mann, drei reizende Kinder im Haus und ein viertes, das kam und ging, ein großes neues Heim und meine tägliche schriftstellerische Arbeit. Ich war, offen gestanden, völlig erschöpft. Wir hatten es mit allem Erdenklichen versucht, mit Agenturen, Vorschlägen von Freunden und Verwandten, mit Inseraten in der lokalen Presse und den Provinzzeitungen. Gerade am Abend zuvor hatte uns eine Bewerberin aus Boston, mit der wir schon soweit klar waren, telefonisch abgesagt.

Wieder einmal breiteten wir unser Problem vor Gott aus: „Herr, wir haben alles uns Mögliche versucht. Alles endete in einer Sackgasse. Alle Türen haben sich beständig vor uns geschlossen — offensichtlich suchst du uns etwas zu lehren. Sag uns, was es ist.“

Die Erleuchtung, die das Gebet oft zur Folge hat, war in diesem Fall nicht angenehm. Ich hatte versucht, Gott die Bedingungen meines Lebens zu diktieren — ich wünschte Hilfe im Haushalt, um mit meiner schriftstellerischen Arbeit fortfahren zu können. Sollte es Gottes Wunsch sein, daß ich mein Schreiben für einige Zeit aufgab? Diese Möglichkeit brachte mich ganz aus der Fassung. Warum sollte ich etwas aufgeben, das mich so sehr befriedigte? Doch es war offenkundig, daß unser Heim und die Kinder an erster Stelle kamen. Und so machte ich mich in dem Bewußtsein, daß ich von Gott nicht erhört werden würde, ehe ich nicht bereit war, auf meine schriftstellerischen Arbeiten zu verzichten, an meine häuslichen Aufgaben. Entschlossen konzentrierte ich meinen Willen darauf zu tun, was getan werden mußte. Obgleich sich meine Gefühle in heftigem Aufruhr befanden, wußte ich, daß sie sich früher oder später an die neue Situation gewöhnen würden.

Entschlossen stürzte ich mich auf die Arbeit — Kochen, Waschen, Einkaufen — und schuf eine Atmosphäre der Sicherheit, die die Kinder dringend benötigten.

Dann erkannte ich, daß der Wunsch nach Hilfe noch einen weiteren Grund als meine schriftstellerische Arbeit gehabt hatte. Es war die quälende Angst, körperlich und seelisch den neuen Anforderungen nicht gewachsen zu sein. Wie könnte ich gleichzeitig die Hausarbeit erledigen, mich um die Kinder kümmern und meinem Mann eine gute Frau sein? Aber ich schaffte es. Dies gab mir ein Selbstvertrauen, das all meine Befürchtungen widerlegte. Und ich hätte diese Sicherheit und dieses Selbstvertrauen niemals gewonnen, wenn wir nach unserer Eheschließung sofort eine Hausgehilfin gehabt hätten.

Als der Verzicht vollkommen war, geschah das Wunder. Ganz unerwartet schrieb uns eine Frau — wir hatten schon vorher miteinander in Verbindung gestanden —, daß sie inzwischen frei geworden sei. Lucy Arsenault kam zu uns. Lucy — gesetzt, verläßlich, eine hervorragende Köchin, kurz gesagt eine Perle von Mensch. Wie immer hatte ein liebender Gott so viel besser geplant, als wir es je hätten tun können.

Die Morgenpost hält häufig Überraschungen für mich bereit. Vor ein paar Monaten hielt ich einen hauchdünnen Luftpostbrief in der Hand mit dem Stempel Quito, Ecuador. Nachdem ich die Anrede überflogen hatte, wandte ich mich dem zweiten Blatt zu, um die Unterschrift zu lesen — und schnappte nach Luft. Elisabeth Elliot! Erst ein paar Tage zuvor hatte ich in *Life* über sie gelesen. Ihr Mann war einer der fünf Missionare gewesen, die am 8. Januar 1956 von den Aucas umgebracht worden waren. Ich war neugierig, warum sie mir wohl schrieb.

> Ich habe Weihnachten gerade allein hier in einer Auca-Siedlung verbracht und Ihr Buch *Im Himmel wie auf Erden* gelesen. Obgleich meine augenblicklichen Verhältnisse den von Ihnen beschriebenen kaum unähnlicher sein könnten, war ich für vieles, was Sie schreiben, zutiefst empfänglich und hatte das Gefühl, Ihnen danken zu müssen.

Dann fuhr sie fort, mir von ihren Lebensumständen zu erzählen. Sie lebt mit ihrem blonden Töchterchen, Valerie, und mit Rachel, der Schwester von Nate Saint (ein anderer der ermordeten Männer), zusammen inmitten des südamerikanischen Stammes der Aucas. Die beiden Frauen und das kleine Mädchen sind restlos der Gnade derselben Männer ausgeliefert, die ihnen den Gatten, Vater und Bruder töteten. Sie haben keine Waffen. In diesem nur zu Fuß oder auf dem Luftweg erreichbaren Dschungel leben weit und breit keine anderen Weißen. „Gott führte uns hierher und öffnete uns den Weg durch Dayuma, eine entflohene Auca-Frau", erklärte Betty einfach.

Doch Betty Elliot ist Realistin. „Wir können unser Leben jeden Tag verlieren. Die Aucas sind noch immer Wilde, und sie halten das Töten nicht einmal für unrecht. Furcht kann sie veranlassen, mir nichts, dir nichts jemand umzubringen. Was die Zukunft für Rachel, Valerie und mich bringt, liegt allein in Gottes Hand."

Mir graute allein schon bei dem Gedanken, daß Betty die Seiten, die ich in der Hand hielt, in der Türöffnung einer mit Palmblättern gedeckten Hütte geschrieben hatte. Der schlammige Tewaenon River fließt in der Nähe vorbei. Drei Jahre zuvor war der Leichnam ihres Mannes, einen Speerschaft im Rücken und mit dem Gesicht nach unten, in diesem Fluß treibend gefunden worden. Und in noch größerer Nähe sucht der üppige grüne Dschungel unaufhörlich auf die von den Eingeborenen geschaffene Lichtung vorzudringen.

Während Betty diese Worte geschrieben hatte, war sie umgeben von den untersetzten Wilden mit ihrer teefarbenen Haut und dem glatten schwarzen Haar, und das Töchterchen plauderte dicht daneben lebhaft mit einem Papagei.

Mich packte ehrfürchtige Scheu vor der Gottesliebe, die diese beiden Frauen bewiesen. Dann fiel mein Auge auf den letzten Abschnitt des Briefes:

> Ihre Lösung für den Schmerz ist nur ein anderer Weg zur selben Antwort, wie Gott sie mir in den ersten leeren Tagen gab — seine Führung willig anzunehmen. Nur im Annehmen liegt Frieden, nicht im Vergessen, in Resignation oder Geschäftigkeit. Sein Wille ist gut und vollkommen.

So hatte diese Frau inmitten jener grausigen Geschehnisse das Geheimnis auch entdeckt: den Unterschied zwischen Annahme und Resignation. Das erstere ist positiv, das andere negativ. Willige, gläubige Annahme ist schöpferisch, Resignation unfruchtbar.

Resignation ist arm an Glauben in die Liebe Gottes. Sie sagt: „Schmerzliche Ereignisse sind über mich hereingebrochen. Ich kann ihnen nicht entrinnen. Ich bin nur ein hilfloses Wesen, ein Fremdling, in einer riesigen, jenseits aller menschlichen Erkenntnisse liegenden Schöpfung. Ich habe nicht einmal mehr den Mut mich aufzulehnen und füge mich in das, was ich für den Willen Gottes halte; ich will sogar versuchen, aus der geduldigen Unterwerfung eine Tugend zu machen." Und so legt sich die Resignation ruhig im Staub eines Universums nieder, aus dem Gott entschwunden zu sein scheint, und die Tür der Hoffnung schlägt zu.

Doch nehmen wir die Kehrseite der Medaille. Die gläubige Annahme sagt: „Ich vertraue dem guten Willen, der Liebe meines Gottes. Ich werde meine Arme öffnen und zu verstehen suchen, warum er dies geschehen ließ. Da ich weiß, daß er alles zum Guten wenden will, bin ich bereit, die gegenwärtige Lage anzunehmen in der Hoffnung auf eine bessere Zukunft." So läßt die gläubige Annahme die Tür der Hoffnung weit offen für Gottes schöpferischen Plan. Dieser Unterschied zwischen gläubiger Annahme und Resignation ist der Schlüssel zum Verständnis des Gebets des Verzichts. Offensichtlich ließ Betty Elliots gläubige Annahme die Tür für einen schöpferischen Plan Gottes offen, der gewagt genug war, daß nur Gott ihn erdacht haben konnte. Sind zwei schwache Frauen und ein kleines Mädchen in der Lage, das Christentum erfolgreich zu Steinzeitwilden zu tragen, durch deren Hände zahlreiche Männer den Tod fanden? Denn vor den fünf Missionaren fielen im Jahre 1942 drei Männer der Shell Oil Company Aucaspeeren zum Opfer, im Jahre 1943 nochmals acht. Seit damals hat der Stamm jeden Versuch Weißer, in sein Gebiet einzudringen, mit dem Tode geahndet.

Nun beobachtet die Welt, wie diese abenteuerliche Geschichte vor ihren Augen abrollt. Niemals habe ich ein besseres Beispiel erlebt der „göttlichen Torheit, die weiser ist, als die Menschen sind, und der göttlichen Schwachheit, die stärker ist, als die Menschen sind" (1. Kor. 1, 25).

Den Jüngern Jesu Christi müssen seine Handlungen während der letzten Woche seines Lebens ebenso unsinnig vorgekommen sein. Ihr Meister besaß eine große Anhängerschaft unter dem einfachen Volk. Die Jünger hofften, daß er diese Gefolgschaft benutzen würde, um ihr Land von der Herrschaft der Römer zu befreien, und daß er sich dann endlich daran machen würde, sein irdisches Königreich aufzurichten. Statt dessen setzte er seine Füße wissentlich auf einen Pfad, der zum Kreuz hinaufführen mußte.

Denn täuschen wir uns nicht! Christus hätte das Kreuz vermeiden können. Er brauchte jenes letzte Mal nicht nach Jerusalem hinaufzuziehen. Er hätte mit den Hohenpriestern einen Kompromiß schließen, mit Kaiphas verhandeln können. Die Jünger hatten wahrscheinlich recht bei den Gedanken, daß der Meister mit Hilfe seiner Anhängerschaft ein irdisches Reich hätte gründen können.

Selbst im Garten Gethsemane, in der Nacht des Verrats, hätte Christus viel Zeit und Gelegenheit gehabt, zu fliehen.

Aber er floh nicht. Statt dessen kniete er in dem schattigen Garten unter dem graugrünen Laub der Oliven und betete. Und mit seinem Gebet in jener Nacht lieferte Jesus für alle Zeiten das vollkommenste Beispiel für das Gebet des Verzichts.

Jesus besaß sowohl menschliche als göttliche Natur. Ein Teil dieses Menschseins war sein freier Wille, der es vorzog, die Entscheidung über Tod und Leben seinem Vater zu überlassen.

Während Jesus im Gebetsringen dort kniete, lag die Landschaft am Fuße des Hügels zu seinen Füßen. Nicht weit von ihm plätscherte der Bach Kidron zu Tal. Um ihn herum ragten Palmen, Myrten- und Feigenbäume empor und verschmolzen sich mit den Olivenhainen. Und im Garten von Gethsemane, rund um die im Staube liegende Gestalt, versilberte das eindringende Mondlicht Blätter und Stämme der Oliven — es war keine Welt, die der Mensch Christus zu verlassen wünschte.

Gab es einen Moment, da er sich fragte, wie er angesichts der schrecklichen Alternative beten sollte? Wenn ja, so wußte er am Ende doch, daß nur ein Gebet die notwendige Kraft auszulösen vermochte, um eine von Sünden heimgesuchte Welt zu erretten:

„Mein Vater, ist's möglich, so gehe dieser Kelch an mir vorüber; doch nicht wie ich will, sondern wie du willst" (Matth. 26, 39).

Mit diesen Worten ordnete Jesus seinen Willen bewußt dem des Vaters unter. Sein Gebet wurde nicht in der Weise erhört, wie der Mensch Jesus es wünschte. Doch von seinem Kreuz fließen seit jener Zeit Ströme an Kraft in die Welt.

Gott hat auch uns einen freien Willen gegeben. Im Mittelpunkt der freiwilligen Aufgabe unseres Eigenwillens steht immer ein Kreuz. Es ist die schwierigste Sache, die wir Menschen zu tun aufgefordert sind.
Wenn wir nun zum Kern der Sache kommen: Wie anders können wir den Gehorsam verwirklichen, als dadurch, als daß wir jenen Eigenwillen bei den verschiedensten Geschehnissen unseres Lebens immer wieder neu aufgeben? Darum sollte es uns nicht überraschen, daß im Mittelpunkt erhörter Gebete das Gesetz des Verzichts steht.

7 Vergib uns unsere Schuld

Im Mittelpunkt des Evangeliums steht als größtes Wunder die Vergebung. Nur in dem Maße, wie jeder einzelne sich diesem erstaunlichsten aller Geschenke öffnet, kann das Ich in seinem Innern befreit — können wir der glücklichere, bessere Mensch werden, der wir sein sollen. Jedesmal, wenn ich an unser verzweifeltes Verlangen nach Vergebung denke und wie schwierig es für manche von uns ist, sie anzunehmen, wandern meine Gedanken zu Margaret Stanley-Meg.

Es ist eine lange Geschichte, die sich über ungefähr vier Jahre hinzieht. Sie beginnt in dem düsteren Wohnzimmer des staatlichen Wohnblocks Lillypond in Washington, D. C.

Megs Gedanken weilten bei dem vorhergehenden Abend. Jede Einzelheit stand ihr lebendig vor Augen. Von der Straße aus hatte das Gebäude wie eine viktorianische Villa ausgesehen. Nur das polierte Messingschild neben der Tür hatte verraten, daß es sich um eine Kirche handelte. Meg war seit Jahren nicht mehr in der Kirche gewesen. Sie hatte sich von ihrer Schwester Alice nur deshalb zum Mitkommen überreden lassen, weil diese ihr versicherte, daß sie mit ein paar interessanten Leuten zusammentreffen würde.

Meg erlebte in Gedanken nochmals den Augenblick, als sie die grüne Tür aufgestoßen hatten und ihnen lebhaftes Stimmengemurmel entgegengeschlagen war. Sie schloß die Augen und vergegenwärtigte sich nochmals die große Eingangshalle. Da waren Teppiche, über denen Rundbogen eine Art Hintergrund bildeten; der Parkettboden war spiegelglatt gebohnert; ein altmodischer Flügel stand auf der einen Seite. Menschen unterhielten sich angeregt. Die Schwester hatte einen Arm durch den ihren geschlungen und war mit ihr von Gruppe zu Gruppe gegangen. Namen — so viele Namen. Man hatte Alice offenkundig Zuneigung entgegengebracht, Wärme war von ihr ausgegangen und zu ihr zurückgeflossen. Meg dachte jetzt voll Neid daran. Sie fragte sich, ob sie selbst jemals von irgend jemand geliebt worden war.

Dann hatte man an kleinen Tischen bei Kerzenbeleuchtung und gedämpfter Musik zu Abend gegessen. Danach hatten sie sich in der kleinen Kapelle links der Halle versammelt. Die Kapelle mußte wohl durch Vereinigung zweier Räume der ehemaligen Villa entstanden sein.

Alice hatte sie zu beruhigen versucht, daß dies kein Gottesdienst sei. „Nur ein Vortrag", hatte sie leichthin gesagt. „Wir treffen uns jeden Mittwoch. Pfarrer Arnold hält meist die Stunde."

Er hatte nicht so ausgesehen, wie Meg sich einen Geistlichen vorstellte. Er war jung und trug einen Bürstenhaarschnitt. Seine klaren blauen Augen hatten Lachfalten in den Augenwinkeln. Seine Kleidung war ausgesprochen sportlich.

Wenn Meg gewußt hätte, daß das Thema „Was Christen glauben und tun" lautete, wäre sie wahrscheinlich erst gar nicht mitgegangen. So aber blieb ihr nichts andres übrig, als sich den Vortrag des jungen Geistlichen anzuhören. „Christus verlangt von denen, die ihm folgen, eine Zähigkeit, die uns erschreckt. Er verlangt, daß wir uns ganz entschieden mit all den Dingen auseinandersetzen, die uns verspielt und erfolglos machen . . . Dies ist nicht bloß frommes Gerede. Es hilft und — es wirkt. In der Tat, wenn Sie willens sind, es sechs Monate lang mit Christus zu versuchen, verspreche ich, daß sich Ihr Leben von Grund auf ändern wird."

Als sie an diese Worte dachte, schnitt Meg eine Grimasse. Dann hob sie ihren Fuß und stieß angeekelt nach dem lächerlichen Kohlenofen, der mitten im Zimmer stand. Geändert? Andere vielleicht, aber sie nicht. Wenn jene Leute dort in der Villa über ihre Vergangenheit Bescheid wüßten, würden sie sie nie mehr einen Fuß in ihr Inneres setzen lassen!

Meg und ihre Schwester kamen aus einer zerrütteten Familie. Nach Jahren des Streits und der Uneinigkeit waren ihre Eltern geschieden worden. Als kleines Mädchen war Meg so unglücklich gewesen, daß sie sich keiner Schule hatte anpassen können. Nach zwei Jahren High School verließ sie die Schule und nahm eine Arbeit an.

Ihr Bedürfnis nach Zuneigung trieb sie zu Freundschaften mit Männern. Viele von ihnen waren nette Burschen gewesen. Wenn sie ihnen ein wenig Freude machen konnte, warum nicht? Dann entdeckte sie, daß Alkohol die Schuldgefühle betäuben half, die solche Affären stets in ihr auslösten. Meg hatte ein uneheliches Kind. Das Florence-Crittenton-Heim sorgte für seine Adoption, und einige Monate später begegnete sie Maynard. Er schien noch netter als die anderen Männer, die sie gekannt hatte. Sie heirateten, und Meg dachte, die Ehe würde sie ändern. Doch es änderte sich nichts. Maynard wurde Soldat und schon bald an die Westküste versetzt. Für Meg zu Hause begann wieder die Runde der Parties, des übermäßigen Trinkens und der nun außerehelichen Verhältnisse. Ein Nervenarzt analysierte ihr Verhalten später nicht so sehr als Zügellosigkeit, denn als eine Art falsch verstandener Freundlichkeit, die ihrem Verlangen entsprang, zu gefallen. Ohne geistig-sittliche Grundsätze glitt ihr dann alles rasch aus der Hand.

Schließlich verbrachte Meg jeden Samstagabend in einem verrufenen Tanzlokal. Die jungen Männer dort erkannten ihre Schwäche schnell und nutzten sie aus. Fast immer kam es unter den Betrunkenen zu Streitereien, und meist mußte die Polizei geholt werden. Obgleich sie damit nie direkt etwas zu tun hatte, war sie den Polizisten der Umgebung bald wohlbekannt.

Gerüchte hierüber kamen Maynard zu Ohren. Er befand sich um diese Zeit, es war im Jahre 1944, auf der psychiatrischen Abteilung eines Militärkrankenhauses in Texas. Er machte einen Selbstmordversuch. Die Nachricht davon rüttelte Meg so sehr auf, daß sie sich von nun an zusammennahm. Schließlich kam Maynard nach Hause, und vierzehn Monate später wurde dem Paar eine Tochter geboren. Aber sie führten keineswegs eine gute Ehe, und Maynard verlangte von seiner Frau, in eine Scheidung einzuwilligen.

Die Worte des jungen Geistlichen klangen Meg nach: „Wenn Sie willens sind, es sechs Monate mit Christus zu versuchen, verspreche ich Ihnen, daß sich Ihr Leben geändert haben wird." Versprechen? Wie konnte er das versprechen? Das eine Teil ihres Ichs sagte: „Geh besser nicht mehr in die Nähe dieser Leute, wenn du dein eigner Herr bleiben willst", das andre hingegen wollte diese Leute wiedersehen. Da gab es Dinge, die sie zu verstehen wünschte. Was war das zum Beispiel für eine Kraft, die von den Menschen dort ausging? Warum konnten sie sich so für bestimmte Ideen begeistern? Warum fühlte sie eine Wärme — ja, das war es, Wärme — in ihrer Gegenwart? Plötzlich erkannte Meg, wie sie nach Liebe hungerte, und daß all ihre Affären und Versuche mit der Liebe das schmerzende Bedürfnis in ihr nicht zu stillen vermocht hatten.

So ging Meg auch an weiteren Mittwochabenden mit in die „Kirche in dem Haus", wie sie sie zu nennen begann. Nachdem sie auch mehrmals mit den Menschen dort zu Abend gegessen hatte, kam sie zu dem Schluß, daß irgendwo die Heuchelei lauern müsse: Niemand konnte auf die Dauer so nett sein. Aber wie konnte sie Menschen der Heuchelei bezichtigen, die beständig sagten, daß Gott für die Sünder da war, und daß die, die sich selbst für anständig und gut hielten, noch gar nicht bereit waren, Vergebung zu empfangen?

Überdies herrschte hier eine Verbundenheit, die Meg nie zuvor erlebt hatte. Es war mehr als bloße Freundschaft.

Sie staunte über die Art, wie Steve, einst ein scheinbar hoffnungsloser Alkoholiker und jetzt ein erfolgreicher Klavierverkäufer, sich um Phil bemühte, einem übertrieben schüchternen Menschen, der im Innenministerium arbeitete. Da waren Ben, ein Lastwagenfahrer; Martha, eine Sekretärin; Sam, ein Meeresforscher; Jane, eine Kosmetikerin; Bill, einst Professor an der Universität Harvard; Estelle, eine Werbeagentin; Karl, der vierzig Jahre Seemann gewesen war — und die meiste Zeit davon betrunken. Alle sahen sich sehr oft und teilten ihre Probleme miteinander. Ihr Leben lag vor der ganzen Gemeinschaft offen da. Es schien ihnen deshalb nur natürlich, ihre Fehler freimütig zuzugeben und um Hilfe zu bitten.

Dennoch war Meg überzeugt, daß ihre Sünden die der andern weit übertrafen. Sie machte eine Zeit durch, in der sie alle zu schockieren suchte. Im Lauf der Jahre hatte sie sich einen ebenso gewöhnlichen wie überheblichen Ton angewöhnt. In zunehmendem Maß wandte sie ihn auch in der Kirche an. Einmal stieß sie sogar in der Kapelle Flüche aus. Niemand zuckte auch nur mit der Wimper.

Dann hatte sie mit dem jungen Pfarrer eine Aussprache und warf mit ungläubigen und gemeinen Bemerkungen freigebig um sich. Es bestürzte sie, daß nichts, was sie sagte, ihn zu überraschen oder zu beeindrucken schien.

„Warum sollte jemand von uns entsetzt darüber sein", sagte er eines Nachmittags, „wenn er entdeckt, daß die menschliche Natur zu allem fähig ist? Es gibt keine neuen Sünden, Meg. Nur Abwandlungen alter Sün-

den. Überdies ist das, was Sie mir da erzählt haben, blasses Zeug verglichen mit dem Abenteuer, das durch Christus in unser Leben kommt."
Er lächelte über ihre Verwirrung; es war ein entwaffnendes Lächeln. „Christus will Sie nicht verdammen. Er kam nicht auf die Welt, um unser Gefühl der moralischen Niederlage zu vertiefen. Er kam, um uns von dem zu erlösen, was uns niederzwingt. Meg, er will nichts anderes als die Last Ihrer Vergangenheit von Ihnen nehmen, so daß Sie frei werden — wirklich frei. Seine Liebe macht das möglich, die ..."
Meg brach in Tränen aus und floh aus seinem Sprechzimmer.

Es gab Zeiten, in denen Meg davon überzeugt war, daß der Pfarrer und all diese andren Leute in der Kirche närrisch seien und reich — wie konnten sie der Kirche sonst soviel Geld zur Verfügung stellen? Schließlich kam die Zeit, wo Meg es nicht mehr kümmerte, was die Gemeindeglieder waren, und nur das eine Bestreben hatte, zu werden wie sie. Sie brauchte ihre Liebe, das Wissen ihres Dazugehörens. Doch — wie konnten die Menschen sie lieben?
Inzwischen hatte sie ihren Mann gebeten, mit der Scheidung noch zu warten. Sie beteiligte sich seit einiger Zeit an einem Kurs über ‚Christliches Wachstum', und es bestand die geringe Chance, genügend Hilfe zu gewinnen, um ihre Ehe zu retten. Maynard war zurückhaltend und unbeeindruckt, doch er erklärte sich einverstanden, die Vorbereitungen zur Scheidung um einige Wochen zu verschieben. Er kam sogar selbst ab und zu mit — interessehalber.
Eines Abends sprach Pfarrer Arnold über die Sünde. „Sünde ist nicht einfach die Verletzung eines Sittengesetzes", erklärte er den Zuhörern. „Sünde ist die Beschimpfung eines Geistes durch einen andern — eine Vergewaltigung der Liebe. Das ist schlimm genug, aber es ist noch schlimmer, wenn wir unsere Sünde vor Gott und vor uns selbst leugnen. Weil dies Vergebung und Frieden ausschließt, die uns die Versöhnung mit dem Gott der Liebe schenken würde. Warum betont die Bibel so, daß die Sünde tödlich ist?"
Während der Pfarrer weitersprach, begann Meg sich Notizen zu machen.

1. Unsere Sünden stehen zwischen uns und Gott und machen es uns schwer, seine Gegenwart zu spüren. Sie sind wie Schmutz, der eine Fensterscheibe verschmiert und das Sonnenlicht nicht hereinläßt.

2. Selbst kleine Sünden verengen den Kanal, durch den uns Leben und Kraft zufließen, und ersticken unsere Produktivität. Aber oft verstehen wir den Zusammenhang zwischen unserem Mangel an Produktivität und der Sünde gar nicht.
3. Sünde teilt unser Inneres, spaltet uns. Sie trennt das Bewußte vom Unbewußten, so daß wir zu einem Menschen werden, der mit sich selbst im Widerstreit liegt.
4. Unser Unrecht trennt uns auch von dem Mitmenschen. Gott greift vom Himmel herab nach meiner Hand. Meine andre Hand reiche ich dem Mitmenschen. Nur wenn beide Verbindungen hergestellt sind, kann der Strom fließen. Sünde aber unterbricht jedesmal den Kontakt. Hat uns Jesus nicht deshalb ermahnt, andren zu vergeben, wenn wir selbst Vergebung wünschen?

Außerhalb des Vortragsraums läutete eine Glocke. Der junge Pfarrer ergriff seine Notizen und steckte sie in die Rocktasche. „Nun, ich hoffe, daß wir alle unser Verlangen nach Vergebung erkannt haben. Darum wollen wir uns das nächste Mal fragen, was wir tun können, um sie zu erlangen."

Meg blieb noch einen Augenblick sitzen und starrte den Redner an. Ja, das war es, was sie am meisten zu wissen wünschte.

Am folgenden Mittwoch hielt Meg ihr Notizbuch bereit und bemühte sich, die Worte des Geistlichen genau festzuhalten:

1. Wir müssen aufrichtig sein — Gott offen und ehrlich alle unsere Sünden und Schwächen eingestehen.
   Wir lassen alle Entschuldigungen und Erklärungen fallen; sie sind nicht wichtig.
   Wir sind bei der Beichte so genau wie nur möglich.
2. Wir stützen uns auf Gottes Versprechen, daß er uns vergibt.
   Wenn wir aber unsre Sünden bekennen, so ist er treu und gerecht, daß er uns die Sünden vergibt und reinigt uns von aller Untugend (1. Joh. 1, 9).
   . . . wer zu mir kommt, den werde ich nicht hinausstoßen (Joh. 6, 37).
   So kommt und laßt uns miteinander rechten, spricht der Herr. Wenn eure Sünde auch blutrot ist, soll sie doch schneeweiß werden (Jes. 1, 18).
   Denn du, Herr, bist gut und gnädig, von großer Güte allen, die dich anrufen (Ps. 86, 5).

3. Wir sind von Christi Vergebung hier und sofort glaubensvoll überzeugt — auch wenn wir noch gar nichts davon verspüren. Wir sind auch bereit, sogleich in ein persönliches Verhältnis zu Christus zu treten oder in die sofortige Gemeinschaft mit ihm zurückzukehren.
4. Gott mag eine persönliche Wiedergutmachung verlangen (dies ist nicht immer möglich. Manches Unrecht kann niemals wiedergutgemacht werden). Wenn er es tut, gehorchen wir — was immer es unseren Stolz kostet.
5. Nun wenden wir uns von der Vergangenheit ab und der Zukunft zu. Kein weiteres Schwelgen in Selbstvorwürfen und Gewissensbissen. Gott hat uns vergeben und unsere Sünden getilgt. Nun müssen wir uns selbst vergeben. Jene Dinge vergessen, die hinter uns liegen, ist der einzige Weg der Gesundung.

„Wenn Sie diese fünf Punkte genau befolgt haben", fuhr der Pfarrer fort, „sind Sie bereit, Ihr neues Leben zu beginnen. Denken Sie daran, daß Christus das Alltagsleben zu heiligen wünscht. Manchmal macht der Neubekehrte den Fehler, zu denken, er müsse nun mystisch sein oder eine Art weltabgewandter Frömmigkeit an den Tag legen. Glauben Sie mir, wenn Sie sich von Christus leiten lassen, werden Sie Ihre Zeit nicht mit der Lektüre geistlicher Bücher verbringen, während Ihre Kinder sich auf der Straße herumtreiben und Ihr Haushalt in Unordnung ..."

Meg hob die Hand. Ihr Gesicht war gerötet, und ihre Stimme zitterte ein wenig. „Ich habe mir dies alles notiert, aber da ist noch immer etwas, was ich nicht verstehe."

„Fragen Sie nur", ermutigte sie der Geistliche.

„Nun, wir haben in unserem Wohnzimmer einen Kachelofen. Er ist ein Nagel zu meinem Sarg. Rüttelt man nur einmal daran, so fliegt der Kohlenstaub im ganzen Haus herum. Sie reden von Unordnung! Ich hasse diesen Ofen fast so sehr wie mich selbst."

Meg zögerte, dann platzte sie heraus: „Wie kann man denn einen Kohlenofen heiligen?"

Als sich das freundliche Gelächter gelegt hatte, schien Arnolds Antwort inspiriert: „Mit anderen Worten, der verhaßte Ofen wurde für Sie zu einer Art Symbol. Denken Sie so darüber, Meg! Wenn die Kohle in den Ofen geschüttet wird, um mit der Flamme in Berührung zu kommen, brennen zunächst immer erst der Staub, die Gase und andere an der Oberfläche liegende Teile weg. Die Kohle ist noch nicht mit der Flamme vereinigt. Wir sind die Kohle. Die Flamme ist Gottes Liebe.

Sobald diese oberflächlichen Teile der Kohle verbrannt sind, geht eine grundlegende Verwandlung vor sich. Die Kohle selbst fängt Feuer. Schließlich wird sie rotglühend bis ins Innerste hinein. Dies ist die tiefe Umwandlung, in der sich Kohle und Flamme vereinigen."

„Was ist mit all der Asche?" fragte Meg.

„Die Asche, Meg? Unser Leben lang wird es Asche geben . . ."

Am Karfreitag jenes Jahres betraten Meg und Maynard die Kapelle, während vorne ein Laienspiel aufgeführt wurde. Auf der Fahrt zur Kirche hatte Meg darüber gesprochen, wie unsinnig ihr der Karfreitag erscheine. Warum machten die Kirchen soviel Aufhebens davon? Was hatten sie mit Jesu Tod und Auferstehung zu tun?

In der Kirche war wenig Platz, daher war die Bühnenausstattung nur sehr einfach. Das Stück war von einem Gemeindeglied verfaßt worden. Es bestand hauptsächlich aus der Unterhaltung zwischen zwei Frauen über ihre Söhne; die Hoffnungen, die sie auf sie setzten; die Freuden und Leiden der Kindererziehung. Am Schluß zeigte sich, daß die eine Frau die Mutter von Judas, die andere die Mutter von Christus war. Das Spiel sprach unmittelbar an. Und etwas Tiefes ging Meg auf. Als sie die Kapelle nach eineinviertel Stunden wieder verließ, war Jesus für sie aus einer geschichtlichen Gestalt, die vor langer Zeit lebte und starb, zu einer lebendigen Person geworden.

Meg beschrieb später, was sie nach jener Aufführung empfand. Sie begriff, daß sie die Wahl hatte. Sie konnte zu Jesus sagen: „Ja, ich werde dich in mein Herz einlassen." Dies würde sich störend und verwirrend auf ihr Leben auswirken. Oder sie konnte sagen: „Nein, ich will dich nicht in mein Leben einlassen." In diesem Fall — das spürte sie — würde sie der Masse der Leute angehören, die ihn kreuzigten. Sie würde tatsächlich selbst einige Nägel einschlagen. Und soweit es sie betraf, würde Christi Leiden umsonst gewesen sein.

Als sie die Steintreppe hinabging, hinaus in den Frühling, der eben in Washington Einzug gehalten hatte, rief sie diesem Christus, den sie nun klar erkannte, ein inneres Ja zu. Die ganze Massachusetts Avenue entlang waren die Bäume ein zartes Spitzenmuster in Grün. Azaleen leuchteten hier und dort in den Höfen — fuchsienrot, korallenrot, karmesinrot. Sie sog die von zartem Duft erfüllte Frühlingsluft ein. Bald würden am Haines Point und Tidal Basin die japanischen Kirschen blühen — rosenrot, blaßrot, fleischfarben und weiß. Meg suchte den Frühling auch in ihre Seele einzulassen.

Aber irgend etwas stimmte nicht. Selbst das Ja von vorhin hatte ihr keine Erleichterung gebracht — sie spürte nur den lastenden Druck von Unrecht, soviel Unrecht.

Am Ende jenes Frühjahrs wurde Meg wieder schwanger. In den beiden vorhergehenden Jahren hatte sie zwei Fehlgeburten gehabt. Die Ärzte der George-Washington-Universitätsklinik konnten keine körperliche Ursache dafür finden.

Nach eingehender Unterredung mit Meg und mehreren Untersuchungen wurde ihr eröffnet: „Unsere Diagnose wird Sie wahrscheinlich überraschen. Wir glauben, daß auch ein tiefsitzendes Schuldgefühl eine spontane Fehlgeburt herbeiführen kann. Lassen Sie es mich so erklären: Die Gefühle einer Frau sind ein mächtiger Faktor, besonders in den ersten Monaten der Schwangerschaft. Sie haben erstaunlich offen über Ihre Vergangenheit gesprochen. Infolge bestimmter Handlungen, die Schuldgefühle zur Folge hatten, hat Ihr Unterbewußtsein Ihnen eingeredet, daß Sie nicht zur Mutter taugen. Verstehen Sie mich recht, ich sage nicht, daß das stimmt. Es ist Ihr eigenes Urteil, und das Ergebnis sehen Sie selbst."

Meg, wie gewöhnlich kurz angebunden, fragte bloß: „Was kann ich also tun?"

„Hier muß die Medizin mit der Psychiatrie oder der Religion zusammenarbeiten — vielleicht mit beiden. Es gibt mehrere Möglichkeiten", antwortete der Arzt vorsichtig. „Ich werde hier ein wenig mehr sagen als sonst, weil Ihre Situation so ungewöhnlich ist. Psychoanalyse könnte vielleicht helfen oder, wenn Sie Christin sind, die Kirche. Und wenn Sie das Kind wirklich austragen wollen, empfehlen wir Ihnen dringend, außer den Arzneimitteln und der Hilfe, die wir Ihnen geben, noch Zusätzliches zu tun."

Der Arzt stand auf und streckte ihr die Hand hin. „Viel Glück! Sie wissen, wir hier in der Klinik werden alles tun, was in unserer Macht steht!"

Jetzt, da sie den Weg zur Vergebung unbedingt finden mußte, war Meg verzweifelt. Das Leben des Kindes hing von ihr ab. Offensichtlich konnte Schuldbewußtsein töten. Aber sie und Pfarrer Arnold hatten schon oft darüber gesprochen, wie sie ihr Schuldgefühl loswerden könne. Was hatte er ihr darüber hinaus noch zu sagen? Dennoch ging sie zu ihm.

„Nach Ansicht des Arztes", überlegte Pfarrer Arnold, „besteht das Problem also darin, wie Sie sich selbst in tiefen Schichten Ihres Bewußtseins davon überzeugen können, daß Gott Ihnen vergeben hat. Dies kann Zeit erfordern, Meg. Was ich Ihnen vorschlage, ist, so zu tun, als ob . . . "

„Ich verstehe nicht."

Der Geistliche erhob sich und stand, die Hände auf dem Rücken verschränkt, vor dem Kamin. „Meg, glauben Sie, daß Gott so brennend auf uns, seine Kinder, wartet, daß er uns zu jeder Minute annimmt, wenn wir kommen und ihn um Vergebung bitten?"

„Ja, ich denke, ja."

„Also gut. Sie haben Gott darum gebeten, und er hat Ihnen vergeben. Aber da ist etwas in Ihnen, das ein zähes Leben hat, das nicht zugibt, daß Sie sich rein fühlen. Versuchen Sie daher, von jetzt an dieses Gefühl des Beflecktseins nicht mehr zu beachten. Denken Sie immer nur daran — daß die Vergangenheit ausgelöscht ist. Und wenn Ihnen das manchmal wie Heuchelei vorkommt, wie Lüge, so müssen Sie trotzdem damit fertig werden."

„Gut, das will ich tun. Ich will alles versuchen. Ich muß dieses Kind haben! Ich muß!"

In den folgenden Tagen fand Meg eine Methode, die ihr sehr half. Jedesmal, wenn das Gefühl der Selbstverachtung in ihr hochstieg, las sie eine der Schriftstellen, die sie mit der Schreibmaschine auf Karten geschrieben hatte. Freunde aus dem Gemeindekreis, die sich in der Heiligen Schrift besser auskannten als sie, hatten ihr bei der Zusammenstellung geholfen.

Ihr seid schon rein um des Wortes willen, das ich zu euch geredet habe (Joh. 15, 3).

Wir wissen, daß wir von Gott sind . . . Daran erkennen wir, daß wir aus der Wahrheit sind, und können unser Herz vor ihm damit stillen, daß, wenn uns unser Herz verdammt, Gott größer ist als unser Herz (1. Joh. 5, 19 und 3, 19).

Denn die Liebe deckt auch der Sünden Menge (1. Petr. 4, 8).

Furcht ist nicht in der Liebe (1. Joh. 4, 18).

Also auch ihr haltet euch dafür, daß ihr der Sünde gestorben seid und lebet Gott in Christus Jesus (Röm. 6, 11).

In Christus Jesus aber seid ihr jetzt, die ihr vormals ferne gewesen seid, nahe geworden ... Denn er ist unser Friede (Eph. 2, 13; 14).

Es gab noch viele mehr. Meg entdeckte, daß es lebendige Worte waren, Waffen gegen die noch immer lauernden Schatten der Vergangenheit. Die neun Monate ihrer Schwangerschaft schienen endlos. Bei zwei Gelegenheiten — als die Abscheu vor sich selbst wieder erwachte und sie quälte — war sie nahe daran, das Kind zu verlieren. Jedesmal klammerte sie sich noch stärker an die heilsamen Worte der Schrift. Trotzdem sollte sich der endgültige Sieg erst nach der Geburt des Kindes einstellen.

Es geschah im Krankenhaus, drei Nächte nach Jacquelines Geburt. Es war gegen Mitternacht. Das Zimmer sah aus wie Minuten vorher — blasses Mondlicht fiel über den polierten Linoleumboden. Die Leinenvorhänge bewegten sich leise im Nachtwind. Drei zartrote Rosen standen in einer Vase auf der Frisierkommode. Im Zimmer schien jemand gegenwärtig zu sein — Meg fühlte es, wußte es —, um sie mit auf eine Reise zu nehmen.

Die Reise führte zurück in ihre Kindheit. Diese ganze lange Nacht hindurch half ihr Christus, Episode auf Episode aus ihrer Vergangenheit noch einmal zu durchleben. Teilweise schien sie zu träumen. Dann war sie wieder hellwach und krümmte sich und weinte über die Bilder, die so lebendig auf sie eindrangen, die Gesichter der Menschen, deren Leben sie mit in den Schmutz gezogen hatte — keine Einzelheit war zu gering, als daß sie sich ihrer nicht erinnert hätte.

Doch sie war sich im klaren darüber, daß etwas Wunderbares geschah. In jede schmerzliche Erinnerung floß der heilende Geist Gottes. Dann versank sie wieder in träumenden Zustand und ging mit Christus zur nächsten Episode über — es war ein Fallen und Steigen, Fallen und Steigen, und im Laufe dieses Vorgangs wurde das störrische Unterbewußtsein geheilt und eins mit dem Bewußtsein.

Sie wußte nun, daß Christus ihre Sünden nicht unterschätzte. Er verabscheute das, wovon sie sich hatte beflecken und verführen lassen. Doch er liebte sie trotzdem!

Als das Tageslicht in ihr Krankenzimmer drang, wußte Meg, daß dies der schönste Sonnenaufgang ihres Lebens war, zum erstenmal fühlte Meg sich rein.

Eine interessante Begleiterscheinung ihres Erlebnisses war die Entdeckung, daß sie, obgleich sie sich in jener denkwürdigen Nacht lebhaft an Namen

und Gesicht jedes einzelnen Mannes erinnerte, mit dem sie sich eingelassen hatte, einige Jahre später keinen einzigen dieser Namen mehr nennen konnte. Es traf also im wahrsten Sinne des Wortes zu, daß ihre Verfehlungen ausgelöscht, von ihr genommen waren.
Fast augenblicklich bemerkten ihre Freunde die Veränderung. Megs profane Ausdrucksweise verschwand. Ihr Gesichtsausdruck wurde reiner. Ihre Art sich zu geben, änderte sich wie auch ihr Geschmack, sich zu kleiden.
Und wie sie sich jetzt darauf freute, ihre Freunde in der Kirche wiederzusehen! Schritt für Schritt ging es nun voran. „Wenn wir unser Haus nicht sauberhalten“, sagte Pfarrer Arnold eines Abends zu ihr und den andern, „verblaßt die Begeisterung, die wir empfanden, als wir erstmals ins christliche Leben eintraten. Schon eine Anzahl kleiner Sünden kann unser Leben so beeinträchtigen, daß es einer Flasche Sprudel gleicht, aus der die Kohlensäure entwichen ist. Deshalb nur keine Entmutigung im Kampf gegen unsere Fehler und Schwächen, denn alle Entmutigung ist vom Teufel! Ob man nun an den Teufel als Personifizierung des Bösen in der Welt glaubt oder nicht, denken Sie über dieses Wort einmal nach!
Eine Art methodischer Hausputz ist notwendig, wenn wir in ununterbrochener Gemeinschaft mit Gott leben wollen. Wir in den protestantischen Kirchen sorgen dafür nicht genügend, wenngleich wir auch die Beichte kennen.
Hüten Sie sich vor Dingen, die Sie instinktiv geheimhalten möchten — wie unbedeutend sie auch in Ihren Augen sind!“
Meg wußte, daß sie all das Unrecht, das sie begangen hatte, niemals mehr ungeschehen machen konnte. Doch nun, da Christus ihr seine immerwährende Liebe geschenkt hatte, machte er ihr auch klar, daß diese Liebe sie nicht mehr freigeben werde.
„Christus gebot mir“, sagte Meg später, „an den Ort zurückzukehren, wo ich mit so vielen jungen Leuten die Erniedrigung geteilt hatte, und ihnen zu zeigen, was echte Freude ist. Es war, als sagte er: ‚Gehe hin zu deinen alten Freunden‘.“
So ging sie jeden Samstagabend dorthin. Um die fünfte Woche herum traf sie an der Tür des Tanzlokals mit einem stämmigen irischen Schutzmann zusammen. „Gnädigste, es ist wundervoll, was Sie für diese Kinder tun“, sagte er. „Wissen Sie, hier trieb sich früher immer ein ganz entsetzliches Frauenzimmer herum . . . “

„Ich senkte den Kopf und starrte auf meine Schuhe", erzählte sie später. „Ich sandte ein Stoßgebet zum Himmel: ‚O Gott, gib, daß er mich nicht erkennt. Ich könnte es nicht ertragen — noch nicht!' Der Mann klopfte mir zum Abschied väterlich auf die Schulter und sagte: ‚Gnädigste, die Polizei ist froh, daß Sie hier sind!'"

Meg wurde ein wichtiges Glied der kleinen Kirchengemeinde, die sie von ihrem alten Leben weggelockt hatte. Dort lernte ich sie kennen. Ich habe mich ihrer Freundschaft jetzt über zehn Jahre erfreut. Ich habe gestaunt über ihr unaufhörliches Ringen um inneres Wachstum und war oft überrascht über die plötzlichen Einsichten, die ihr kamen.

Ihr beharrliches Mitleid für die Fehler und Schwächen ihrer Mitmenschen erinnerte mich oft an jene namenlose Frau, die vor langer Zeit lebte. Eine Gruppe von Schriftgelehrten und Pharisäern hatte die schmählich Ertappte vor Christus geschleppt. Die Szene hat sich mir für immer so eingeprägt, wie Peter Marshall sie schilderte:

> . . . Die Frau liegt wie ein Häufchen Elend bitterlich schluchzend vor Christus, zitternd horcht sie auf die Anklage. Die Strafe für Ehebruch ist Steinigung.
>
> Ruhigen Auges übersieht Jesus die Situation mit einem Blick. Er sieht, was sie vor ihm zu verbergen suchen — die harten Gesichter, die keine Gnade, kein Mitleid kennen. Jede Hand hält einen Stein umklammert, und mit boshafter Befriedigung fahren die Finger über die scharfen Kanten.
>
> Sie haben die Frau vor Christus gebracht, nicht um über sie zu verhandeln (denn das haben sie bereits getan), sondern ihr boshafter Einfall war, ihm damit eine Falle zu stellen. Entweder wird er das klare Gebot des Gesetzes beiseite schieben oder seine stillschweigende Zustimmung zu einer öffentlichen Hinrichtung geben müssen.
>
> Und hat er nicht oft gesagt: „Seid deshalb barmherzig!" Wie kann er die Frau verdammen und gleichzeitig barmherzig sein? Der Kreis der bärtigen Männer wartet ungeduldig auf Antwort.
>
> Christus schaut in die Gesichter der Männer und spricht ruhig — mit Augen, die nicht ausweichen — zu ihnen: „Wer unter euch ohne Sünde ist, der werfe den ersten Stein auf sie."
>
> Sein scharfer Blick ruht auf den Anklägern.

Stein auf Stein hört man aufs Pflaster fallen. Nicht mehr viele von den Pharisäern sind übrig. In ihren Gesichtern lesend, blickt Jesus in die Vergangenheit tief in den Tümpeln ihres Gedächtnisses und ihres Gewissens. Er sieht in ihre Herzen:

Götzendiener,
Lügner,
Trunkenbolde,
Mörder,
Ehebrecher!

Einer nach dem andern schleichen sie sich weg — wie Tiere —, schleichen in den Schatten. Entweichen in die belebten Straßen, um sich in der Menge zu verlieren.

Wer unter euch ohne Sünde ist, der werfe den ersten Stein auf sie!

Aber kein Stein wurde geworfen. Sie liegen verstreut auf dem Pflaster.

Sie allein ist zu Füßen Jesu zurückgeblieben.

Die Stille wird nur von ihrem Schluchzen unterbrochen.

Sie hat den Kopf noch immer nicht erhoben.

Und nun schaut Christus sie an. Eine ganze Weile schweigt er. Dann, mit Augen voller Güte, sagt er leise zu ihr: „Weib, wo sind sie, deine Verkläger? Hat dich niemand verdammt?"

Und sie antwortet: „Herr, niemand."

Das ist alles, was die Frau von Anfang bis Ende sagt. Sie hat keine Entschuldigung für ihr Tun. Sie macht keinen Versuch, zu rechtfertigen, was sie getan. Und Christus, der sie anschaut und ihre tränenbenetzten Wangen sieht, der in ihr Herz blickt und dort die Reue sieht, sagt zu ihr: „So verdamme ich dich auch nicht, gehe hin und sündige hinfort nicht mehr."

Und seine Stimme ist wie eine Kerze in der Dämmerung, wie ein leises Läuten am Ende des Tages, wie das Singen eines Vogels nach dem Sturm — es ist heilende Musik für das sündenkranke Herz.

Alles ist eine Weile still.

Falls sie ihren Dank flüstert, geschieht es so leise, daß nur er es hört.

Vielleicht lächelt er über ihr, als sie langsam die Augen hebt, das schwache Lächeln desjenigen, der weiß, daß er selbst den Preis für diesen Freispruch zu zahlen hat.

Sie hat Christus in die Augen geblickt.

Sie hat Gott gesehen.

Sie wurde angeklagt, für schuldig erklärt, gerichtet, aber nicht verdammt.

Ihr wurde vergeben!

Und nun hat sie den Kopf erhoben. Ihre Augen leuchten wie Sterne, denn hat sie nicht das größte aller Wunder gesehen?

Es ist wunderbarer als die Wunder der Schöpfung, geheimnisvoller als die Sterne, klangvoller als irgendeine Symphonie, herrlicher als das Leben selbst, daß Gott gewillt ist, um Christi willen Sündern wie dir und mir zu vergeben.

Und dies ist das Wunder, das Meg erlebte.

8 ... wie wir vergeben unsern Schuldigern

Die Vergebung hat zwei Seiten, die untrennbar zusammengehören. Die Vergebung unserer Sünden durch Gott, die ein jeder von uns benötigt, und die Vergebung, die wir andern Menschen schulden. Die meisten von uns ziehen es vor, diese Tatsache einfach zu übersehen.

Jesus sagt uns unzweideutig, daß es nur einen Weg gibt, die Vergebung des Vaters zu erlangen: Den Kreis der Vergebung zwischen Himmel und Erde dadurch zu schließen, daß wir unserem Bruder von ganzem Herzen vergeben. Die Geschichte von Harvey Smith — einem Freund meines Mannes — ist ein außergewöhnliches Beispiel dafür, wie notwendig es für den Menschen ist, denen zu vergeben, die ihm unrecht taten.

Der junge Geistliche schrieb kürzlich an Len, daß er bald durch New York kommen werde. „Ich gebe meine Pfarrstelle in Danielsville, Georgia, auf, um nach Boston zu ziehen und dort an der Universität weiterzuarbeiten. Mit Frau und vier Kindern ist dies, wie Du Dir vorstellen kannst, ein schwerer Entschluß. Ich könnte am späten Samstagnachmittag nach Chappaqua hinauskommen, um Dich dort zu besuchen."

Als unser Gast ankam, stellte es sich heraus, daß er auf mich ebenso neugierig war wie ich auf ihn. Zuerst schob ich dies auf ein Interesse dafür, wie ich mit meiner neuen Situation als Ehefrau und Mutter von drei kleinen Kindern neben meinem eigenen Sohn Peter John fertig würde. Aber als Harvey Smith mir kräftig die Hand schüttelte und prüfend in die Augen blickte, sagte er: „Ehe ich wieder wegfahre, möchte ich Ihnen den wahren Grund erzählen, warum mir soviel daran lag, Sie einmal kennenzulernen."

„Dann sind es also zwei Geschichten, die ich hören muß", erwiderte ich. Harvey und Len hatten sich 1950 miteinander angefreundet, als sie beide der Marble Collegiate Church in New York angehörten. Len hatte mir

Harvey Smiths Geschichte — seine Erfahrung mit der Vergebung — in Umrissen erzählt, aber ich wollte sie von ihm selbst hören.

Unser Gast machte es sich in einem Klubsessel bequem und schlug die langen Beine übereinander. Er hatte die ungezwungene Art und den weichen Tonfall des Südstaatlers. „Vergebung? Ich dachte immer, ich wüßte eine Menge über dieses Thema." Plötzlich schien Harvey Smith mit seinen Gedanken weit weg zu sein.

„Jedesmal, wenn meine Gemeinde diesen Satz im Vaterunser spricht, frage ich mich, ob sie sich überhaupt darüber im klaren ist, welch schreckliche Bedingung sie damit anerkennt."

„Was meinen Sie damit?" fragte ich.

„Den Satz ‚Vergib uns unsere Schuld, wie — das heißt in dem gleichen Maß — wie wir vergeben unsern Schuldigern'." „Christus drückte sich sogar noch präziser aus", fügte Len hinzu. „Nachdem er sie das Gebet gelehrt hatte, sagte er nämlich: ‚Wenn ihr aber den Menschen nicht vergebet, so wird euch euer Vater eure Übertretungen auch nicht vergeben'" (Matth. 6, 15). Das ist sehr hart.

„Ich habe guten Grund gehabt, dies immer wieder zu überdenken", fuhr Harvey fort. „Es bedeutet gewiß nicht, daß Gott uns unsere Sünden mit gleicher Münze heimzuzahlen droht."

„Aber Jesus muß gemeint haben, was er sagte", fügte ich hinzu.

Als wir drei über diesen Satz des Vaterunsers diskutierten, kamen wir zu dem Schluß, daß diese schreckliche Bedingung nicht gestellt wurde, weil Jesus es so wollte, sondern weil sie eine unausweichliche Tatsache — ein Gesetz ist. Wenn wir unversöhnlich sind oder Groll im Herzen tragen, können wir unser Herz unmöglich der Liebe Gottes öffnen. Wir sind es, die die Tür geschlossen halten, nicht Gott.

Und dann sprach Harvey Smith mehrere denkwürdige Sätze, von denen ich hoffe, daß ich sie hier genau wiedergebe.

„In der Vergebung muß es ein stetes Fließen geben — Flut und Ebbe, Saat und Ernte . . . Es gibt kein Empfangen ohne Geben; keine Liebe ohne Wärme . . . Wie wir geben, wird auch uns gegeben werden — an Geld, an Gesundheit, an Liebe, an Vergebung. Wir können die Vergebung einfach nicht anders erlangen, weil das Leben einzig auf diese Weise möglich ist."

Und dann erzählte uns Harvey Smith seine Geschichte.

Im Herbst 1950 war er aus La Grange, Georgia, nach New York gekommen, um an der Columbia Universität zu studieren. Bald nach seiner Ankunft hatte er in einer Vorlesung einen Studenten namens Jack kennengelernt. Jacks Vergangenheit war unglücklich gewesen, denn er war in einer zerrütteten Familie aufgewachsen. Er hatte gerade eine erbärmliche Zeit in der Kriegsmarine hinter sich und stand nun ratlos vor seiner Zukunft. Er schien einen Freund zu benötigen, deshalb nahm ihn Harvey in seine Studentenwohnung auf. Es war eine Parterrewohnung im Schatten der St. Johns Kathedrale.

Jack war von jeher seelisch gestört. Diese traurige Wahrheit kam nur zu bald heraus. Auf Zeiten scheinbar normalen Verhaltens folgten unbeherrschte Zornanfälle. Als diese häufiger und Jacks Trinkgelage schlimmer wurden, sah sich Harvey in eine Situation hineinmanövriert, der er nicht gewachsen war. Zu allem lehnte sein unglücklicher Freund es ab, zu einem Studienberater zu gehen.

Schließlich wußte Harvey, was er zu tun hatte. Er würde ausziehen und die Wohnung Jack überlassen. Sein Plan war, sich in der Nähe ein Zimmer zu suchen, so daß sie immer noch Freunde bleiben konnten. Vielleicht vermochte er dann objektiver zu sein und so Jack besser zu helfen.

An einem Donnerstagmorgen, kurz vor Vorlesungsbeginn, teilte Harvey ihm diesen Entschluß mit. Erst später begriff er, wie niederschmetternd diese Nachricht für den aufgewühlten Menschen gewesen sein mußte. Anscheinend war er im Laufe der Zeit Jacks einzige Stütze geworden. Nun wurde ihm diese Stütze entzogen, und Jacks ganze Welt stürzte ein. Erregt bat Jack ihn zu bleiben. Dann übermannte ihn die Wut. Er schlug auf Harvey ein, der sich vor den Schlägen zu schützen suchte, indem er ihn umklammerte, bis der andere sich zu beruhigen schien.

Dann trat Harvey vor den Spiegel, um nach einer Platzwunde auf seiner Nase zu sehen. In diesem Augenblick hörte er ein Knurren hinter sich. Als er sich umdrehte, kam Jack, einen Hammer schwingend, auf ihn zu.

Harvey fürchtete sich nicht. Er war größer als sein Zimmernachbar und überzeugt, ihn leicht entwaffnen zu können. Aber als er den Hammer packte und unter den Toilettentisch schleuderte, spürte er einen harten Stoß im Rücken.

Dies war bis jetzt der schlimmste Wutanfall. Er mußte Jack unbedingt aus dem Zimmer drängen. Er schob seinen Gegner zur Tür zurück und hielt ihn dann mit der einen Hand fest, während die andere den Türknauf drehte. Plötzlich erhielt er zwei weitere Stöße, einen in den Unterleib, den anderen in die Brust. Und in diesem Augenblick sah Harvey auch das Messer.

Unter Aufbietung seiner letzten Kraft stieß er Jack in die Halle hinaus, schob den Riegel vor und stand gegen die Tür gelehnt, wobei er vergeblich zu verstehen suchte, warum er keine Luft bekam.

Durch die geschlossene Tür rief er um Hilfe. Mr. Rogers, der Hausverwalter, hatte auf der anderen Seite der Eingangshalle seine Werkstatt. Vielleicht würde er ihn hören. Dann merkte Harvey, daß seine Stimme nicht normal klang. Seine klebrige Hand veranlaßte ihn, an sich hinunterzuschauen. Rötliche Schaumblasen drangen durch den Pullover, und eine entsetzliche Erkenntnis durchzuckte ihn. „Er hat mit dem Messer auf mich eingestochen. Meine Lungen sind verletzt." Er taumelte, dann stützte er sich gegen die Tür.

Unmittelbar darauf klopfte es. *Das mußte Mr. Rogers sein.* Es gelang ihm, die Tür zu öffnen, dann brach er zusammen. Der Verwalter warf einen entsetzten Blick auf Harvey. Blutflecken bedeckten Gesicht und Pullover, und ein großer, roter Fleck begann sich auf seiner Brust abzuzeichnen.

Ohne zu merken, was er tat, ließ Rogers den Schwerverletzten einfach liegen und rannte zur Polizei; die Wohnungstür ließ er offen.

Jack erschien erneut unter der Tür. Er starrte auf sein hilfloses Opfer, das blutige Messer noch immer in der Hand. Harvey wußte genau, daß er sich nicht mehr wehren konnte. Ein weiterer Stich würde wahrscheinlich genügen.

Statt dessen packte ihn Jack unter den Armen und schleppte ihn aufs Bett. Wie von weither drang die Stimme seines Angreifers an sein Ohr: „Harvey, kannst du mir verzeihen?" Harvey versuchte die Augen zu öffnen. Jacks Gesicht drehte sich nebelhaft über ihm. *Jack tat es leid.* Der Nebel hob sich ein wenig. Er sah Jack das Messer heben, um es in die eigene Brust zu stoßen. *Muß ihn davon abhalten — muß.* Mit letzter Kraft richtete sich Harvey auf, entriß Jack das Messer und ließ es hinter das Bett fallen.

Dann brach die Dunkelheit über ihn herein. Aber Jacks Bitte um Verzeihung lag wie ein Stein auf Harveys Seele. Er hörte seine eigene Stimme aus großer Entfernung sagen: „Ja, Jack, ich verzeihe dir."

Das bin nicht ich, der Mensch Harvey, der da spricht. Diese Antwort kam von all den Dingen, die ich je über den christlichen Glauben gelernt habe ...

Im Operationssaal des Knickerbocker Hospitals in der New Yorker West Side untersuchte Dr. Ruth Selznick die zahlreichen Brustverletzungen Harveys. Diese fähige Ärztin, Spezialistin auf dem Gebiet der Brustchirurgie, hatte noch nie einen schlimmeren Fall gesehen. Drei tiefe Messerstiche — die Lungen füllten sich rapid mit Blut —, der Patient in einem tiefen Schock.

Sie machte sich an die Arbeit. Stunden vergingen. Dann gab es plötzlich eine neue Krise. Die Atmung des Patienten setzte aus. Im Bruchteil einer Sekunde entschloß sich die Ärztin zur Änderung der Schnittführung. Dann künstliche Atmung. Die leblose Gestalt auf dem Operationstisch reagierte nicht. Minuten vergingen ... vier ... sechs. Plötzlich durchlief ein Zittern den Körper des Patienten. Harvey begann wieder zu atmen.

Sieben Stunden und fünfzig Minuten hatte die Operation gedauert. Nun wurde Harvey ins Krankenzimmer gefahren. Aber der Kampf um sein Leben hatte erst begonnen. Die Ärztin wachte die ganze Nacht an seinem Bett.

Eine ganze Woche lang schwebte er zwischen Leben und Tod. Die meiste Zeit war er bei Bewußtsein und konnte klar denken, doch mußte er völlig still liegen. Da beide Lungenflügel verletzt und zusammengedrückt waren, konnte schon die geringste Bewegung eine Blutung hervorrufen.

Harvey hatte Schmerzen — viel Schmerzen, und zeitweise packte ihn Selbstmitleid. *Weiß ich wirklich, was Vergebung bedeutet? Ich sagte Jack, ich hätte ihm vergeben. Ich legte alles hinein, was ich hatte. Aber es war nicht genug, denn ich bin noch immer empört.*

Harvey lag sehr still und dachte nach. Seine Gedanken wanderten zu der Zeit vor Jacks Überfall zurück. Dann kam ihm ein Gedanke. Wer von uns ist je ganz schuldlos? Vielleicht war es Überheblichkeit und nicht wenig Selbstgerechtigkeit gewesen, was ihn veranlaßt hatte, Jack zu helfen. Vielleicht war seine Güte in Wirklichkeit ein Hemmschuh für Jack gewesen.

Dann setzte der Schmerz wieder ein. Harvey rang nach Luft, die nur langsam kommen wollte. Nichts als ein gurgelnder Laut tief in seiner Brust — und Angst im Herzen.

Dies ist nicht leicht, Vergebung ist kostspielig. Bin ich wirklich gewillt, den Preis zu zahlen?

Es kostete ihn noch viel mehr Überwindung, als er hörte, daß Jack vor Gericht angegeben hatte, in Notwehr gehandelt zu haben. Harveys Fingerabdrücke waren auf dem Hammer. Natürlich waren sie es! Also konnte Jack getrost zu seiner Verteidigung angeben, er sei angegriffen worden und habe mit dem Messer nur zugestochen, um sich selbst zu schützen. Grimmig sann Harvey über diese Ironie des Schicksals nach. *Vergebung ist kostspielig.*

Er dachte an den Augenblick zurück, als er auf dem Bett gelegen hatte, während Jack das blutige Messer neben ihm schwang: „Ja, Jack, ich verzeihe dir!" Der Instinkt, der ihm gesagt hatte, daß nicht er es war, der diese Worte sprach, hatte recht behalten.

Harvey war nicht fähig, den aufsteigenden Groll, die Erbitterung, das Selbstmitleid, die Versuchung zu unterdrücken, Jacks Verhalten mit dem eigenen zu vergleichen. Er konnte sich von diesen Gefühlen einfach nicht befreien; doch der die Worte der Vergebung an jenem Tag für ihn gesprochen hatte, konnte die Sache nun für ihn vollenden. Er selbst mußte nur gewillt sein, seinen Groll aufzugeben und seinen Willen auf die Vergebung zu konzentrieren. Christus würde das andere tun. *Aber Vergebung ist kostspielig: sie kostete Christus sehr viel.*

Als Harvey, dem Tod nahe, auf seinem Krankenbett lag, entdeckte er den wahren Sinn des Lebens. Aus neuem Verständnis heraus kamen aus der Tiefe seiner Seele die Worte: „Jack, ich vergebe dir." Nun endlich herrschte Friede in seinem Herzen.

Während der Wochen, die Harvey im Krankenhaus verbrachte, spendeten seine Freunde von der Jugendgruppe der Marble Collegiate Kirche Blut für ihn — sehr viel Blut. Wieder und wieder trafen sie sich, um für Harvey und für Jack zu beten. Unter ihnen befand sich auch Ann Hougasian, die Harvey einige Monate zuvor kennengelernt hatte.

In aller Stille brachten die jungen Leute das Geld auf, um sämtliche Krankenhauskosten für Harvey zu zahlen. Täglich erkundigten sie sich nach ihm, sandten Blumen und Obst und überschütteten ihn mit tausend kleinen Freundlichkeiten. Durch sie floß Christi Liebe zu ihm. Er wagte es nicht, etwas von dieser Liebe zurückzuweisen oder zu verhindern, daß sie auch dem zufloß, der sie am meisten benötigte — Jack.

Dann lernte Harvey etwas Neues über die Vergebung. Seine rothaarige Ärztin lehrte es ihn.
„Sie werden wieder gesund werden", sagte sie eines Morgens zu ihm.
Der Patient lächelte sie an. „Ich habe es seit mehreren Tagen gewußt, und ich habe es hauptsächlich Ihnen zu verdanken."
„N-nein. Es hat einen anderen Grund. Ihr Zustand war so bedenklich, daß alles ins Gewicht fallen konnte."
„Was meinen Sie damit?"
„Ich habe Sie sehr genau beobachtet. Sie haben Ihren inneren Frieden wieder — seit den letzten zehn Tagen. Wenn Sie den geringsten Haß zurückbehalten hätten, so hätte dieses negative Gefühl Ihnen so viel Energie entzogen, daß Sie wahrscheinlich nicht durchgekommen wären."
Den ganzen Tag über gingen Harvey die Worte der Ärztin durch den Kopf. Haßerfüllte, unversöhnliche Gedanken hätten ihn in diesem Fall also buchstäblich zerstört!
Die Ärztin hatte recht. Harvey wurde schließlich ganz gesund. Und da er davon überzeugt war, daß sein Leben aus einem ganz bestimmten Grund gerettet worden war, bemühte er sich eifrig, diesen Grund zu erfahren. Er bemühte sich über drei Jahre darum.
Am Weihnachtstag 1952 wurden er und Ann Hougasian in La Grange, Georgia, in einer stillen Feier getraut.

Len und ich hatten dieser packenden Erzählung fast den ganzen Morgen und noch während des Mittagessens zugehört. Unmittelbar nach dem Essen erschien unsere zwölfjährige Linda unter der Tür. „Pappi, ich habe auf dem Bettvorleger etwas ausgeschüttet und brauche den Staubsauger. Aber er funktioniert nicht. Willst du . . . ?"
„Ich werde ihn mir anschauen", sagte Len. Bald knieten er und Harvey auf dem Fußboden und nahmen den Stecker auseinander. Harvey fand schließlich den losgegangenen Draht und machte ihn wieder fest. Ich erinnere mich an diesen kleinen Vorfall, weil das, was für manchen vielleicht eine ärgerliche Unterbrechung gewesen wäre, für Harvey Smith ein Vergnügen war; er durfte jemand helfen.

Danach erzählte uns Harvey den zweiten Teil seiner Geschichte. „Das ist nun der Teil, um dessentwillen ich hierher kam und den ich Ihnen erzählen wollte", sagte er zu mir. „Es geschah eines Samstagabends Mitte April 1955. Ich war damals gerade drei Jahre als Bezirksführer der Pfadfinder in New York tätig und bald ebensolang mit Ann Hougasian verheiratet. Wir waren mit einem befreundeten Ehepaar ins Roxy gegangen, um uns den nach Ihrem Buch gedrehten Film EIN MANN NAMENS PETER anzusehen.

Ich saß da und war ganz in die Geschichte versunken. Da kam die Szene in der Marine-Akademie Annapolis, wo Dr. Marshall in letzter Minute beschlossen hatte, seine Predigt zu ändern und über den Tod zu sprechen. Er wußte nicht warum; es schien ein merkwürdiges Thema für junge Kadetten. Aber am selben Nachmittag noch entdeckte er den Grund. Über das Autoradio kam die Nachricht, daß Pearl Harbour bombardiert worden war. Wir befanden uns im Krieg.

Während dieser Szene erreichte mich Gottes Ruf. Nichts Sensationelles — keine Visionen, wissen Sie. Nur eine einfache Botschaft: ‚Harvey, ich möchte, daß du die Arbeit bei den Pfadfindern aufgibst. Ich führte Peter Marshall, ich kann auch dich führen. Du mußt auf die Universität zurück und dich auf das Seelsorgeamt vorbereiten.'

Meine Antwort kam augenblicklich. Kein Sträuben, obgleich ich die Pfadfinderarbeit liebte. Keine Unentschlossenheit, obgleich eine Rückkehr an die Universität finanzielle Schwierigkeiten bedeuten würde. Ann und ich hatten inzwischen einen einjährigen Sohn.

Ich sagte einfach vor mich hin: ‚Es ist gut, Herr, wenn du das willst.' Ann spürte meine Bewegung, denn sie griff nach meiner Hand.

Dem Rest des Films vermochte ich nicht mehr zu folgen. Ich mußte ihn mir einige Monate später nochmals ansehen, um sein Ende zu erfahren. Als ich Ann im späteren Verlauf des Abends erzählte, was im Filmtheater geschehen war, und Ann fragte, wie sie sich als Frau eines Pfarrers fühlen würde, jubelte sie. ‚Liebster, nun kann ich es dir ja sagen. Als ich dich kennenlernte, dachte ich, du würdest Pfarrer werden. . . Die Frau eines Seelsorgers sein? Nichts könnte mich mehr freuen!'

Ich legte mir selbst eine Bedenkzeit auf, um ganz sicher zu gehen, daß es sich nicht um eine flüchtige Eingebung handelte. Aber Monate später war ich noch genauso entschlossen, der Ruf so klar wie immer, die Begeisterung noch ebenso groß. So trat ich im Herbst in das Seminar ein. Den Rest der Geschichte kennen Sie."

Wir staunten alle drei darüber, wie diese Ereignisse ineinandergriffen und zusammengewirkt hatten, um Harvey dorthin zu bringen, wo Gott ihn haben wollte.

Dann fragte ich: „Aber was geschah mit Jack?"

„Er wurde zu mehrjähriger Beobachtung in eine Nervenklinik gesteckt. Ich hörte, daß er inzwischen wieder entlassen wurde."

Harvey schwieg einen Augenblick. „So vieles muß man lernen auf dem schweren Weg der Vergebung."

Dann zählte er die einzelnen Etappen noch einmal auf.

„Als erstes kam mir die Erkenntnis, daß ich nicht ohne Schuld war — niemand von uns kann es je sein. Als zweites, daß Vergeben nicht leicht ist — es kostet uns viel. Und als drittes lernte ich, daß die Vergebung von Gott aus gesehen nicht vollständig ist, solang die gelöste Beziehung nicht wieder angeknüpft ist. Es dauerte eine Weile, bis ich erkannte, daß dies der Kerngedanke jener Schriftstelle ist: ‚Wenn du deine Gabe auf dem Altar opferst und wirst allda eingedenk, daß dein Bruder etwas wider dich habe, so laß allda vor dem Altar deine Gabe und gehe zuvor hin und versöhne dich mit deinem Bruder und alsdann komm und opfere deine Gabe" (Matth. 5, 23; 24).

Solange wir also nicht den Versuch unternommen haben, die zerrissene Beziehung wieder anzuknüpfen, werden wir auch nicht das Gefühl haben, daß unsere Gebete Gott erreichen oder unsere Gaben angenommen werden.

Sie sehen also, der Vorgang der Vergebung zwischen Jack und mir ist eigentlich noch gar nicht abgeschlossen."

„Aber Harvey", unterbrach ihn Len, „glaubst du wirklich, daß nach all dem Geschehen und angesichts der seelischen Verfassung Jacks eine konstruktive Beziehung zwischen euch geschaffen werden könnte?"

„Es verlangt viel Glauben", antwortete Harvey langsam. „Ich kann offen gestanden nicht behaupten, daß ich es besonders gern versuche. Aber es ist eine unerledigte Sache, und Gott allein kann mir sagen, wie ich sie zu Ende führen soll."

Ich habe das Gefühl, daß Harvey zu Jack zurückfinden wird. Eines Tages werde ich auch das letzte Kapitel dieser außergewöhnlichen Geschichte erfahren.

Jesus wußte eine Menge über die Vergebung zu sagen. Nehmen wir einmal die folgende Szene, über die Matthäus berichtet: Die Jünger wissen, daß man nach altem jüdischen Gesetz jemand dreimal vergeben muß. Danach durfte man einander so feindlich gesinnt sein wie eh und je.

Aber der ungestüme Petrus ist großzügig gestimmt. Er wickelt sein gestreiftes Gewand fester um sich und fragt: „Herr, wie oft muß ich denn meinem Bruder, der an mir sündigt, vergeben?" Ein selbstgefälliger Ausdruck huscht über das Gesicht des Jüngers. Er wird seine eigene Frage überaus großzügig beantworten und so Lob vom Meister ernten: „Ist's genug siebenmal?"

Christus sieht seinen Jünger an. Petrus ist so leicht durchschaubar, so rasch mit dem Wort, und seine Rechenkunst ist falsch, so falsch wie die der Schriftgelehrten und Pharisäer. „Ich sage dir: nicht siebenmal, sondern siebenzigmal siebenmal" (Matth. 18, 22).

Und dann erzählte Jesus den Jüngern das Gleichnis von dem Himmelreich und dem König, der mit seinen Knechten rechnen wollte. Dabei stellte er fest, daß ihm einer seiner Knechte zehntausend Talente schuldete. Sofort rief Matthäus, der ehemalige Zöllner mit dem Kopf des Mathematikers: „Zehntausend Talente! Die ganzen jährlichen Steuern aller fünf Provinzen unseres Landes betragen ja nur achthundert!"

Jesus fuhr fort: „Natürlich wußte der König, daß eine solche Schuld unmöglich zurückbezahlt werden konnte; also befahl er, den Knecht mit Frau und Kindern als Sklaven zu verkaufen.

Da warf sich der unglückliche Knecht vor dem König in den Staub und rief: „Herr, habe Geduld mit mir. Ich will dir alles bezahlen." Der König hatte Mitleid. Dieser Knecht hatte viele gute Eigenschaften, und in plötzlichem Erbarmen sagte er: „Gut, ich erlasse dir deine Schuld. Steh auf und geh!"

Der Knecht sprang freudestrahlend auf. Am liebsten hätte er seinem Herrn die Füße geküßt, aber er wagte es nicht. Er war frei — frei!

Etwas später ging der Knecht auf den Markt. Plötzlich entdeckte er seinen Mitknecht Nahum, der ihm hundert Silbergroschen schuldete. Geschickt schlängelte er sich zwischen Frauen mit Körben und Eimern hindurch und wich lastentragenden Eseln aus. Beim Taubenstand holte er Nahum ein. Grob packte er ihn am Hals. „Du bist mir lange genug ausgewichen! Zahl jetzt sofort, was du mir schuldest."

Nahum fiel ihm zu Füßen. „Schau, ich werde es zahlen. Ich verspreche es dir. Hab nur Geduld! Wenn du mir bloß Zeit gibst, bis morgen die Sonne untergeht."

„Nein, diesmal entwischt du mir nicht. Ein paar Tage im Gefängnis werden dein Gewissen schärfen." Und er rief den Richter, der keine andere Wahl hatte, als den Schuldner ins Gefängnis zu werfen.

Bald kam die Geschichte dem König zu Ohren. Seine eigene großzügige Vergebung hatte demnach überhaupt keine Dankbarkeit hervorgerufen! Er ließ den Knecht rufen. „Du böser Knecht! Ich habe dir die ganze, riesige Schuld erlassen. Hättest nicht auch du dich deines Mitknechtes erbarmen müssen? Dein Herz ist hart und unfähig, Vergebung zu empfangen. Pein ist stets das Los des harten Herzens. Pein soll auch das deine sein, bis du lernst, daß dir nur vergeben wird, wenn du selbst auch vergibst."

Der Meister schwieg. Sein durchdringender Blick streifte das Gesicht jedes einzelnen Jüngers. Diesmal war selbst Petrus still. Die Bedeutung der Geschichte ging ihnen auf: Unsere Schuld dem himmlischen Vater gegenüber ist riesengroß, niemals abtragbar, darum sind wir völlig auf die Gnade und das Erbarmen des Vaters angewiesen. Im Vergleich zu dem, was wir ihm schulden, ist alles, was ein Mensch dem andern je schulden kann, unbedeutend.

Jeder einzelne von uns ist vor Gott schuldig. Da sind Sünden des Geistes und der Seele und solche des Körpers. Da sind unwürdige Motive. Da sind all die Gelegenheiten zum Guten, die wir nicht wahrgenommen haben. Da sind die Zeiten, als wir uns mit Zweitbestem zufriedengegeben haben. Doch Gott ist bereit, uns aus freiem Willen zu vergeben, vorausgesetzt, „Ihr seid miteinander freundlich, herzlich und vergebet einer dem andern, gleichwie Gott euch vergeben hat in Christus" (Eph. 4, 32).

Unsere Zivilisation schreit laut nach Vergebung. Ehemänner und Ehefrauen benötigen sie ... Eltern und Kinder ... Freunde und Bekannte ... Industrielle und Gewerkschaftsführer, alle Menschen benötigen sie.

Und auch alle Nationen. Jesus würde uns sagen, daß wir Amerikaner den Japanern für Pearl Harbour vergeben müssen wie die Japaner uns für Hiroshima. Die Deutschen haben den Russen viel zu vergeben und die Russen den Deutschen. Haben die Äthiopier den Italienern vergeben? Und wie steht es mit Israelis und Arabern und all der Bitterkeit auf beiden

Seiten? Wenn die Wunden von Millionen geheilt werden sollen, welch anderen Weg gibt es außer dem der Vergebung?

Jesus zumindest läßt uns keine Alternative. Sein Befehl ist streng. Die Bedingungen sind genau festgesetzt. „Wenn ihr aber den Menschen nicht vergebet, so wird euch euer Vater eure Übertretungen auch nicht vergeben" (Matth. 6, 15).

Göttliche und menschliche Vergebung sind eins.

9 Wie man Gottes Führung findet

In einer bekannten Zeitschrift las ich vor einigen Jahren eine Geschichte, deren tieferer Sinn mich seither verfolgt hat. Der Autor beschreibt in ihr einen Tag im Leben eines Menschen. Zuerst sehen wir ihn an einem Maimorgen die von Bäumen überschattete Hauptstraße seiner Heimatstadt hinabgehen. Er kommt an Kindern vorüber, die sich auf dem Schulweg befinden, und an Hausfrauen, die schon mit dem Frühjahrsputz beschäftigt sind.

Am Ende der Straße steht das weiße Holzhaus eines Mädchens, das er gut kennt. Plötzlich hat er das Verlangen, das eiserne Gartentor aufzustoßen und den holprigen, mit Ziegeln gepflasterten Weg hinaufzugehen, um mit ihr zu plaudern.

Einen Augenblick lang zögert er. Die Jalousien im oberen Stock sind hochgezogen, sie muß schon auf sein. Aber nein, er hat wirklich zu tun und geht weiter.

Dann unterbricht der Autor seine Geschichte, um zu zeigen, wie anders das ganze Leben dieses Mannes verlaufen wäre, wenn er seinem Impuls, das eiserne Tor aufzustoßen und einzutreten, gefolgt wäre.

Ja — aber er entschloß sich anders. Und so nimmt die Geschichte mit der Schilderung der Belanglosigkeiten ihren Fortgang, die den restlichen Tag dieses Mannes ausfüllten.

Dies ist zugleich eine Geschichte unseres Lebens. Jedesmal, wenn wir eine Wahl zu treffen haben, stehen wir an einem Scheideweg. Wie viele Beispiele könnte wohl jeder einzelne von uns aufzählen, daß scheinbar unbedeutende Entscheidungen den Lauf eines ganzen Lebens änderten? Die Flugkarte, die ein paar Stunden vor Absturz des Flugzeugs zurückgegeben wurde . . . Das seltsame Zusammentreffen, das zur Begegnung mit dem Mann führte, den man später heiratete . . .

Nun, wenn Entscheidungen — kleine und große — so wichtig sein können, nach welchen Richtlinien sollen wir sie treffen? Ohne Gott wursteln sich die meisten von uns gerade so durch; oft sind wir hinterher klüger als zuvor, und manchmal ergeben sich schlimme bis verheerende Folgen. Bei unseren Entscheidungen lassen wir uns gewöhnlich von einer Vielfalt von Faktoren leiten, die aus gesundem Menschenverstand, zurückliegenden Erfahrungen, augenblicklichen Gefühlen, dem Abwägen des Dafür und Dagegen, dem Rat andrer und einem Schuß von Vorurteil besteht.

Das Christentum hat von Anfang an gelehrt, daß es einen besseren Weg gibt, Entscheidungen zu treffen: die direkte Führung des einzelnen durch Gott. Das klare Versprechen, daß Gott uns leiten kann und will, schenkt uns die Heilige Schrift; sie sagt dies manchmal ganz állgemein, dann wieder stellt sie es nachdrücklich fest.

Die Lehre der Heiligen Schrift ruht auf drei Pfeilern:

Erstens, Gott ist allwissend und kennt infolgedessen nicht nur Vergangenheit und Zukunft, sondern weiß auch, was für seine Kinder am besten ist.

Zweitens, Gott ist ein Gott der Liebe, der sich um jeden einzelnen von uns sorgt und recht führt.

Drittens, Gott kann sich mit den Menschen in Verbindung setzen. Abraham Lincoln formulierte es einmal so: „Ich bin überzeugt, daß der Allmächtige einen Weg findet, mich etwas Bestimmtes wissen zu lassen, wenn er will, daß ich es tun oder lassen soll."

Es gibt viele ausdrückliche Versprechen in der Bibel wie:

> Gedenke an ihn in allen deinen Wegen, so wird er dich recht führen (Spr. 3, 6).
>
> Er ruft seine Schafe mit Namen und führt sie aus . . . Er geht vor ihnen hin, und die Schafe folgen ihm nach; denn sie kennen seine Stimme (Joh. 10, 3; 4).
>
> Wenn aber jemandem unter euch Weisheit mangelt, der bitte Gott, der da gern gibt jedermann und allen mit Güte begegnet, so wird ihm gegeben werden (Jak. 1, 5).
>
> Wenn aber jener, der Geist der Wahrheit, kommen wird, der wird euch in alle Wahrheit leiten . . . Und was zukünftig ist, wird er euch verkündigen (Joh. 16, 13).

Dann zeigt uns die Bibel, wie sich diese Versprechen im Leben vieler Männer und Frauen erfüllten. Nehmen wir zum Beispiel die Begegnung zwischen Paulus und Ananias, wie sie im neunten Kapitel der Apostelgeschichte erzählt wird. Lassen Sie mich die Geschichte in unserer heutigen Sprache erzählen.

Um das Jahr 34 nach Christus sprach Gott eines Morgens in der Stadt Damaskus zu einem Mann namens Ananias: „Steh auf und geh in die Gerade Straße 38. Das Haus gehört einem gewissen Judas. Dort frag nach einem Mann namens Saulus."

„Aber, Herr ... "

„Dieser Saulus hat sein Augenlicht verloren. Du erfährst später, warum. Ich wünsche, daß du ihm die Hand auflegst, er wird dadurch sein Augenlicht zurückgewinnen."

Ein schrecklicher Gedanke durchzuckte Ananias. „Herr, du kannst mich doch nicht zu Saulus von Tarsus schicken! Schlimme Gerüchte werden über diesen Mann verbreitet. Er ist ein Mörder! Er stand dabei, als Stephanus getötet wurde, und rührte keinen Finger, um ihn zu retten. Er ließ sogar Männer und Frauen, die sich als deine Jünger bezeichnen, in Ketten legen. Wahrhaftig, Herr, er ist einer deiner schlimmsten Feinde."

Ananias war sich nicht im klaren, ob er Gott richtig verstanden hatte, und wurde von dem Gedanken geplagt, sein Gehirn habe ihm einen Streich gespielt. Trotzdem ging er in die Gerade Straße und stellte fest, daß die Nummer 38 tatsächlich das Haus des Judas war und daß sich ein Mann namens Saulus dort befand.

In dem Augenblick aber, als er zu Saulus ins Zimmer trat, verließen ihn alle Zweifel und Ängste. Was immer dieser Saulus gewesen sein mochte, jetzt war er ein gebrochener Mann — niedergeschmettert, verwirrt, verloren. Während eine ihm selbst unbegreifliche Woge des Mitleids und Vertrauens ergriff, hörte er sich sagen: „Saulus, mein Bruder, ich wurde vom Herrn gesandt, um dir dein Augenlicht wiederzugeben und dir zu sagen, was du als nächstes tun sollst."

Was wäre wohl geschehen, wenn Ananias an jenem Tag Gott den Gehorsam verweigert hätte? Wäre dann die Weltgeschichte anders verlaufen? Denn aus Saulus sollte Paulus werden, der sprach: „Ich war im Unrecht" — eine der dramatischsten Wandlungen, die ein Mensch je durchmachte. Er sollte Paulus, ein Mann mit überragendem Geist und glühendem Willen, ein Riese von Apostel und überzeugender Verfechter des Christentums für die damalige westliche Welt werden.

Es gibt in der Heiligen Schrift viele solche Beispiele direkter Führung. Anscheinend erwarteten die Christen des ersten Jahrhunderts ihre Marschorder von Gott und betrachteten diese Art des Geführtwerdens eher als Regel denn als Ausnahme.

Aber wie steht es heute damit? Können wir noch die gleichen direkten Weisungen von Gott erwarten?

Es möchte so scheinen, denn das Neue Testament macht sein Versprechen der göttlichen Führung nicht von einer bestimmten Zeit abhängig. Als ich mich zum erstenmal für dieses Thema zu interessieren begann, konnte ich Peter Marshalls oft geäußerte Überzeugung nicht überhören, daß Gott seinen Willen dem heutigen Menschen genauso mitteilen kann und mitteilt wie dem Menschen in biblischer Zeit. Peter selbst war in seinem Leben nicht oft durch die innere Stimme geführt worden. Er hatte seine Weisung häufig durch bestimmte Fügungen erhalten, zu denen eine starke innere Überzeugung von der Richtigkeit einer getroffenen Entscheidung kam. Auf diese Weise war er aus Schottland in die Vereinigten Staaten geführt worden, um dort Seelsorger zu werden, während er selbst eigentlich als Missionar nach China wollte. Als der Weg dorthin für ihn versperrt war, hatte er versucht, in seiner Heimat Schottland als Missionar zu wirken. Vergebens. Doch durch eine Reihe bemerkenswerter Umstände öffnete sich ihm dann der Weg nach den Vereinigten Staaten. Ganz gewiß war dies Gottes Führung zu einem außergewöhnlich fruchtbaren Leben. Auch ich war mehr durch die Umstände als durch die innere Stimme geführt worden. Führung aber war es, die Peter und mich veranlaßte, mehr darüber erfahren zu wollen.

Ungefähr zwei Jahre nach unserer Übersiedlung nach Washington wurde unsere Aufmerksamkeit durch eine Gruppe von Freunden, die der alten Oxford-Gruppen-Bewegung angehörten, erneut darauf gelenkt. Sie glaubten, daß Stille, ein aufnahmebereiter Geist und Notizblock und Bleistift zum Ergebnis haben würden, daß Gott durch eine innere Stimme zum Menschen spricht. Da dies für manche Menschen offensichtlich bedeutungsvoll war, beschloß ich, es auch zu versuchen.

Jeden Morgen, wenn Peter in sein Studierzimmer in der Kirche gegangen war, pflegte ich die Schlafzimmertür zu verschließen, mich still hinzusetzen und den Versuch zu machen, meine durcheinanderwirbelnden

Gedanken zur Ruhe zu bringen. Sie waren gewöhnlich unlenksam: Diese beiden Dankesbriefe müssen noch geschrieben werden ... Vergiß nicht, die chemische Reinigung anzurufen, damit sie die Sachen abholt ... Was soll ich heute kochen?
Im Bemühen, meinen Geist von allen Nebensächlichkeiten zu befreien, pflegte ich solche Gedanken ungeduldig von mir zu schieben. Doch Morgen für Morgen verging ohne machtvolle Inspiration, ohne das Hören einer inneren Stimme. Das Notizbuch auf meinem Schoß enthielt wenig mehr als Listen von Haushaltsarbeiten.
Peter und ich hatten jedoch enge Freunde, die oft solche innere Führung erlebten.

Es ist natürlich so, daß in den Jahrhunderten des Wachstums und der Ausbreitung der Kirche manche Ideen, die den Jüngern des ersten Jahrhunderts besonders viel bedeuteten, fast in Vergessenheit gerieten — kernige, praktische Glaubenswahrheiten wie die Gemeinschaft der Heiligen, Heilung durch den Glauben und Gottes direkte Führung. Wie sooft in der Geschichte des Christentums, ist es meist die Auflehnung kleiner Teile oder Randgruppen, die unfehlbar auf die erstarrten Stellen in der organisierten Kirche hinweist.
So war es im England des Jahres 1647 George Fox, der Sohn eines Webers aus Drayton-in-the-Clay, der den Formalismus und die Erstarrung der Kirchen seiner Zeit klar erkannte. Fox dachte nicht daran, sich von der Kirche zu trennen, er wollte sie vielmehr mit neuem Leben erfüllen. Er und seine Anhänger nannten sich die Gesellschaft der Freunde. Unter anderem glaubten sie fest an die „wahrnehmbare Führung durch den Heiligen Geist", das „inwendige Licht", und meinten damit die deutliche und bewußte Stimme Gottes in Herz und Verstand.
Während meines Suchens in Fragen der göttlichen Führung begann ich mich besonders für die Erfahrungen der Gesellschaft der Freunde (Quäker) zu interessieren, da dies eine ihrer gewichtigsten Lehren ist. Eine denkwürdige Geschichte über eine zu Besuch weilende Quäkerin, die auf einer Wochenendtagung in einem Vorort Philadelphias sprach, stand in einem der Bücher Hannah Whitall Smiths. Die Gastrednerin kannte außer einigen Menschen, mit denen sie ein paar Minuten zuvor bekannt gemacht worden war, niemand im Saal.

Plötzlich unterbrach sie ihren Vortrag und sagte: „Eben ist ein junger Mann in den Raum gekommen, der im Begriff steht, mit einigen Papieren, die er in der Tasche hat, eine große Sünde zu begehen. Wenn er heute nachmittag zu mir kommt (dabei gab sie ihre Adresse an), habe ich eine Botschaft des Herrn für ihn, die ihm einen Ausweg aus seinen Schwierigkeiten zeigt." Dann fuhr die Frau in ihrer Ansprache fort.

Hannah Smith, die im Saal zugegen war, verfolgte den Fall. Ein fremder junger Mann sprach am Nachmittag in dem Haus vor, in dem die Predigerin wohnte. Er hatte gerade einen gefälschten Scheck einlösen wollen, als er einer plötzlichen Regung folgte und sich — wie er meinte unbemerkt — auf einen der hinteren Sitze des Saales niederließ. Sie fragte nicht nach seinem Namen, aber er zerriß den Scheck in Gegenwart der Pilgerin. Später erfuhr man, daß er von dieser Botschaft Gottes so beeindruckt gewesen war, daß er von jener Stunde an entschlossen allen weiteren Betrügereien aus dem Wege ging.

Ein andermal wohnte die gleiche Predigerin bei einem Vetter von Mrs. Smith. Eines Morgens kam sie mit der Mitteilung zum Frühstück, daß ihr Gott während der Nacht den Auftrag gegeben habe, einem mehrere Kilometer entfernt wohnenden Mann eine Botschaft zu überbringen. Sie wußte weder seinen Namen noch den Ort, in dem er wohnte. Doch ihr Glaube war so stark, daß sie den Hausherrn bat, die Pferde anzuspannen und sie hinzufahren. „Gott wird uns den Weg zeigen", versicherte sie.

An jeder Wegkreuzung gab die Predigerin ohne zu zögern die Richtung an, die sie einschlagen sollten. Nachdem sie etwa zehn Kilometer durch eine völlig unbekannte Gegend gefahren waren, deutete sie schließlich auf ein Bauernhaus in der Ferne. „Das ist das Haus; wenn wir dort ankommen, werde ich den Mann im Garten bei der Arbeit finden. Sie wollen bitte am Tor auf mich warten."

Es war, wie sie sagte. Sie richtete ihre Botschaft aus: „Sie haben eine unrechte Handlung vor, die großes Unheil über Sie und Ihre Familie bringen wird. Der Herr möchte Sie davor bewahren, und er hat mich gebeten, Sie aufzusuchen und Ihre Augen zu öffnen."

Zuerst war der Mann zu bestürzt, um zu antworten. Dann gestand er zögernd ein, daß sein seltsamer Gast die Wahrheit sagte. Heute habe der Plan ausgeführt werden sollen, doch nun wage er es nicht mehr. Wenn Gott sich so um ihn sorge, könne er sicher darauf vertrauen, daß er das

Problem lösen werde. Und in der Folge wurde das Problem dieses Mannes tatsächlich auf viel einfachere Weise gelöst, als er es für möglich gehalten hatte.
Ich hätte keinen vernünftigen Grund gehabt, die Glaubwürdigkeit dieser Erzählung anzuzweifeln, weil ich an Hannah Smith die für den Yankee typische Nüchternheit schätze. Sie war in der Tat so scharfsichtig, daß sie in ihrem ganzen Werk vor Selbsttäuschung und Fanatismus warnt, die sich dann einstellen, wenn man nicht gewisse vom gesunden Menschenverstand gelenkte Maßstäbe an die innere Stimme legt.

Erst nachdem ich 1944 ins christliche Leben eingetreten war, wurde die innere Stimme für mich zu einer Realität. Offensichtlich ist die Überantwortung des eigenen Ichs die Voraussetzung dafür, da nicht einmal Gott uns führen kann, ehe wir nicht geführt werden wollen. Es ist, als hätten wir bei der Geburt ein inneres Empfangsgerät erhalten, das aber erst dann auf die richtige Wellenlänge eingestellt ist, wenn wir unser Leben aktiv in Gottes Hände geben.
Dann teilen auch die meisten von uns ihr Leben in einzelne Gruppen ein — Familie, Geschäft, Gesellschaft. Tatsächlich aber sollten alle Handlungen eines wahrhaft schöpferischen Lebens ineinandergreifen. Gott wird zum Beispiel einen Mann nicht in seinem Geschäftsleben führen, wenn er darauf besteht, sein Familienleben nach eigenem Willen zu gestalten. Es geht nicht, sich Gott nur teilweise zu überantworten.
Als nächstes entdeckte ich, daß es anfangs wichtig war, mich auf ein bis zwei Fragen zu konzentrieren, in denen ich Erleuchtung benötigte, und Gott um Führung in diesen Fragen zu bitten. Diese Beschränkung war entschieden wirksamer als der Versuch, meinen Geist frei zu machen — und irgendeine Botschaft über irgendein Thema zu empfangen.
Ich fand auch heraus, daß ich willens sein mußte, alles zu befolgen — was immer es war. Sonst erhielt ich keine Führung, denn dies heißt ganz entschieden nicht, etwas von Gott zu erbitten und zu hoffen, daß er ja dazu sagt.
Eine weitere Entdeckung war, daß die innere Stimme im ersten Augenblick nach dem morgendlichen Erwachen oder während irgendeiner Arbeit im Laufe des Tages mit größerer Wahrscheinlichkeit zu mir sprach, als wenn ich erwartungsvoll mit Notizblock und Bleistift in der Hand dasaß.

Ich erlebte dies eines Tages, als ich an einer Gardine für unsere Küchentür arbeitete. In einer Frauenzeitschrift hatte ich das Bild einer sanduhrförmigen Scheibengardine gesehen, die so hübsch aussah, daß ich beschloß, sie nachzumachen. Es sah leicht aus, aber ich entdeckte bald, daß sich die Vorhangstängchen oben und unten durchbogen, sobald ich die Gardine in der Mitte zusammenraffte.

Ich strengte mich an und mühte mich, ohne zu einer Lösung zu kommen. Irgendein mathematisches Problem schien dahinterzustecken, und Mathematik war nie meine Stärke. Ich wurde immer ärgerlicher über meine eigene Dummheit. Wie töricht, sich durch eine solche Lächerlichkeit in die Enge treiben zu lassen!

Dann holte ich eine Freundin herbei, aber auch sie wußte keinen Rat. Endlich gab ich es voll Überdruß auf, ging ins Schlafzimmer hinauf und ließ mich aufs Bett fallen. Nachdem ich ein paar Minuten dagelegen hatte, sagte die innere Stimme sehr ruhig: „Mach es auf diese Weise!" Es folgten eine Reihe einfacher Ratschläge, zu denen gefältelte Biesen gehörten. Nun klappte alles leicht und schnell.

Etwas Alltägliches? Natürlich ist es das. Man könnte überdies sagen, daß es keineswegs ungewöhnlich ist, daß das Unterbewußtsein eine Lösung anbietet, sobald der Geist entspannt ist. Man erlebt das beständig. Wie also kann ich Gott damit in Verbindung bringen?

Erstens halte ich es für einen Fehler zu denken, Gott interveniere nur bei großen Ereignissen und unter dramatischen Umständen — eine plötzliche Heilung, eine Rettung aus Lebensgefahr. Immerhin ist unser Leben voll gewöhnlicher Ereignisse und alltäglicher Erfahrungen. Sollte Gott daran kein Interesse haben?

Zweitens, wer weiß denn, was das Unterbewußtsein oder das Bewußtsein wirklich sind? Die Psychologen geben zu, es nicht zu wissen. Hören wir zum Beispiel, was der verstorbene C. G. Jung hierzu zu sagen hatte: „Insofern als etwas unbewußt ist, ist es nicht definierbar. Da wir die Grenzen eines uns Unbekannten nicht genug kennen können, folgt daraus, daß wir nicht in der Lage sind, dem Selbst irgendwelche Grenzen zu setzen." Wenn ein Wissenschaftler wie Jung zugibt, daß wir dem Selbst keine Grenzen setzen können, mag es dem Christen erlaubt sein, sich zu fragen, ob es nicht irgendwo in den Tiefen der Persönlichkeit — noch außer Reichweite unseres wissenschaftlichen Suchens und Messens — eine Stelle gibt, wo der Geist, der Gott ist, dem Geist, der Mensch ist, einen Gedanken, eine Richtlinie, eine Lösung eingibt. Sicherlich ist es weder einleuchtend noch wissenschaftlich zu sagen, daß solche Dinge „einfach geschehen". Oder, wenn dem so ist, dann sind mir im Laufe meines Alltagslebens viele Dinge „einfach geschehen".

Eines Sonntags ging unsere ganze Familie (einschließlich eines kleinen Freundes von Peter John) in Washington zum Essen in ein Hotel. Nach dem Essen hielt sich Peter Marshall noch etwas in der Vorhalle des Hotels auf, um sich mit einem Bekannten zu unterhalten. Da sich das Gespräch der Erwachsenen längere Zeit hinzog und die zwei kleinen Jungen unruhig wurden, fragten sie, ob sie hinausgehen und draußen spielen dürften. Das Hotel lag etwas zurück und war von der Straße durch große Rasenanlagen getrennt, also ließ ich die Buben laufen.
Minuten vergingen. Dann meldete sich leise aber deutlich jene noch immer kleine innere Stimme: „Die Jungen brauchen dich. Geh sofort hinaus!"
Ich entschuldigte mich und fand die beiden Jungen Hand in Hand am Straßenrand stehen und im Begriff, gerade die 16th Street zu überqueren — eine der belebtesten und gefährlichsten Hauptverkehrsstraßen Washingtons.
Solche Begebenheiten lassen mich fragen, ob Gott uns nicht öfter, als wir erkennen, vor Unfällen und Lebensgefahr zu bewahren sucht. Aber viele von uns üben sich nicht in der Kunst, in kleinen, alltäglichen Dingen auf die innere Stimme zu hören. Weil unser Empfänger nicht die richtige Wellenlänge hat, kann Gott nicht einmal in Notlagen mit seiner Botschaft zu uns durchdringen.

Manchmal sind diese Notlagen eine Sache auf Leben und Tod. Am Abend des 7. Dezember 1946 verlangte ein Geschäftsmann, Stuart Luhan, am Empfang des Winecoff Hotels in Atlanta, Georgia, ein ruhiges Zimmer im zehnten Stock und erhielt es auch.
Er hatte schon einige Zeit geschlafen, da wurde er durch heftiges Hin- und Herlaufen im Korridor geweckt. Ein merkwürdiger roter Schein spiegelte sich vor seinem Fenster am Himmel. Feuer! Klopfenden Herzens öffnete er die von seinem Schlafzimmer auf den Gang hinausführende Tür und war im Nu von Schwaden erstickenden Rauchs eingehüllt. Er zog sich ins

Zimmer zurück, schloß hastig die Tür und eilte zum Fenster, um sich die Lungen mit frischer Luft zu füllen.

Was er dort sah, war noch erschreckender. Zehn Stockwerke weiter unten versammelte sich zwischen Feuerwehrautos eine wogende Menschenmenge. Über sich hörte er Schreie und Hilferufe.

Furcht legte sich wie eine schwere Last auf seine Brust. Aber schon Jahre zuvor hatte er sich angewöhnt, jeden Morgen zu beten und sich im Hören auf die innere Stimme zu üben. Auf Grund langer Erfahrung wußte er, daß er sich in jeder Notlage — selbst in einem brennenden Gebäude — auf Gott verlassen konnte.

Er zog sich in die Mitte des Zimmers zurück und zwang sich, langsam den einundneunzigsten Psalm zu sprechen. Als er den neunten Vers sprach: „Denn der Herr ist deine Zuversicht; der Höchste ist deine Zuflucht. Es wird dir kein Übel begegnen", zögerte er. Kein Übel begegnen? In dieser Lage? Wie konnte er das für sich beanspruchen?

Dann wurden seine Gedanken plötzlich klar. Gott selbst ist mein Leben, sagte er sich. Deshalb ist das Leben ewig. „Ich begebe mich hiermit unter deinen Schutz und Schirm", betete er, „laß deine Gegenwart meine Burg sein. Ich warte auf die Anweisungen, die du mir gibst, um mich aus dieser Gefahr zu befreien."

„Alle Furcht verließ mich; es war das erste sichere Zeichen, daß Gott in dem vom Feuer eingeschlossenen Zimmer bei mir war", schrieb mir Mr. Luhan später. „Nach den Geräuschen um mich und der zunehmenden Hitze im Zimmer zu urteilen, verschlechterte sich die Lage von Minute zu Minute. Doch in meinem Innern herrschte Ruhe, solche Ruhe, daß ich jene innere Stimme wirklich hören konnte."

Die erste Weisung lautete, daß er seine Kleider anziehen sollte. Der nächste klare Wink war, aus den Leintüchern, allen Decken, ja selbst dem Bettüberwurf ein Seil zu knüpfen. Als er es zusammenknotete, erkannte er, daß es höchstens für ein Drittel der Strecke reichen würde. Aber er folgte den Instruktionen, überzeugt, es würde ihm gesagt werden, was er als nächstes zu tun habe.

Als er das Seil zum Fenster hinausließ, hörte er die Stimme sagen: „Nein — noch nicht. Vertrau mir!"

Jeder Aufschub schien verhängnisvoll. Wieder machte er sich daran, das Seil aus dem Fenster zu werfen. Wieder kam der Befehl: „Noch nicht!"

Es kostete alle Willenskraft, zu gehorchen, weil inzwischen schwarzer Rauch in das Zimmer drang. Endlich sagte die Stimme: „Jetzt ist es Zeit. Werfe das Seil aus dem Fenster, befestige es um den mittleren Teil des Fensterrahmens und klettere hinaus."

Als Mr. Luhan sich über den Fenstersims schwang, begann das Holz bereits heiß zu werden. In seinem Innern erklangen die Worte: „. . . Gott ist mein Leben und meine Rettung. Ich werde mich nicht fürchten. Gott ist mein Leben . . ."

Sieben Meter weit rutschte er hinunter, aber sein Seil reichte nur bis zum achten Stockwerk. Was sollte er tun? Wieder wandte er seine Gedanken zu Gott, seiner Burg. „Gott ist mein Leben und meine Rettung. Gott ist . . ."

Dann sah er einen Feuerwehrmann auf der obersten Sprosse einer Leiter, die bis zum achten Stockwerk reichte. Weiter nicht. Selbst so war sie für ihn unerreichbar, ein Zimmer zu weit nach rechts.

Der Mann wurde auf Mr. Luhan aufmerksam. Er machte ihm ein Zeichen und warf ein Seil, das aus einem höhergelegenen Fenster hing, zu ihm hinüber. Das erstemal kam ihm das Seil sehr nahe; doch wie konnte er das hin- und herschwingende Seil erfassen und sich gleichzeitig an den verknoteten Bettüchern festhalten? Wieder sauste das Seil durch die Luft. Diesmal bekam Mr. Luhan es zu fassen.

Er holte tief Atem, schlang das Seil um seine rechte Hand, ließ die verknoteten Bettücher los und schwang in weitem Bogen über die brennende Wand. Der Feuerwehrmann lehnte sich so weit wie möglich vor, erwischte Mr. Luhan am Jackett und zog ihn zu sich herüber. Einen Moment lang balancierten beide Männer unsicher auf der schmalen Leiter. Dann kletterte Stuart Luhan hinab und war in Sicherheit.

Er schaute hinauf. Sein improvisiertes Seil brannte bereits. Aus dem Fenster des Zimmers, das er gerade verlassen hatte, schlugen die Flammen. Er aber stand unversehrt hier auf dem Boden und hatte, außer ein paar Brandblasen an den Handflächen, keine Verletzungen erlitten. Gottes Zeitplan war vollkommen gewesen.

Am nächsten Tag brachten die Zeitungen des Landes grausige Bilder von dem Unglück und seinen Opfern und bezeichneten den Brand als eine der schlimmsten Katastrophen der letzten Jahre. Einhundertsiebenundzwanzig Menschen verloren ihr Leben; viele andre wurden verletzt.

Von der Richtigkeit der hier wiedergegebenen Einzelheiten habe ich mich durch persönliche Korrespondenz mit Mr. Luhan überzeugt.

Warum wurde ein Mensch durch einen solch minuziösen Zeitplan gerettet, während so viele andere starben? Liebte Gott sie weniger? Keineswegs. Ein liebender Gott ist nicht parteiisch, „er sieht die Person nicht an". Ist es nicht möglich, daß Gott zu denen, die ihr Leben verloren, nicht durchdringen, ihnen seine Stimme nicht zu Gehör bringen und seine Hilfe nicht spürbar machen konnte? Mr. Luhan andrerseits war einer jener seltenen Menschen, die um die innere Stimme wissen, und der sich darin geübt hatte, sein Empfangsgerät zu benutzen — ehe die Krise eintrat.

Die Führung, die Stuart Luhan empfing, sowie die meisten anderen Beispiele, die ich erwähnt habe, wurden dem einzelnen, der sie erlebte, auf übersinnlicher Ebene zuteil. Oder, theologisch ausgedrückt, diese Menschen sind, was das Neue Testament „Gottes Kinder" nennt, „welche der Geist Gottes treibt" (Röm. 8, 14).

Dem Neuen Testament ist jedoch auch eine warnende, eine sich logischerweise ergebende Lehre zu entnehmen. Ich habe sie bereits kurz gestreift; die Führung oder Eingebung, die uns über das Unterbewußtsein erreicht, sollte bestimmten Prüfungen unterworfen werden.

Den Grund für diese Prüfung können viele schwer begreifen. Die Heilige Schrift sagt uns, daß wir im Unbewußten nicht nur für Einflüsse des Heiligen Geistes offen sind, sondern auch für solche verderbter und böser Geister. Selbst diejenigen, die der Bibel keinen Glauben schenken, vermögen diesen Punkt ohne weiteres anzunehmen. Jedermann hat es erlebt, daß Gedanken und Anstöße aus seinem Unterbewußtsein aufsteigen, die eine egoistische Unterwerfung unter die Vernunft darstellen oder auf so falschen Motiven beruhen, daß sie böse sind. Das Endergebnis ist dasselbe, welcher Quelle auch immer wir das Böse verdanken.

Welchen Prüfsteinen sollten wir unsere Eingebungen unterziehen? Es gibt mindestens vier: die Heilige Schrift, der Rat von Freunden, die selbst Gottes Führung suchen, schicksalhafte Ereignisse, sowie unsere eigene Urteilsfähigkeit und das, was wir geheiligter Wirklichkeitssinn nennen könnten.

Die inneren Eindrücke an Hand der Heiligen Schrift zu prüfen, ist wichtig. Unsere Generation entdeckt die Bibel wieder. Neue Bibelübersetzungen, die vielfach Nutzen aus jüngst entdeckten Handschriften zogen, haben die Heilige Schrift lesbarer und verständlicher gemacht. Jeder, der es ernst meint mit Gottes Führung, wird sich wieder und wieder der Bibel als Lehrbuch zuwenden müssen. Es gibt mehrere Gründe, warum dies wichtig ist. Wir können nicht wirklich wissen, wie Gott ist, ehe wir nicht wissen, wie Gott in Menschengestalt handelte, wie Jesus sich gegenüber jeder Seite menschlicher Erfahrung verhielt und verhält — Sünde — Krankheit, Unglück und so fort. Aus diesem Grund müssen wir die Bibel aufmerksam und mit Fleiß studieren um ihrer nie versiegenden Weisheit und ihrer Lehre über das Wesen Gottes und des Menschen willen.

Und dann hält die Bibel eine viel klarere Führung für uns bereit, als die meisten von uns anzunehmen gewillt sind. Sie gibt uns klare Richtlinien über Geld, Prozesse, Rassenvorurteile und Snobismus, Ehe und Familie, Kindererziehung und Behandlung von Untergebenen, Ratschläge über die Ahndung von Ungerechtigkeiten, über Zweifel und Bedenken und vieles andre.

Besonders wichtig ist, daß sich Gottes Stimme niemals widerspricht. Gott wird uns durch die innere Stimme nie eine Anweisung geben, die gegen ein Gebot der Heiligen Schrift handelt.

Hannah Smith führt dafür einmal ein heiteres Beispiel an. Eine Quäkerin und unbescholtene Frau stahl etwas Geld, weil sie die Bibel aufs Geratewohl aufgeschlagen und ihren Finger auf 1. Korinther 3, 21 gelegt hatte: „. . . denn es ist alles euer." Die Frau hätte offensichtlich besser daran getan, die stete Aufforderung der Heiligen Schrift zu völliger Ehrlichkeit und ihr unmißverständliches „Du sollst nicht stehlen" zu hören.

Die Bibel befaßt sich ja in der Hauptsache mit Prinzipien — nicht mit zusammenhanglosen Gedanken oder oberflächlichen Verhaltensmaßregeln. Diese Prinzipien ermöglichen eine wirksame Kontrolle: Gott ist die Liebe, also wird er uns nichts Liebloses eingeben; Gott ist um andre Menschen so sehr besorgt wie um uns, deshalb wird er uns nicht gebieten, etwas Egoistisches oder für andere Schädliches zu tun. Gottes unparteiische Führung wirkt zum Nutzen aller Menschen; Gott ist gerecht, also wird er uns nicht zu einer unehrlichen oder unredlichen Tat anleiten.

Das Nächstwichtigste ist die Kontrolle durch eine enge Glaubensgemeinschaft. Das Christentum war nie als Erfahrung einzelner gedacht. Die ersten Christen erhielten unter anderem deshalb so viel Führung, weil sie die *koinonia* hatten, die zusammenarbeitende Gemeinschaft, die sie „zu einem Herzen und einer Seele" machte. In dieser Umgebung gediehen Erleuchtung, Inspiration und Führung.

Jeder einzelne von uns benötigt *koinonia*, soviel er nur finden kann. Wir müssen uns reife christliche Freunde suchen, mit denen wir Fragen, Probleme und Entdeckerfreuden teilen können. Oft kommen uns in der Gemeinschaft Ideen, die uns allein unbekannt geblieben wären. Manchmal spricht Gott direkt durch diese Freunde zu uns. Zumindest aber wird uns ihre Liebe, ihr klarer Blick für die Dinge und ihr gesunder Verstand vor unbesonnenen Kursänderungen bewahren helfen.

Dann gibt es die Prüfung durch schicksalhafte Ereignisse. Wir haben außerordentliches Glück, daß wir diesen Prüfstein kennen. Wenn wir Gott gebeten haben, uns zu führen, müssen wir seine Führung auch gläubig annehmen. Wenn Gott uns also eine Tür zumacht (wie damals, als Peter Marshall nach China wollte und von der Londoner Missionsgesellschaft abgewiesen wurde), tun wir gut daran, diese Tür nicht gewaltsam einzuschlagen. Wenn Gott uns führt, so bedeutet das nicht, daß wir rücksichtslos über andrer Leute Ansichten, Leben und Angelegenheiten hinweggehen können. Die Verheißung lautet, daß der Hirte seinen Schafen vorausgehen wird; es ist seine Sache, uns den Weg zu ebnen. Hier ist viel Einfühlungskraft notwendig.

Viertens sind unser eigenes Urteil und unser gesunder Menschenverstand eine wirksame Kontrolle. Es ist wahr, daß Gott bisweilen etwas von uns verlangt, was wir im Augenblick für unsinnig halten — wie im Fall des Ananias. Andrerseits sollte er nichts tun, was irgendein Recht verletzte oder außer der persönlichen Bequemlichkeit irgend jemand beeinträchtigte. Gott verlangt von uns nicht, daß wir unseren Verstand abschalten oder den gesunden Menschenverstand überhören sollen.

In bezug auf die innere Urteilsfähigkeit sagen die Quäker mit Vorliebe: „Achte auf Hemmungen!" Sie meinen, wenn wir starke Zweifel über eine bestimmte Sache hegen, dann sollen wir warten. Oder um es anders auszudrücken, wir sollen stets im Glauben, nie aus Furcht weitergehen.

Stammt eine Eingebung von Gott, wird sie sich im Laufe der Zeit verstärken. Ist sie nicht von ihm, wird sie innerhalb kurzer Zeit verblassen oder ganz verschwinden.

Neben diesen vier Prüfsteinen gibt es andre Bestätigungen der Führung, die sich im Laufe der Jahrhunderte angesammelt haben. Hier ein paar altbewährte Hinweise, die ich nützlich fand:

Tue jeweils einen Schritt, dann kommt der nächste in Sicht. Gott gibt uns keinen genauen Plan über die Zukunft in die Hand; er besteht noch immer darauf, daß wir gläubig Schritt für Schritt vorwärtsgehen.

Während wir uns im Gehorsam üben, wird die Stimme klarer, die Anweisungen werden deutlicher. Vielleicht sollte es uns nicht überraschen, daß wir die Führung, wie alles andre, durch Übung lernen.

Darum ist es klug, Gott Gelegenheit zu geben, jeden Tag zu uns zu sprechen; vielleicht als erstes am Morgen, wenn der Geist am frischesten ist. Ein paar Minuten der Stille helfen uns, den Geist auf jene Gebiete zu richten, bei denen wir Gottes Hilfe am nötigsten haben. Aber wir müssen uns daran erinnern, daß nicht einmal Gott mit seinem Wort zu uns dringen kann, wenn unsere Gebete sich auf ichbezogene Monologe beschränken.

Wir können auch in kleinen Dingen des Lebens auf Gottes Hilfe nicht verzichten. Immerhin machen kleine Dinge die Gesamtheit des Lebens aus. Wenn wir Gott nicht in unser Alltagsleben hereinlassen, ist es ihm vielleicht nicht möglich, in Krisenzeiten einzugreifen.

Ist man schließlich eines jener Geschöpfe, das nicht glaubt, daß Gott sich auch um Kleinigkeiten kümmert, dann sollte man es gerade mit seiner Führung versuchen. Ein paar persönliche Begegnungen mit der göttlichen Weisheit (eine Weisheit, die leicht als über der unseren stehend zu erkennen ist), ein paar Beweise seiner Fürsorge, und alle Zweifel werden dahinschmelzen.

Aber man kann es niemals erfahren, ehe man es nicht selbst versucht.

10 Die Macht der Hilflosigkeit

Als ich noch in der Landeshauptstadt lebte, fiel mir auf, wie oft die Washingtoner Zeitungen über Selbstmörder berichteten, die von der über den Rock Creek Park führenden Brücke hinabsprangen. Dies geschah in der Tat so häufig, daß sie der Volksmund die „Selbstmörderbrücke" nannte. Es war leicht, die menschliche Tragödie hinter diesen kurzen Meldungen zu erahnen — die junge Frau eines Luftwaffenmajors, die an unheilbarem Krebs litt; der ältere Mann, dessen Frau gerade gestorben war. Diese Menschen befanden sich in einer Lebenslage, der sie hilflos gegenüberstanden. Sie sahen keinen anderen Ausweg aus ihrem Elend als den Sturz von der Brücke.

Hilflosigkeit ist für die meisten von uns eine erschreckende Erfahrung. Wir lehnen uns dagegen auf, leugnen sie, und wenn wir ihr schließlich nicht mehr ausweichen können, stellen manche von uns fest, daß sie sie unmöglich ertragen können.

Ich dachte jedoch oft, wenn ich nur mit solchen Menschen über ihre Verzweiflungstat sprechen könnte, dann würde ich ein ganz bestimmtes Argument benutzen, um sie von ihrer verrückten Jagd nach dem Tod abzubringen: Daß nämlich Hilflosigkeit einer der größten Aktivposten eines Menschen ist. Gemeinplätze wie „Hilf dir selbst, so hilft dir Gott" sind nur zur Hälfte wahr. Wenn es keinen Gott gäbe und wir keine Hilfe von ihm erwarten könnten, würden wir natürlich gut daran tun, möglichst viel Selbstvertrauen und Selbstsicherheit zu entwickeln. Wenn wir dann nicht mehr genügend hiervon aufbrächten, würden wir schließlich wie jene Menschen reagieren, deren letzter Gang zur Brücke über den Rock Creek Park führte.

Da Gott jedoch existiert, ist solche Selbstüberschätzung ein Fehler und wirkt sich in manchen Fällen tragisch, in allen aber irreführend aus. Ich selbst erlebte die großartigste Gebetserhörung nach einer Zeit, in der ich mir selbst überhaupt nicht helfen konnte.

Der Psalmist sagt: „Ich fürchte mich nicht vor vielen Tausenden, die sich ringsum wider mich legen . . . Denn du schlägst alle meine Feinde (Ps. 3, 7; 8). Nach und nach lernte ich erkennen, daß dieses Umzingeltsein einer der liebevollsten und wirksamsten Pläne Gottes ist, durch den er uns lehrt, daß er unseren Problemen wunderbar gewachsen ist.

Dies wurde mir klar, als Peter Marshall starb. An jenem frostigen Januarmorgen im Jahre 1949 — als ich zum letztenmal ins Gesicht meines Mannes blickte und mich dann umwandte, um das kahle, kleine Krankenzimmer zu verlassen — schien es mir unmöglich zu glauben, Gott könne aus solch tragischem Verlust Gutes wirken. Denn sowohl mir als vielen andern Menschen in Washington und im ganzen Land kam es wie ein nutzloses Opfer vor, daß diese prophetische Stimme im Alter von nur 46 Jahren für immer zum Schweigen bestimmt war.

Hier war das Äußerste an Hilflosigkeit — der Tod. Zuweilen stehen wir machtlos vor unabänderlichen Tatsachen. Dann können wir nur tief unten stillstehen und auf Gottes größtes Versprechen hoffen, daß er sogar dies so wenden wird, daß „denen, die Gott lieben, alle Dinge zum Besten dienen“ (Röm. 8, 28). Dies tat ich, und der große Verwandler machte sich an die Arbeit.

Ich, die ich ein Neuling auf dem Gebiet des Schreibens und Herausgebens war, faßte einige Predigten Peters zu einem Buch zusammen. Diese Arbeit gab mir unendlich viel Befriedigung und linderte meinen Schmerz. Dann dachte ich daran, selbst ein Buch zu schreiben. Schritt für Schritt schien mein Kindheitstraum, Schriftstellerin zu werden, in Erfüllung zu gehen. Doch vorher machte Gott mir noch einmal deutlich — damit ich es nie mehr vergessen sollte —, welch schöpferische Kraft uns aus völliger Hilflosigkeit erwachsen kann.

Mein Buch *Ein Mann namens Peter* war etwa zur Hälfte fertig. Ich hatte zwar schon immer einen Hang zum Schreiben, doch weder eine besondere Ausbildung erhalten noch eine Ahnung vom Aufbau eines Buches. Ich stand außerdem auf schwankendem finanziellen Boden, weil ich eine Lehrerinnenstelle abgelehnt hatte, um mich ganz dem Buch zu widmen. Die Ereignisse trieben dem Höhepunkt zu, als mir von einem Bekannten, auf dessen Urteil ich viel gab, eine niederschmetternde Kritik zuteil wurde.

„Dem Manuskript fehlt Wärme, Gefühlstiefe. Tatsachen stehen hier", mein Kritiker schlug auf den Stapel von Blättern, die er auf dem Schoß hielt, „aber Ihr Herz ist nicht darin. Sie haben noch nicht einmal versucht, sich in den Mann Peter Marshall einzufühlen."

Nach meiner Rückkehr in die Wohnung, in der ich mit Peter John in Washington lebte, zerstörte mir die Heftigkeit dieses Urteils das letzte bißchen Selbstvertrauen. Doch ich wußte, daß mein Bekannter die unverblümte Wahrheit gesagt hatte. Ich erinnere mich, wie ich am Schlafzimmerfenster stand und durch einen Schleier von Tränen auf eine im Hof spielende Kinderschar hinabblickte.

Damals erkannte ich nicht, daß ich an dem kritischen Punkt angelangt war, der über das Buch und meine Zukunft entscheiden sollte. Jede meiner Regungen trieb mich in die Falle der Selbstbemitleidung.

Und warum nicht? Es ist leicht, das Mitleid mit sich selbst rational zu erklären. Wieviel kann ein Mensch ertragen? Mein Mann war auf der Höhe seiner Laufbahn dahingegangen und hatte mich mit meinem kleinen Jungen allein zurückgelassen. Wir waren nicht reich. Und wie kam ich überhaupt auf die Idee, ein Buch schreiben zu wollen?

Einige Zeilen aus einem Gedicht von Edna St. Vincent Millay, das ich auf dem College besonders gern gehabt hatte, fielen mir ein:

Wund ist mein Geist vom Wandern
nach jenem entschwindenden Westen,
wo Mitleid Herrscher sein wird ...

Ja, mein Geist war wund vom Wandern. Sollte ich aufgeben? Dem Mitleid die Herrschaft überlassen? Doch ich durfte gegen mich selbst keine Nachgiebigkeit aufkommen lassen; sie konnte zu einer Ichbezogenheit werden, die Gott ausschließt, seine Kraft blockiert, den schöpferischen Nerv durchschneidet.

Ich stand am Scheideweg. Ob ich das Manuskript eine Weile zur Seite legte? Das würde meinen Gedanken Zeit geben, sich zu sammeln. In der Zwischenzeit könnte ich eine Beschäftigung annehmen, die mir ein regelmäßiges Einkommen sicherte.

Rückblickend frage ich mich oft, ob ich je wieder zum Schreiben gekommen wäre, wenn ich jenem Verlangen nachgegeben hätte.

„Du, Herr, bist es, der verbessern muß, was falsch ist!" Für mich war vieles falsch. Seltsam, daß ich jetzt an diese Worte eines französischen

Mönchs aus dem 17. Jahrhundert denken mußte, die ich seit meiner Schulzeit nicht mehr gehört hatte. Und doch nicht so seltsam, weil sie es waren, die mich zum erstenmal auf die Macht der Hilflosigkeit hingewiesen hatten und mich nun befähigten, meine Arbeit ganz in Gottes Hand zu legen. Ich war ihr nicht gewachsen, aber Gott war es. Er kannte das Geheimnis des erfolgreichen, schöpferischen Bemühens. Ich kannte es nicht. Ohne zu merken, was ich tat, betete ich das Gebet der Hilflosigkeit. Ich bat Gott, er möge den Fortgang des Buches *Ein Mann namens Peter* lenken und es zu seinem Werkzeug machen.

Und Gott handelte. Ich kann es immer noch nicht fassen, wenn ich von Zeit zu Zeit von Menschen höre, deren Leben durch dieses Buch verändert wurde; von Männern, auf die Peter Marshalls Lebensgeschichte solchen Einfluß ausübte, daß sie den Beruf des Seelsorgers ergriffen; und daß Peters Stimme jetzt zu einer weltweiten Zuhörerschaft spricht.

Aus dieser Erfahrung lernte ich, daß, wenn unsere Hilflosigkeit verbunden mit Gottes Kraft zum Erfolg führt, dieser Erfolg berechtigt ist wie keine noch so große eigene Leistung. Überdies trägt er nie den Samen zunehmender Überheblichkeit in sich, den er sonst manchmal mit sich bringt. Weil wir wissen, daß uns die Ideen und die Fähigkeit, sie auszuführen, jenseits unseres Ichs zuflossen, können wir unserem Erfolg gegenüber sachlich bleiben; außerdem wissen wir, daß er uns immer dann im Stich lassen wird, wenn die Verbindung zur Quelle unserer Schaffenskraft aus irgendeinem Grund unterbrochen wird.

Seit damals hat mir Gott nie die Erfüllung eines aufrichtigen Herzenswunsches gewährt, ohne mir zuerst sehr deutlich meine Unzulänglichkeit und Hilfsbedürftigkeit zu zeigen.

Es sollte uns nicht überraschen, daß schöpferische Kraft eher den Tief- als den Höhepunkten des Lebens entspringt. Denn schöpferische Kraft ist die Fähigkeit, altes Material in neue Formen zu gießen. Und nur wenn alte Formen und alte Gewohnheiten durch Not oder Leid gewaltsam zerstört werden und uns zum Umgruppieren, Umdenken, Neubeginnen zwingen, setzt der schöpferische Vorgang ein.

Fritz Künkel, der bis zu seinem Tod das Institut für Pastoralpsychologie in Los Angeles leitete, drückte dies in einem seiner Bücher *(How Character Develops)* so aus: „Der Weg zu wirklicher Produktivität führt durch Gefahr und Leiden. Wir sehen also, daß jedem schöpferischen Akt eine Zeit der Not, des Leids oder gar der Verzweiflung vorangehen muß . . . Auch sollte niemand sagen: Ich bin klug genug, alle Schwierigkeiten und Krisen selbst zu überwinden. Ich werde mich schon durch alle Wechselfälle des Lebens bringen. Solche Behauptungen spiegeln ein egozentrisches Denken wider . . . Wer sich auf sein eigenes kleines Ichbewußtsein verläßt, muß versagen, denn Quelle der Schaffenskraft ist nicht der einzelne, sondern das Wir oder, um es anders auszudrücken, nicht das Individuum, sondern Gott, der sich im Wir manifestiert, von dem das Ich ein Teil ist."

Eine Krise stellt uns unserer Unzulänglichkeit gegenüber, und unsere Unzulänglichkeit wiederum führt uns zu der unerschöpflichen Fülle Gottes. Dies ist die Macht der Hilflosigkeit, ein dem menschlichen Leben eingeprägter Grundsatz.

Irgendein Realist wird an dieser Stelle sicherlich sagen: „Ich kann diese Hilflosigkeitstheorie nicht akzeptieren. Sie widerspricht allem, was ich über die Kraft des Individualismus weiß. Wo würde unsere Nation heute stehen, hätte es nicht den Pioniergeist unserer Vorväter gegeben, die es auch angesichts größter Schwierigkeiten ablehnten, sich geschlagen zu geben? Die Welt wurde von Männern erobert, die Schwäche und Hilflosigkeit verachteten."

Genau hier begreift der Realist das Wesentliche dieses Grundsatzes nicht. Denn die Realisierung der Hilflosigkeit schließt in keiner Weise einen mutigen, unabhängigen Pioniergeist aus. Waghalsig zu sein bedeutet doch nicht, daß man nicht zugeben kann, wie sehr man Gott braucht. Um es genau zu sagen, wenn man unter einem kraftvollen Individualisten einen Menschen versteht, der sagt: „Ich kann alles aus eigener Kraft", dann verletzt er diesen Grundsatz. Aber wie ich die amerikanische Geschichte verstehe, wurde unsere Nation nicht von Männern geschaffen, die ihre Abhängigkeit vom Schöpfer leugneten.

Wie oft haben wir nicht schon in Predigten und Reden von dem Glauben der Männer, die die Unabhängigkeitserklärung verfaßten und die Union gründeten, gehört! Aber was wissen die meisten von uns wirklich über diesen Glauben? Jeder, der auf Deck der *Mayflower II* (der Nachbildung des Schiffes, das die Pilgerväter benutzten) gestanden hat, beginnt zu ahnen, wie fürchterlich die Reise nach Amerika im siebzehnten Jahrhundert war. Wer auf einem solchen Schiff mitfuhr, mußte diese Reise brennend wünschen. Mächtigere Motive als eigener Gewinn spielten dabei eine Rolle.

Im Jahr 1787 tagte die Constitutional Convention (Verfassungsgebende Versammlung) in Philadelphia. Die Sitzungen waren lang und ermüdend. Der Mai und der halbe Juni waren schon vergangen. Es gab merkliche Unterschiede und lange Debatten. An einem kritischen Punkt erhob sich Benjamin Franklin, der älteste Delegierte der Versammlung, und hielt eine gewagte und leidenschaftliche Rede:

> Herr Präsident, der geringe Fortschritt, den wir nach vier oder fünf Wochen gewissenhafter Anwesenheit erzielt haben, so scheint mir, ein trauriger Beweis für die Unvollkommenheit des menschlichen Verstandes. Wir scheinen in der Tat unser Bedürfnis nach politischer Weisheit allerdings zu fühlen, seit wir auf der Suche danach herumgelaufen sind.
>
> In dieser Situation — wie konnte es geschehen, Sir, daß wir bis jetzt nicht ein einziges Mal daran gedacht haben, uns demütig an den Vater des Lichts zu wenden, damit er unseren Verstand erleuchtet? Zu Beginn der Auseinandersetzung mit Großbritannien — als wir uns der großen Gefahr bewußt waren — beteten wir täglich in diesem Raum. Unsere Gebete, Sir, wurden gnädig erhört. Aber haben wir diesen mächtigen Freund nun vergessen? Oder bilden wir uns ein, wir benötigten seine Hilfe nicht mehr?

Daraufhin betete die Versammlung täglich zu Gott — und sie erzielte Resultate, die allen Stürmen der Zeit standhielten.

George Washington hatte die Angewohnheit, jeden Tag still für sich im Gebet zu beginnen und zu beenden. Wie wichtig das für ihn war, zeigte sich immer wieder an Bemerkungen, die er in seine öffentlichen Reden einflocht: „Kein Volk kann dem Wissen mehr verbunden sein und die unsichtbare Hand, die die Geschäfte der Menschen lenkt, mehr bewundern als unseres. Jeder Schritt, den es in Richtung auf eine unabhängige Nation machte, scheint durch ein Zeichen göttlicher Vorsehung gekennzeichnet."

Abraham Lincoln gilt als das klassische Beispiel des kraftvollen Individualisten, des Grenzers, des Holzarbeiters, der dank großartiger Leistungen an Energie und Fleiß den Weg von der Blockhütte zum Weißen Haus ging.

Doch es ist derselbe Mann, der nachts durch die Korridore des Weißen Hauses wanderte und Gott um Führung für eine Nation bat, die sich in tödlichem Ringen befand; derselbe Mann, der nachgewiesenermaßen gesagt hat: „Ich wäre der ausgemachteste Hohlkopf und eingebildetste Dummkopf, wenn ich meinte, ohne die Weisheit auszukommen, die von Gott und nicht vom Menschen ist."

So haben die Amerikaner durch harte Erfahrungen die Wahrheit jenes gewaltigen Bibelwortes kennengelernt: „Denn ohne mich könnt ihr nichts tun" (Joh. 15, 5).

Nichts? Das klingt ein bißchen zu verallgemeinernd. Vielleicht meinte Jesus einfach, daß wir mit seiner Hilfe Besseres leisten werden als ohne sie. Aber wenn wir nachlesen, in welchem Zusammenhang Jesus diese Bemerkung machte, entdecken wir, daß er genau das meinte, was er sagte. „Ich bin der Weinstock, ihr seid die Reben." Es geht nicht darum, daß es den Rebzweigen besser geht, wenn sie am Rebstock bleiben, sondern daß sie andernfalls verdorren und absterben.

Dr. Arthur Gossip, der bekannte schottische Theologe, der das Johannes-Evangelium in der INTERPRETER'S BIBLE auslegte, nennt die Worte „Denn ohne mich könnt ihr nichts tun" die *hoffnungsvollsten Worte der Heiligen Schrift*. „Denn auf der ehrlichen Erkenntnis unserer völligen Schwachheit ohne ihn schließt Christus seinen Bund mit uns und gibt uns seine ungeheuer großen Versprechen."

Wie unabhängig sind wir denn in der vielschichtigen Welt von heute? Wir hatten keinen Einfluß auf unser Geborenwerden und keine Kontrolle darüber, ob wir männlich oder weiblich, japanisch, russisch, deutsch oder amerikanisch, weiß, gelb oder schwarz wurden. Wir konnten weder unsere Vorfahren noch die körperliche und geistige Veranlagung überprüfen, die uns in die Wiege gelegt wurden.

Selbst nach der Geburt kontrolliert ein selbständig arbeitendes Nervensystem die lebenswichtigen Vorgänge. Eine Kraft, die niemand versteht, sorgt dafür, daß unser Herz schlägt, unsere Lungen Luft einatmen, unser Blut zirkuliert, unsere Körpertemperatur gleichbleibt.

Ein Chirurg kann menschliches Gewebe zerschneiden, aber er kann das verletzte Gewebe nicht veranlassen, zusammenzuwachsen. Wir altern unbarmherzig und automatisch. Am Ende muß jeder Mensch sterben, trotz all der sogenannten Wunder der modernen Medizin.

Unabhängig? Doch wohl kaum!

Der Planet, auf dem wir leben, rotiert um eine Achse, die um einen Winkel von 23½ Grad geneigt ist. Dieser Winkel ist notwendig, um die klimatischen Bedingungen herzustellen, die das Leben ermöglichen. Befände sich die Erde nicht in Schräglage, würden an den Polen Kontinente von Eis liegen und dazwischen wahrscheinlich Wüsten. Außerdem hat die Erde genau die richtige Entfernung (ungefähr 150 Millionen Kilometer) von der Sonne. Näher an der Sonne würden wir von ihrer Strahlung verzehrt werden; weiter weg würden wir erfrieren. Würden sich dieser Winkel und diese Entfernung irgendwie ändern, müßten wir alle auf der Stelle sterben.

Das natürliche Gleichgewicht von Sauerstoff und Stickstoff in der Luft, die wir atmen, ist für Mensch und Tier gleich richtig. Das Gesetz der Schwerkraft, die die Welt zusammenhält, wirkt unabhängig von uns. Und kann sich der Mensch — der kleine Mensch, der auf der Erde herumstolziert — etwa selbst versorgen? Keineswegs ...

Die Heilige Schrift sagt, daß wir sogar in bezug auf unser eigenes geistiges Leben hilflos sind. Wir wollen spüren, daß Gott Wirklichkeit ist. Wir vermeinen, nach ihm greifen zu können. Welch eine Selbsttäuschung! „Niemand", sagt Jesus, „kann zu mir kommen, es sei denn, daß ihn ziehe der Vater, der mich gesandt hat" (Joh. 6, 44). „Ihr habt mich nicht erwählt, sondern ich habe euch erwählt" (Joh. 15, 16).

Wir wollen Erlösung von unseren Sünden und sehnen uns nach ewigem Leben. Wir glauben, daß wir uns diese Dinge verdienen können; auch Saulus von Tarsus dachte so. Dann entdecken wir wie Paulus, daß wir überhaupt nicht genügend Verdienste und gute Zeugnisse erwerben können, um vor Gott auf irgend etwas Anspruch zu haben. Nein, Erlösung „ist Gottes Geschenk, nicht auf Grund von Werken, damit niemand sich rühme" (Eph. 2, 8; 9 Menge).

Wir können in der Tat nicht eine einzige geistige Eigenschaft — Glaube, Seelenfrieden, Freude, Geduld oder die Fähigkeit, die Unglücklichen und Abstoßenden zu lieben — durch eigene Anstrengung erwerben. Wer es auch versucht hat, weiß, daß er's nicht kann.

Überdies unterlag auch Christus der gleichen Abhängigkeit solange er Mensch war. „Ich kann nichts von mir selber tun" (Joh. 5, 30), sagte er zu seinen Widersachern.

Vor mehreren Jahren stieß ich in den Schriften Dr. A. B. Simpsons, eines bekannten New Yorker Geistlichen, auf ein dramatisches Beispiel dieser menschlichen Hilflosigkeit. Als Dr. Simpson etwa Mitte Zwanzig war, entwickelte sich bei ihm ein ernstes Herzleiden. Seine Predigten und seine seelsorgerliche Arbeit beanspruchten seine ganzen Kräfte. Gewöhnlich wurde es Mittwoch, bis er sich von den Anstrengungen seiner sonntäglichen Predigt erholt hatte. Eine Treppe oder auch nur eine leichte Anhöhe hinaufzusteigen, verursachten Erstickungsanfälle.

Dr. Simpson war erst siebenunddreißig, als ihm sein Arzt sagte, daß er wohl nicht mehr lange leben werde. Auf Rat des Arztes begab er sich zu einem langen Erholungsaufenthalt in den Kurort Old Orchard Beach im Staate Maine. Dort geriet er zufällig in eine ungewöhnliche Versammlung, die der Bostoner Arzt Dr. Charles Cullis leitete. Dr. Cullis behandelte tuberkulöse Patienten allein durch Gebet und naturheilkundliche Maßnahmen — und hatte viele Erfolge.

Mehrere Bemerkungen, die bei dem Treffen über Heilungen durch das Gebet gemacht wurden, veranlaßten Dr. Simpson nachzulesen, was Jesus zu dem Thema zu sagen hatte. Er war bald überzeugt, daß Jesus die Heilung des Körpers stets im Zusammenhang mit der Heilung des Geistes und der Seele gesehen hatte.

In der Stille seines Zimmers ließ Dr. Simpson sein Leben an sich vorüberziehen. Er rang stets verzweifelt selbst um die geringsten Dinge — genügend Gesundheit für die Weiterarbeit, genügend Einfallsreichtum für Predigten und Reden, genügend Liebe gegenüber den Mitmenschen. Sein Glaubensbekenntnis schien beinahe zu lauten: „Aus mir selbst muß ich alles tun." Aber irgendwie erreichte er nie sein Ziel. Versuchte Gott nun, ihn durch eine neue Idee zu erreichen? Hatte er Gott je wirklich Gelegenheit gegeben, sein Leben zu lenken?

Anderntags machte Dr. Simpson seinen gewohnten Spaziergang. Da er schnell außer Atem kam, mußte er sehr langsam gehen. Der Pfad führte in einen Kiefernwald, und er setzte sich auf einen umgestürzten Stamm, um auszuruhen. Rund um ihn breitete sich der Moosteppich aus, den man in den Wäldern von Maine sooft sieht. Sonnenlicht drang durch die hohen Kiefern und zeichnete streifenförmige Muster auf den smaragdgrünen Waldboden. Simpson zog seine Uhr heraus und sah, daß es drei Uhr war.

„Alles in meinem Leben schien dunkel und erstorben", schrieb Simpson später. „Die Ärzte hatten klar gesagt, daß sie mir nicht helfen konnten. Mein Geistes- und Seelenleben befand sich ebenfalls auf dem Nullpunkt. Also bat ich Gott dort im Wald, zur lebensspendenden Kraft für mich zu werden und mich auch mit der notwendigen physischen Kraft zu versorgen, bis mein Lebenswerk getan war. Und ich versprach ihm, seine geistige und physische Kraft in mir zum Wohle anderer zu gebrauchen. Gott war wirklich anwesend, denn jede Faser meines Körpers bebte vor seiner Gegenwart. Er war auf dem Höhepunkt meiner Hilflosigkeit zu mir gekommen."

Einige Tage später unternahm Simpson eine lange Wanderung und kletterte auf einen über 900 m hohen Berg. „Als ich den Gipfel erreichte", so berichtete er freudig, „lagen Schwäche und Furcht zu meinen Füßen. Seit jener Zeit hatte ich buchstäblich ein neues Herz in meiner Brust."

Auch eine neue Quelle der Schaffenskraft hatte sich ihm aufgetan. Die ersten drei Jahre nach der Heilung seines Herzens führte er Buch und entdeckte, daß er in dieser Zeit mehr als tausendmal gepredigt und manchmal in einer Woche bis zu zwanzig Versammlungen abgehalten hatte. Simpsons literarische Produktivität war nicht minder gewaltig. Er führte ein außerordentlich aktives Leben und starb mit 76 Jahren. Bis auf den heutigen Tag sind viele seiner Schriften noch immer von großem Einfluß.

Die hier geschilderte Erfahrung zeigt die andere Seite des Gebets der Hilflosigkeit auf. Denn Hilflosigkeit allein hätte keinen Wert, unsere Situation wäre unerträglich, wenn Jesus uns ihr überlassen wollte. Doch er fügte hinzu: „Bei Gott sind alle Dinge möglich." „Alle Dinge!" Dies ist eine kühne Behauptung, denn das Gegenteil lautete: „Ohne mich könnt ihr nichts tun." Jesus will offenbar sagen, daß es im Himmel und auf Erden nichts gibt, was nicht Gottes Führung untersteht.

Die meisten von uns vermögen zu glauben, daß Gott uns führen kann — falls wir dazu bereit sind. Wenn wir daher infolge unserer eigenen Torheit, unsres Fehlurteils oder unserer Sünde nicht ein noch aus wissen, können wir Gottes Fähigkeit, uns zu helfen, anerkennen.

Aber es gibt andre Lebenslagen, in denen der Glaube leicht schwankend wird; wenn nämlich durch Schuld und Versagen andrer Herzeleid über uns kommt.

Am schwersten erträgt man Unglücksfälle, die auf die Unwissenheit, die Sorglosigkeit oder den Haß eines Mitmenschen zurückzuführen sind. Zu solchen Zeiten scheint der Mensch Gottes Pläne zunichte zu machen. Ich hatte zum Beispiel einen Bekannten — er war einer der führenden Männer des Staates Columbia —, der starb, weil dem Apotheker bei der Anfertigung seines Rezepts ein Fehler unterlief. . . Der Mann einer Freundin ist Alkoholiker. Weder staatliche noch religiöse Hilfe scheint ihn heilen zu können. Aber die wirklichen Opfer sind meine Freundin und ihre Kinder.

Es ist wichtig zu glauben, daß Gott auch diesen Situationen gewachsen ist. Andernfalls versagt das Gebet der Hilflosigkeit. Um fliegen zu können, braucht der Vogel zwei Schwingen: Die Erkenntnis unserer menschlichen Hilflosigkeit ist die eine, die Erkenntnis der Macht Gottes die andere. Der Glaube an Gottes Fähigkeit, sich unserer besonderen Lage anzunehmen, ist das Verbindungsglied.

Es lohnt sich zu hören, was die Bibel uns zu sagen hat, falls wir einen schöpferischen Weg aus den Tiefen suchen, in die uns das Leben sooft wirft. Denn wenn wir nicht glauben können, daß Gott uns aus Schwierigkeiten helfen kann, die andre oder wir selbst über uns gebracht haben, ruht unser Glaube an ihn allerdings auf einem schmalen Grat.

Die alttestamentliche Geschichte von Joseph zeigt in vollkommener Weise Gottes Wirken durch die und trotz der Sünden und Unzulänglichkeiten der Menschen. Als Joseph ein siebzehnjähriger Junge war, befand er sich im wahrsten Sinne des Wortes in einer tiefen Grube. Er war von seinen Brüdern hineingeworfen worden. Ihre Tat war der Höhepunkt einer jahrelangen aus Neid entstandenen Feindschaft.

Joseph war der Lieblingssohn ihres alten Vaters. In den Augen seiner Brüder wurde der Knabe übermäßig vorgezogen und verwöhnt. Sie sahen in ihm eine Bedrohung ihrer Zukunft. Daher feilschten sie mit einigen ismaelitischen Händlern und verkauften ihn für 20 Silberstücke.

Bestürzt sah sich der Junge auf dem Sklavenmarkt der Hauptstadt Ägyptens. Er war gezwungen, nackt auf dem Sklavenblock zu stehen, während er gemessen und begutachtet wurde. Schließlich wurde er von Potiphar gekauft, einem der Beamten des Pharao.

Die Jahre vergingen schnell. Aus seiner einfachen nomadischen Welt nach Ägypten verpflanzt, paßte sich der Junge rasch dem verfeinerten Lebensstil dieses Landes an. Für ihn war diese Welt der städtischen Straßen und Wagen, der Vergnügungsboote auf dem Nil, der kunstvoll gearbeiteten Grabmäler und großen Kornspeicher, der glattrasierten Männer in weißen Faltengewändern und der Frauen mit bemalten Augen und schwerem Schmuck völlig neu.

Er paßte sich vor allem deshalb an, weil er nicht mit seinem Geschick haderte. Da er nun einmal Sklave war und es nicht ändern konnte, beschloß er, der beste Sklave zu sein, den Potiphar jemals gehabt hatte. Auf diese Weise rückte der Israelit bald zum Verwalter auf, dem Haus und Güter seines Herrn unterstanden. Das Unglück hatte aus einem verwöhnten Knaben einen reifen Mann gemacht.

Und Potiphars Frau fand diesen Mann anziehend. Sie war unzweifelhaft sinnlich veranlagt und verfügte außerdem über zuviel Muße und zuviel Zeit. So kam sie wohl auf den Gedanken, den Sklaven zu verführen.

Joseph hätte sich sagen können, daß er in Ägypten auch wie ein Ägypter handeln durfte. Ihre sittlichen Maßstäbe kannten wenig Skrupel. Aber da sein Herr ihm so völlig vertraute, brachte er es nicht über sich, dieses Vertrauen zu enttäuschen. Tag für Tag mißachtete er die so schamlos zur Schau getragene Werbung der Frau.

Joseph rechnete nicht mit dem Rachedurst der Verschmähten. Da es ihr nicht gelang, den gutaussehenden jungen Sklaven zu verführen, wandte sich Potiphars Frau leidenschaftlich gegen ihn. Eines Tages erwischte sie ihn am Gewand und entriß es ihm. Dann machte sie eine Szene und schrie ihrem Mann zu: „Der hebräische Diener kam herein, um seinen Mutwillen mit mir zu treiben; als ich mich wehrte, ließ er sein Gewand zurück und floh.“

Potiphar glaubte seiner Frau und ließ Joseph ins Gefängnis werfen. Die ägyptischen Gefängnisse waren entsetzlich. Inmitten von Schmutz und Verzweiflung muß Joseph die Wahrheit plötzlich sehr klar gesehen haben. Er hatte nach bestem Wissen und Gewissen gelebt. Er hatte der Versuchung widerstanden, der er nur zu leicht hätte nachgeben können. Seine Treue war nicht belohnt worden. Bitterkeit und Selbstmitleid müssen ihn beinahe überwältigt haben. Zuerst von den eigenen Brüdern verraten, schmachtete er nun im Gefängnis, nicht weil er eine Sünde begangen, sondern weil er eine zu begehen sich geweigert hatte.

Wie oft muß Joseph während dieser beiden Jahre wohl das Gebet der Hilflosigkeit gebetet und so Bitterkeit und Selbstmitleid überwunden haben. Der Hauptmann der Wachen war derart beeindruckt vom Wesen des jungen Mannes, daß er ihn über einige der anderen Gefangenen setzte. Als Josephs Gebet schließlich erhört wurde, geschah es auf wunderbare Weise. Dank einer Fähigkeit, die er von Kindheit an besaß — die Gabe

der Traumdeutung — errang er die Aufmerksamkeit des Pharao. Dann sah sich Joseph auf Grund einer Reihe bemerkenswerter Vorkommnisse mit 30 Jahren zum Premierminister Ägyptens ernannt.
Die Leiden, durch die er gegangen war, trugen reiche Frucht und fanden ihren Ausdruck in schöpferischer Kraft. Joseph ersann einen geeigneten Plan, der es dem Land am Nil ermöglichte, seinen Getreideüberschuß aufzuspeichern, während die benachbarten, von weniger erfinderischen Männern regierten Länder später von Hungersnot heimgesucht wurden.
Auf eine letzte Probe wurde Joseph gestellt, als seine eigenen Brüder aus dem Land Kanaan kamen, um Korn bei ihm zu kaufen. Sie konnten den energischen, gebräunten Ägypter kaum als ihren Bruder erkannt haben. Aber die Feuer der Verzweiflung hatten ihre Arbeit gut getan. Joseph dachte nicht an Rache. Als er sich schließlich zu erkennen gab, geschah es mit Worten, die nur von einem Menschen gesprochen werden konnten, dessen Augen so oft tränennaß gewesen waren, daß sie nun klar sahen. „Doch nun grämt euch nicht und laßt es euch nicht leid sein, daß ihr mich hierher verkauft habt; denn um viele am Leben zu erhalten, hat mich Gott vor euch hergesandt. . . So habt nicht ihr mich hierher gesandt, sondern Gott“ (1. Mose 45, 8). Und ein wenig später: „Ihr gedachtet es böse mit mir zu machen, aber Gott gedachte es gut zu machen“ (1. Mose 50, 20). Joseph sagte damit, daß seine Brüder nur *gedacht* hatten, sie seien Herr der Lage. Solange Joseph sich nicht von Gott abwandte, vermochte der Herr all diese Schicksalsschläge in seinen Meisterplan einzuweben. Der Allmächtige konnte also selbst das Böse im Menschen zum eigenen Ruhme wenden. Er kann alle Schuld, alles Übel, alles Unheil — einerlei woher es kommt, zum Guten führen für die, die ihn lieben.
Diese aufs Praktische gerichtete Allmacht Gottes wird von der Heiligen Schrift, die im Laufe von etwa dreizehnhundert Jahren von einer Reihe gottbegnadeter Männer niedergeschrieben wurde, unaufhörlich verkündet. Dies war auch der Standpunkt Jesu. Jener düstere Augenblick unter den Olivenbäumen im Garten Gethsemane, da Judas seinen Meister durch einen Kuß verriet, schien die Eröffnungsszene eines Dramas zu sein, das die Mächte des Bösen verfaßt und in Szene gesetzt hatten. Wenn jemals der freie Wille böser Menschen — losgelöst und im Gegensatz zum Willen Gottes — die Lage beherrschte, so war das scheinbar bei der Kreuzigung Jesu Christi der Fall.

Doch während sich jenes Drama abspielte, dankte Gott als souveräner Herrscher keinen Augenblick ab. Christus betonte dies immer wieder. Als Petrus im Garten Gethsemane ungestüm sein Schwert zog, befahl ihm Jesus: „Stecke dein Schwert an seinen Ort . . . oder meinst du, daß ich nicht könnte meinen Vater bitten, daß er mir zuschickte alsbald mehr als zwölf Legionen Engel“ (Matth. 26, 52; 53).
Als der römische Prokurator Pilatus dem Nazarener gegenüber prahlte, er halte die Macht über sein Leben in Händen, erwiderte Christus: „Du hättest keine Macht über mich, wenn sie dir nicht wäre von oben her gegeben“ (Joh. 19, 11).
Die Mächte der Finsternis Herr der Lage? Es schien nur so. Lange vor der Passionswoche erklärte Jesus: „Darum liebt mich mein Vater, weil ich mein Leben lasse, auf daß ich's wieder nehme . . . Niemand nimmt es von mir, sondern ich lasse es von mir selber“ (Joh. 10, 17; 18).
So fügten sich auch jene Ereignisse, die zu Christi Kreuzestod führten, in einen Plan zum höchsten Wohl der Menschheit ein.
Von jener Zeit an gab es Menschen, die stolz auf dieses Kreuz waren, das sich erhebt über den Ruinen der Zeit — den Ruinen, die wir in jedem Jahrhundert erneut zuwege bringen; die sich freuten, weil das Kreuz das endgültige Symbol ist, daß es kein Unheil gibt, das Gott nicht in Segen verwandeln kann. Denn er ist der große Arzt, der den Unrat auf dem Schlackenhaufen unseres Lebens — Enttäuschung, Mißerfolg, Trauer, Krankheit, Tod, Verluste und Herzeleid — in Leben verwandeln kann.
Diese Hoffnung und dieses Versprechen, an die ich mich an jenem lange zurückliegenden Tag klammerte, möchte ich an jeden weitergeben, dem das Leben hart mitgespielt hat; dem, der sich mit Selbstmordgedanken trägt, und dem, der nicht an Selbstmord, aber auch nicht an Gott denkt.
So überzeugt bin ich von dieser Verwandlungskraft, die denen, die Gott lieben, alles zum Guten wenden kann, daß ich mein Leben dafür einsetzen würde. Sie bedeutet, daß kein Sünder hoffnungslos verloren, keine Situation nicht wiedergutzumachen ist. Jeder Mensch kann erlöst werden. Darum ist die Betonung unserer Hilflosigkeit durch Jesus die hoffnungsvollste Kunde der Heiligen Schrift. Darum kann jeder einzelne von uns — unvollkommen wie er ist — Mut fassen und Gott für die Macht der Hilflosigkeit danken.

11 Das Gebet, das Träume Wirklichkeit werden läßt

Für eine der erregendsten Tatsachen halte ich, daß jeder von Menschenhand geschaffene Gegenstand und jedes Ereignis im menschlichen Leben anfangs nicht mehr als eine Idee oder ein geistiges Bild ist. Meine Mutter lehrte mich dies als erste, als sie mir immer wieder das Gebet vor Augen führte, das unsere Träume verwirklichen hilft.

Mutter war eine Frau der Tat; sie war überzeugt, daß unbeschäftigte Kinder — seien es ihre eigenen oder die andrer Leute — über kurz oder lang in Schwierigkeiten geraten würden. Sie war es, die vorschlug, daß mein Bruder, meine Schwester und ich Schmetterlinge und Nachtfalter sammelten, einen Garten mit wilden Blumen anlegten, eine Hütte auf dem Kirschbaum bauten.

Mutter entwarf auch den Arbeitsplan für die Pfadfinderinnen unserer westvirginischen Stadt — und zwar für unsere sämtlichen sechs Züge. Sie überredete meinen gutmütigen Vater, mit uns zum Camping zu gehen (was er verabscheute), brachte ihn dazu, in Zelten, die oft nicht wasserdicht waren, auf dem Feldbett zu schlafen, durch Schlamm zu waten, Moskitos, aufgewärmte heiße Würstchen und Dosenbohnen zu ertragen und (was für ihn am allerschlimmsten war) den Duft des Zitronengrases einzuatmen. Vater verlor nie den Humor, sondern machte unentwegt seine Scherze dazu.

Untätig? Wir hatten keine Gelegenheit dazu. Noch mehr Energie als der Familie und den Pfadfinderinnen widmete Mutter ihrem Ein-Mann-Feldzug zur Sanierung von Radical Hill.

Dieses Elendsviertel befand sich in dem Teil unserer Stadt, der eigentlich das schönste Wohngebiet hätte abgeben müssen, da er am weitesten von der Bahnlinie entfernt lag. Dort herrschte unglaubliches Elend, umgeben von sanft gewellten Hügeln, hinter denen hohe Berge aufragten.

Mutter stand eines Tages mitten in diesem Schmutz und malte sich aus, wie Radical Hill mit sauberen, frischverputzten Häusern, ordentlichen, mit Blumen bepflanzten Höfen, fließendem Wasser, Gasanschluß und Müllabfuhr aussehen würde. Und eine kleine weiße Kirche würde es geben. Ihr erster Schritt in Richtung dieses Wunschtraumes war, daß sie die Gegend in „Potomac Heights" umbenannte.
Als nächstes suchte sie sich ein persönliches Urteil über die Bewohner zu bilden. Dies bedeutete einen Besuch in jeder einzelnen Baracke. Einige der jungen Leute unserer Kirche unterstützten sie dabei. Ich habe schon geschildert, welche Scheu uns Kinder erfaßte, als Mutter von ihrem ersten Besuch zurückkehrte und weinen mußte über das, was sie gesehen hatte. Sie und ihre jungen Helfer fanden heraus, daß von ungefähr 500 Familien in Potomac Heights nur 80 eine nebelhafte Verbindung zu einer Kirche hatten. Daraufhin mieteten Mutter und ihre Schar ein Gebäude, brachten es innen und außen auf Hochglanz, richteten es schlecht und recht ein und begannen, Sonntagsschule zu halten.
Dort lernte Mutter einen Jungen namens Raymond Thomas kennen, der keine Ahnung hatte, wer seine richtigen Eltern waren. Er lebte bei Pflegeeltern in einem gepflegten Häuschen, das dort mitten im Schmutz stand. In Arbeitskleidern und klobigen Stiefeln, die ihm bis zu den Knien zu reichen schienen, kam Raymond oft in unser Haus, um sich mit Mutter zu unterhalten. Er war immer sauber, besaß aber nicht einmal einen Anzug. Trotz eines leichten Sprachfehlers, der ihn befangen machte, pflegte er an Sommernachmittagen auf der obersten Stufe unserer von Kletterpflanzen umrankten Veranda zu sitzen und zu reden, zu reden, während Mutter in einem hölzernen Schaukelstuhl saß und Erbsen enthülste, Bohnen auf eine Schnur zog oder Socken flickte. Mutter erkannte bald, daß dieser Junge über unbegrenzte Energie und einen wachen Geist verfügte.
Während einer ihrer Unterhaltungen sprach Raymond auch von seinem Traum, aufs College zu gehen. Nachdem der Wunsch einmal heraus war und schimmernd schwebend in der Luft hing, war Mutter erfreut zu sehen, wie sich die Sehnsucht in Rays braunen Augen in glühende Hoffnung verwandelte.
„Aber wie kann ich es bewerkstelligen?" fragte der Junge. „Ich habe auf dem Bau gearbeitet und meinen Lohnscheck immer zu Hause abgegeben. Ich habe keinerlei Ersparnisse."

Es gab noch ein weiteres Hindernis; seine Pflegeeltern hatten kein College besucht, warum sollte Ray es tun? Sie hielten die Idee für so töricht, daß sie sie direkt bekämpften.

Mutter machte ihm Mut. „Ray, was du auch brauchst, Gott hält stets einen Vorrat davon für dich bereit, falls du bereit bist, ihn entgegenzunehmen. Was dir unmöglich erscheint, ist Gott jederzeit möglich. Unser Land ist noch immer ein Land der unbegrenzten Möglichkeiten, Ray. Der Himmel ist die Grenze! Geld — was ist Geld? Geld sollte Diener, nicht Meister jedes für dich geeigneten Traums sein, jeden Traums, für den zu arbeiten du willens bist."

Für die Frau eines Predigers, die selbst wenig genug hatte, war dies eine wackere Philosophie, aber Mutter glaubte daran und hatte es oft bewiesen. Und ihre Gedanken faßten bei Raymond Wurzel.

Der Tag kam, da Ray Mutters Philosophie so vollkommen in sich aufgenommen hatte, daß sie ihn im Gebet führen konnte — im Gebet, das Träume freimacht, um sie in Erfüllung gehen zu lassen. Mutter hat in meinem Leben dieses Gebet, das Träume erfüllen hilft, so oft für mich gesprochen, daß ich mir leicht vorstellen kann, wie sie mit Ray betete: „Vater, du hast Ray einen wachen Verstand gegeben. Wir glauben, daß du willst, daß dieser Verstand entwickelt und geschärft wird, daß er etwas von der Weisheit andrer Menschen aus andern Jahrhunderten erfahren soll. Du wünschst, daß Rays Möglichkeiten dazu benutzt werden, dir einen Teil unserer Welt aufrichten und erhellen zu helfen. Alle Hilfsquellen sind dein. Bitte, ermögliche es, daß Ray das erhält, was für seine Ausbildung nötig ist. Vater, ich glaube, daß du große Pläne mit Ray hast. Befreie ihn von allen Gedanken der Unzulänglichkeit. Laß ihn wissen, daß es für das, was du tust, keine Grenzen gibt. Pflanze seinem Herzen und seinem Geist die lebendigen Bilder, die besonderen Träume ein, die die Pläne, die du mit ihm hast, widerspiegeln. Und Herr, gib ihm Freude am Träumen — große Freude!"

Raymond vergaß dieses Gebet nie. Ein Jahrzehnt später erzählte er mir vom Duft, den die Clematisblüten auf unserer Veranda an jenem Nachmittag ausströmten, ein Duft, der ihn selbst heute noch an jenen Augenblick erinnert.

Lange danach pflegte er mit Ehrfurcht in der Stimme zu sagen: „Einer Frau verdanke ich den Schlüssel zum Leben."

Noch während Mutter mit Ray betete, war ihr der Name einer reichen Dame eingefallen. Ohne Ray etwas davon zu sagen, schrieb sie ihr und schilderte seinen großen Wunsch nach einer Collegeausbildung: „Dieser Junge braucht nichts als eine Chance. Wenn es Ihnen richtig erscheinen sollte, ihm zu helfen, werden Sie feststellen, daß jeder Dollar, der in seine Ausbildung investiert wird, reiche Früchte bringen wird."
Die Antwort kam innerhalb einer Woche. Es würde ihr wirklich Freude machen, diesem jungen Mann zu helfen. Sie erklärte sich bereit, einen Teil der Ausbildungskosten für das erste Jahr zu übernehmen.
Als Ray den Brief las, war er zunächst sprachlos. Dann schaute er Mutter an und sagte: „Zwicken Sie mich mal in den Arm. . . Ich kann es fast nicht glauben, daß dies wahr sein soll."
Als Rays Freunde in unserer Kirche davon hörten, wollten auch sie nicht zurückstehen. Sie kauften ihm einen Anzug und ein paar andere Kleidungsstücke, ja sogar die notwendigen Koffer. Und Ray, seinen Traum heller denn je vor Augen, bestieg einen Bus und reiste ins College nach Davidson in North Carolina. Seiner Wohltäterin, die der Collegegemeinschaft angehörte, zeigte er seine Dankbarkeit, indem er ihren Rasen mähte, die Böden schrubbte, die Heizung in Betrieb hielt — kurz er tat alles, was sie ihn tun ließ.
Bald sandte Ray seinen Stundenplan an Mutter. Sie war erstaunt, wie gut er mit seiner Zeit und seinem Geld hauszuhalten wußte. Er hatte sich die Stunden für Studium, Unterricht, Arbeit, Gottesdienst und Erholung genau eingeteilt.
Zu Weihnachten fuhr er per Anhalter nach Hause. Seine Pflegeeltern freuten sich, ihn wiederzusehen. Im Sommer darauf arbeitete er in einer Fabrik. So konnte er im Herbst mit genügend erspartem Geld aufs College zurückkehren. Von da an verdiente er sich sein Studium durch etwa zwölf verschiedene Beschäftigungen — Aushilfskellner, Babysitter, Autoschlosser, Schreibmaschinenschreiber und so fort. Es war manchmal schwer für ihn, aber Mutter ermutigte ihn immer wieder. Als Ray sein erstes naturwissenschaftliches Examen *cum laude* machte, war dies für sie ein ebenso stolzer Tag wie für ihn.
Im zweiten Weltkrieg und danach verlor ich die Verbindung mit Ray. Ich wußte nur, daß sein Schiff im Südpazifik versenkt worden war und daß er bei der Explosion einen großen Teil seines Hörvermögens ein-

gebüßt hatte. Einige Zeit danach erzählte mir Mutter, daß er in Wien lebe. Im Sommer 1958 war ich in Europa und schrieb Ray, daß Wien auf meiner Reiseroute liege.

In Rom fand ich einen begeisterten Brief von ihm vor, in dem er auch all die Sehenswürdigkeiten aufzählte, die ich besuchen sollte. Als ich mich in Florenz im Hotel einschrieb, händigte man mir einen weiteren Brief von Ray aus: „Wenn Sie die hohe Kuppel des Domes sehen, dann denken Sie daran, daß Brunelleschi vierzehn Jahre brauchte, um sie zu erbauen. Letzten Winter stieg ich bis zum obersten Kranz hinauf und ging langsam rundherum ... "

Ein Brief nach dem andern kam. Venedig: „Ich habe an meinen Freund in den Salviati Glaswerkstätten geschrieben und ihn gebeten, Sie mit einer Gondel abholen zu lassen. Sie müssen die Meisterglasbläser bei der Arbeit sehen."

Bad Gastein: „Sie werden eine felsige Landschaft vorfinden. Ich bin dort in der Nähe ziemlich viel Ski gelaufen."

Mittlerweile war ich sehr neugierig. Dieser Mann hatte keine Ähnlichkeit mehr mit dem aus ärmlichen Verhältnissen stammenden Knaben von Radical Hill. Offensichtlich kannte er Europa wie wenige Amerikaner. Und der Schwung und die unermüdliche Begeisterung, die aus seinen Briefen sprachen, verblüfften mich.

Ray holte mich am Flughafen ab, einen Blumenstrauß in der Hand. „Blumen und Musik gehören zu Wien", erklärte er mir. Er hatte sich wenig verändert, nur sein Haar lichtete sich etwas. Er war groß und hager und hatte immer noch den leichten Sprachfehler.

Später, bei Sachertorte und Kaffee, wollte ich gern wissen, wie es ihm ergangen war, seit wir uns aus den Augen verloren hatten. Doch Ray war schon ein halber Europäer geworden und kam erst allmählich mit der Sprache heraus.

„Nachdem ich aus eigenem Erleben wußte, daß die Worte Ihrer Mutter zutrafen, war ich überzeugt, daß jeder echte Traum verwirklicht werden kann. Materielle Hilfsmittel stehen auf den leisesten Wink des Traums zur Verfügung. Es gibt keine oberste Grenze für Träume", begann er seinen Bericht. Dann beschrieb er seine Kriegserlebnisse. Er gehörte zu der Handvoll Überlebender eines torpedierten Zerstörers. Während des Genesungsurlaubs reifte in ihm der Plan für sein weiteres Leben.

„Damals träumte ich von drei Dingen", fuhr er fort. „Ich wollte Weltbürger sein. Das hieß ausgedehnte Reisen unternehmen. Ich setzte mir da keine Grenzen. Aber ich wußte, ich konnte kein Weltbürger sein, ohne mehrere Sprachen zu beherrschen. In Verbindung damit wollte ich noch mein Studium beenden und zwar am liebsten an einer guten europäischen Universität. Schließlich wollte ich aus Dankbarkeit für alles, was mir Amerika bedeutet, meinem Land auch im Frieden irgendwie dienen."

„Ich bin überrascht, daß Ihre Träume so fest umrissen waren", warf ich ein.

Gedankenverloren starrte er aus dem Fenster auf die Lichter Wiens hinaus. „Ich habe festgestellt, daß diese Verwirklichung unserer Träume nur möglich ist, wenn sie klar und genau sind. Daher geht ein Großteil der Kraft, die den Traum verwirklichen hilft, auf das geistige Bild zurück, das wir uns machen. Und für ein geistiges Bild braucht man fest umrissene Vorstellungen."

„Ray, Sie erstaunen mich; von Radical Hill — Entschuldigung, Potomac Heights — nach Wien! Wer hätte das gedacht?"

„Nun, bis jetzt habe ich 60 Länder bereist. Ich bin noch immer nicht nach Australien, Neuseeland, Südamerika oder der südlichen Hälfte Afrikas gekommen. Damit beschäftige ich mich gerade! In jedem Urlaub mache ich mich nach einem neuen Land auf."

„Und Ihr Studium?"

„Ich erhielt den Doktor rer. nat. von der Universität Wien."

„Aber Ray, wie konnten Sie den Vorlesungen trotz ihres schlechten Gehörs folgen?"

„Ich fand ein Mädchen, das die Vorlesungen mitstenografierte. Das bedeutete, daß ich zunächst Kurzschrift lernen mußte und außerdem das Deutsche beherrschte. Ich spreche fließend Spanisch, ein annehmbares Französisch, etwas Italienisch, Holländisch und Schwedisch und noch ein wenig Russisch."

Und der Traum, seinem Land zu dienen, ließ sich durch seine Tätigkeit bei der Amerikanischen Atomenergiebehörde in Europa verwirklichen.

„Ray, was sagt Ihre Pflegemutter zu alldem?"

„Sie könnte nicht stolzer sein. Wenn man sie hört, möchte man meinen, es sei alles ihre Idee gewesen. Ich fliege jedes Jahr einmal nach Hause, um sie zu besuchen."

„Also haben Sie all Ihre Träume verwirklicht. Und was kommt nun?"
Ray lachte. „Es ist ein Nachteil meines Alters, daß man keine Träume mehr hat — keine großen Träume. Aber einer beschäftigt mich noch."

Im Frühjahr 1946 bat mich eine Freundin, Anita Ritter, mit ihr ein paar Tage der Ruhe in einem kleinen Landgasthaus in Virginia zu verbringen. Ihre Einladung kam zu willkommener Zeit. Peter und ich lebten damals schon neun Jahre in Washington. Der zweite Weltkrieg war vorüber. Auf kirchlicher wie auf privater Ebene hatten wir das Gefühl, unsere Situation neu überdenken zu müssen, um einen klaren Kurs für die Zukunft festzulegen.

Ich nahm ein religiöses Buch mit, das mir ein Bekannter gesandt hatte. Ein Abschnitt des Buches zeigte eine Methode auf, die zum Ziel hatte, dem Menschen das eigene Ich und die Erwartungen, die er ins Leben setzt, entdecken zu helfen. Ich beschloß, ihm täglich wenigstens eine Stunde zu widmen. Ich nahm außerdem ein Notizbuch und ein Dutzend Bleistifte mit. Nichts, was der Verfasser vorschlug, wollte ich als nebensächlich abtun.

Einer der ersten Vorschläge lautete, sich in seine Kindheit zurückzuversetzen und sich zu erinnern, was man damals für erstrebenswert hielt. Wovon träumt das Kind, ehe die Welt der Erwachsenen die Wasser mit ihren falschen Werten trübt?

Der Gedanke an meine Kindheit beschwor augenblicklich zwei ganz bestimmte Bilder herauf. Der Rahmen war dieselbe westvirginische Stadt, in der auch Raymond aufgewachsen war. Zuerst sah ich ein Mädchen, das mit dem Rücken an eine alte Robinie gelehnt saß und verträumt auf das von Bergen umrahmte Tal hinaussah.

Der Robinienhain — von grotesker Nacktheit im Winter, voll duftiger Blüten im Frühling — lag an der Rückseite des großen Pfarrhofs. Jenseits der Robinien erhoben sich granitene Felsbänke, die wir Kinder „die Felsen" nannten. Sie bildeten eine jähe Steilwand, die an der Rückseite unseres Grundstücks etwa 60 m tief zu einem Feldweg abfiel.

Farne und seltene schottische Glockenblumen wuchsen aus den Spalten der Wand.

Vom höchsten Punkt der Felsen konnte man meilenweit das enge, grüne, zu beiden Seiten von den zerklüfteten Appalachen eingeschlossene Tal hinaufsehen. Diese Welt der weiten Horizonte nährte Phantasie und Geist und war Schauplatz meiner zahlreichen Jungmädchenträume. Dort kam mir die Idee, Schriftstellerin zu werden; dort versuchte ich erstmals Gedanken, Gespräche und Beschreibungen zu Papier zu bringen.

Das zweite Bild war das eines Mädchens, das am Küchentisch beim Fenster saß. Papierbogen waren über die ganze Wachstuchdecke verstreut. Eines Tages schrieb ich eine Geschichte mit dem phantasielosen Titel: „Virginia Dare und was mit ihr geschah." Bei anderer Gelegenheit begann ich eine Novelle. Sie kam nie über das zweite Kapitel hinaus.

So deutlich war mir die Atmosphäre jener Tage meiner Kindheit gegenwärtig, daß ich mich genau der Kleinmädchenwünsche erinnerte, die mir ebenso wichtig wie das Schreiben gewesen waren. Ich hatte mir gewünscht, „eine hübsche Frau mit viel Parfüm — und außerdem Schriftstellerin" zu werden! In welchem Alter? Keine Ahnung. Beim Gedanken, daß mir das Parfüm so wichtig wie das Schreiben gewesen war, mußte ich über mich selbst lachen. Immerhin, tiefsitzende Wünsche waren es.

Die Selbstanalyse ging weiter. Andere Bereiche als die der Kindheit mußten erforscht werden. Welche Eigenschaften wünschte ich mir? Mehr Sinn für Humor? Die Fähigkeit, öffentlich zu sprechen? Gesellschaftliche Umgangsformen? Welche Dinge wünschte ich zu besitzen? Welche Ideen interessierten mich? Welche Personen? Welche Freunde? Plötzlich wurde mir klar, was für eine wichtige Rolle Freunde in unseren Träumen spielen. Ist nicht Alleinsein das Problem eines jeden Menschen? Und was können wir ohne andre menschliche Wesen schon erreichen?

Das Buch empfahl, daß man seine Wünsche auf all diesen Gebieten so genau wie möglich festhalten sollte.

Nachdem sie alle auf dem Papier standen, mußten sie verschiedenen Prüfungen unterzogen werden, um herauszufinden, ob es sich um Träume handelte, die der eigenen Vorstellungswelt entsprachen und somit Bitten waren, die im Gebet vorzubringen man das Recht hatte. Würden die Träume der besonderen Veranlagung, dem Temperament und den seelischen Bedürfnissen entsprechen, die Gott in einen gelegt hatte?

Diese Fragen sind nicht leicht zu beantworten. Aber sie sind so wichtig, daß es keine Rolle spielt, wieviel Zeit und Mühe man darauf verwendet, wenn sie nur beantwortet werden.

Zu Beginn des Buches hatte ich mich gefragt, warum der Autor eine Verbindung zwischen konstruktiven Träumen und Gebet angedeutet hatte. Die Psychologen sagen uns, daß Produktivität erst dann möglich ist, wenn sowohl das Unbewußte wie das Bewußte freigelegt werden und zusammenarbeiten, und daß das Unterbewußtsein nur auf dem Weg der Veranschaulichung auf Anregungen anspricht. Der Autor dachte ähnlich und wies darauf hin, daß Beten die Form der Veranschaulichung annehmen kann — und zwar in Gestalt ganz bestimmter Träume. Jesus bestand oft darauf, daß die Leute nicht nur um etwas bitten, sondern auch genau sagen sollten, um was sie bitten. Da war ein Blinder, der beständig hinter Jesus herrief: „Jesus, du Sohn Davids, Jesus, erbarme dich meiner! Sohn Davids, erbarme dich meiner!" Das Hauptproblem des Mannes — Blindheit — muß Christus völlig klar gewesen sein. Doch er verlangte, daß der Mann seine Bitte genauer ausdrücke, und fragte ihn: „Was wünschest du von mir?" (Mark. 10, 47; 51 Menge).

Bei näherem Überdenken schien mir, daß gelenkte Wachträume auch eine feste Basis für das Gebet abgeben, denn es ist sicherlich Gottes Wille, daß die Sehnsüchte und Talente, die er selbst in uns gelegt hat, verwirklicht und gefördert werden. Gott ist im höchsten Maß um Erfüllung und Schaffenskraft des reinen Menschen — der wir sein könnten und den der Schöpfer in jedem von uns sieht — besorgt.

Wie töricht wäre es für Fritz Kreisler gewesen zu träumen, ein weltbekannter Gewerkschaftsführer zu werden; welche Kraftvergeudung für Einstein zu träumen, ein Filmstar zu werden.

Hätte andererseits Fritz Kreisler nicht tatsächlich eine Unterlassungssünde begangen, wenn er nicht sein ganzes Leben zum Gebet machte, das darauf ausgerichtet ist, durch seine Musik einen Beitrag zu dieser Welt zu leisten? Da er dessen gewiß ist, verfügt er über die stärkst mögliche Grundlage für sein Gebet. Kreislers Musik, die sein ganzes Wesen erfüllt, ist „der Wille Gottes", und er kann mit uneingeschränktem Vertrauen um Überwindung jeden Hindernisses beten, das sich ihm auf dem Weg zu seiner Erfüllung entgegenstellt.

Seit ich in jenem kleinen Gasthaus über das Gebet nachdachte, das Träume wahr werden läßt, habe ich Menschen kennengelernt, die diesem Gebet aus zwei Gründen skeptisch gegenüberstehen: Sie zweifeln daran, daß es recht ist, für materielle Nöte zu beten, und sie sind auf der Hut, und das mit Recht, wenn Gott und geistige Grundsätze zu selbstsüchtigen Zwecken benutzt werden sollen.

Beides sind gültige Einwände, die bedacht werden müssen. Was die Frage anbetrifft, ob Gott will, daß wir materielle Nöte in unser Gebet einschließen, so wäre eine Antwort, daß Christus gleichzeitig um die Seele und den Körper des Menschen besorgt war.

Das Christentum anerkennt materielle Dinge — Brot, Wein und Wasser, gutes und karges Land, die Lilien, die Vögel, den menschlichen Körper; es sucht all diese materiellen Dinge aufzuwerten, damit sie sowohl menschlichem Geist als Gottes Zwecken dienen. Ich glaube, aus diesem Grund macht die Heilige Schrift keinen Unterschied zwischen dem Weltlichen und dem Heiligen, dem Alltag und dem Religiösen. Das Ideal ist, daß unser ganzes Leben, jede Berufung und jeder Beruf, dazu dient, Gott zu verherrlichen.

Was die Gefahr anbelangt, daß unser Herzenswunsch eher unserem egoistischen und menschlichen als Gottes Willen entspringt, so gibt es Wege, dies zu prüfen. Nur wenn ein Traum die beiden folgenden Prüfungen besteht (so daß wir sicher sind, daß unser Wunsch auch Gottes Wunsch ist), können wir das Gebet, das unseren Traum erfüllen soll, gläubig und somit wirksam beten.

Die erste Hürde ist einfach unsere Erkenntnis, daß Gottes Gesetze in der Welt wirksam sind. Hängt dieser Wunsch mit irgend etwas zusammen, das einem Mitmenschen gehört? Würde seine Erfüllung ein anderes menschliches Wesen verletzen? Wenn ja, können wir sicher sein, daß dieser Traum nicht Gottes Wille ist.

Sind wir gewillt, all unsere Beziehungen zu anderen Menschen recht zu gestalten? Wenn wir Vorbehalte, Groll, Bitterkeit hegen — einerlei, für wie berechtigt wir sie halten —, werden uns diese unrechten Gefühle abschneiden von Gott, der Quelle unserer schöpferischen Kraft. Schließlich kann kein Traum in einem Vakuum menschlicher Beziehungen verwirklicht werden. Schon eine einzige unrechte Beziehung kann die Zufuhr der Kraft unterbrechen.

Ersehnen wir die Erfüllung unseres Traums von ganzem Herzen? Die Träume von Menschen, die mit sich selbst uneins sind, gehen gewöhnlich nicht in Erfüllung. Nur der Mensch, der mit sich selbst im reinen ist, wird willens sein, seinen Teil zur Verwirklichung des Traums beizutragen.

Sind wir bereit, geduldig zu warten, bis Gott den Zeitpunkt für gekommen hält?
Träumen wir Großes? Je Größeres wir wünschen und je mehr Personen daraus Nutzen ziehen, desto größerer Segen ruht darauf.
Wenn unser Herzenswunsch diese ersten Prüfungen bestanden hat, sind wir für eine noch höhere Hürde gewappnet. Nach meiner Erfahrung ist es notwendig, unseren Traum in Gottes Hände zu legen, damit er ihn je nach seinem Willen erfülle oder nicht. Dann überlassen wir alles weitere ihm. Hier muß das Gebet, das Träume Wirklichkeit werden läßt, sich mit dem Gebet des Verzichts verbinden. Dies ist der letzte uns zur Verfügung stehende Prüfstein, und er entbindet uns von der Angst, wir könnten Gott für egoistische Zwecke mißbrauchen. Wir bitten nur darum, daß sein Wille an uns erfüllt werde.

Kurz nachdem ich 1958 aus Europa zurückgekehrt war, unterhielt ich mich mit einer sehr guten Freundin über Raymonds Geschichte. Tessie ist eine ebenso hübsche wie lebhafte Frau. Ihr Mann war mit zweiunddreißig Jahren gestorben und hatte sie mit drei kleinen Kindern zurückgelassen. Sie hatte Phil von ganzem Herzen geliebt, und soweit ich es beurteilen konnte, hatten sich die beiden gut verstanden.
Tessie und ich waren Witwen, und das hatte uns zueinandergezogen. Wir hatten uns angewöhnt, regelmäßig miteinander zu Abend zu essen. Tessie hatte mir anvertraut, daß es ihr sehnlichster Wunsch war, sich wieder zu verheiraten.
„Weißt du“, sagte sie eines Abends, „es ist komisch, wie sich unsere Gesellschaft gegenüber Werbung und Ehe verhält — ich meine, soweit es uns Frauen angeht. Bei einem Mann ist es vollkommen in Ordnung, daß er seinen Wunsch offen ausspricht und entsprechend handelt. Wir Frauen aber haben Zurückhaltung zu üben und geduldig zu warten.
Da sitze ich also, bin allein, brauche Hilfe bei der Erziehung meiner Kinder und brauche Liebe — auch körperliche Liebe, warum soll ich das nicht zugeben? Was soll ich tun? Herumgehen und tun, als sei alles in bester Ordnung? Jedermann sagt, wenn wir Frauen zu eifrig wirkten, vertrieben wir die Männer. Wo und wie begegnen wir überhaupt geeigneten Männern?“
Während wir darüber sprachen, veranlaßte uns die Geschichte von Raymond, es bei Tessie einmal mit dem Gebet zu versuchen, das Träume wahr

werden läßt. Ich verpflichtete mich, so lang wie notwendig mit ihr dafür zu beten. Wenn ich an meine lebhafte Freundin und ihre drei Kinder dachte, schien es mir soviel wie sicher, daß es auch Gottes Wille sei, daß sie Glück und Erfüllung in einer zweiten Ehe finde. Doch keines von uns wagte dies anzunehmen. Gott mußte das letzte Wort haben.

Tessies erster Schritt war praktischer Art und galt ihrem Äußeren. In ihrem Kummer über Phils Tod, im Bemühen, ihren Kindern Vater und Mutter zugleich zu sein und den Haushalt ohne fremde Hilfe zu bewältigen, hatte sie ihr Äußeres vernachlässigt. Sie hörte von einer Charmeschule und brachte das Geld zusammen, um sich für einen Kurs einzuschreiben.

Das Resultat war — psychisch wie physisch — der Mühe wert. Danach kamen ein paar neue Kleider an die Reihe. Tessie trat einem Kreis bei, der sich einmal in der Woche zwanglos traf und ging erstmals seit Phils Tod wieder aus. Doch sie fand die meisten Männer, die sie kennenlernte, uninteressant und oft sogar langweilig. Es schien eine beständige Überwindung für sie, die Verabredungen einzuhalten.

Wir beschlossen weitere Schritte. Es war Zeit für Tessie, sich genau zu überlegen, was sie von einem Mann und einer zweiten Ehe erwartete. Das heißt nicht, daß sie sich auf einen Mann festlegen sollte, der über 172 Zentimeter groß, blond mit blauen Augen und zwischen 35 und 45 war. Es handelte sich vielmehr darum, welche Charaktereigenschaften sie bei dem Betreffenden erwartete und welche Werte sie in der Ehe suchte.

Tessie hörte nun auf, bei Verabredungen nur daran zu denken, ob es ihr selbst Spaß mache. Sie begann sich mehr auf die Kunst des Gebens zu konzentrieren und lud ihre Bekannten zum Beispiel gelegentlich zu einem leckeren, selbstgekochten Essen ein, statt immer zu erwarten, daß man sie in ein elegantes und teueres Lokal ausführe.

Diese Anstrengungen ließen in Tessie eine tiefere Erkenntnis reifen. Eines Abends überraschte sie mich mit einem seltsamen Geständnis. „Es mag Gottes Wille sein, daß ich mich wieder verheirate, aber ich bin nicht sicher, ob es noch Tessies Wille ist."

„Was in aller Welt meinst du damit?"

„Mich reizte der Schokoladenguß auf dem Kuchen — die Romantik, die Genugtuung, von Männern umworben zu sein. Aber in letzter Zeit hat mir eine innere Stimme Fragen gestellt, die mich in Verlegenheit setzen. Bin ich mir etwa klar darüber, daß Liebe nicht nur empfangen, sondern auch geben heißt? Und was habe ich einem Mann zu geben? Was für Eigenschaften kann ich zu einer neuen Ehe beisteuern? Bin ich gewillt, den Preis der Anpassung zu zahlen? Oder angenommen, ein Mann, der körperbehindert ist, verliebte sich in mich oder einer mit nur kleinem Einkommen oder ein Witwer mit eigenen Kindern? Verstehst du, warum solche Fragen mich beunruhigen?"

Ich verstand sie gut. Ich erkannte aber auch, daß der Geist Gottes an Tessie und ihrem Traum arbeitete.

„All deine Fragen deuten darauf hin, daß es gefährlich ist, gegenüber einem Wunsch innere Vorbehalte zu haben", erklärte ich. „Man muß seinen Traum von ganzem Herzen wollen."

Meine Freundin blickte kläglich drein. „Richtig! So weit bin ich auch gekommen. Ich habe Gott gestanden, daß ich mit mir selbst uneins bin. Im Augenblick zum Beispiel spüre ich nicht den geringsten Funken von Begeisterung bei dem Gedanken, einen Witwer mit Kindern zu heiraten. Was soll ich nun als nächstes tun — nachdem ich mit mir selbst uneins bin?"

Wir dachten beide eine Weile nach. „Du bist ehrlich, Tessie", sagte ich schließlich. „Das ist an sich schon ein großer Schritt vorwärts. Warum versuchen wir nicht, Gott zu bitten, daß er diese innere Spaltung heilt und dir die Bereitschaft verleiht, seinen Willen voll und ganz anzunehmen?"

Nun schwiegen wir beide, bestürzt über die überraschende Entdeckung, daß wir — nicht Gott — diejenigen waren, die überredet werden mußten, uns auf die Verwirklichung unserer Träume durch Gott auch genügend vorzubereiten.

Erst drei Monate später war wieder ein Fortschritt zu verzeichnen. Er bestand aus Tessies Erkenntnis, daß sich zu verlieben mehr ist als ein spontaner, zufälliger Gefühlsausbruch. Sie erkannte schließlich, daß es allein ihre eigene Liebesfähigkeit war, die ihr Liebe schenken würde.

Wir verbrachten viele Abende mit der Überlegung, wie diese Fähigkeit zu entwickeln sei. Mir war an der Antwort um meiner selbst wie um Tessies willen gelegen. Wir kamen zu dem Schluß, daß die Fähigkeit zu lieben nicht auf körperliche oder romantische Liebe beschränkt sein kann. Wer nicht in jedem Bereich seines Lebens „liebend" sein kann, ist auch nicht zu ausdauernder Liebe für das andere Geschlecht fähig. Also bleibt uns nur die schwere Aufgabe, auf allen Gebieten unseres Lebens, gegen-

über Menschen beiderlei Geschlechts, aller Altersgruppen, jeglichen Aussehens und Berufs Liebe auszustrahlen und liebenswert zu sein.
Wir versuchten, einige der in dem Wort liebenswert enthaltenen Eigenschaften festzuhalten:

Aus-sich-Herausgehen
Interesse an anderen Menschen
Aktivität — physisch, intellektuell, geistig
Lebensfreude und Sinn für Humor
Anziehungskraft (die unbewußte, nicht die gewollte)
Weiblichkeit

Während dieser Überlegungen erkannten Tessie und ich, daß das Gebet um Erfüllung von Träumen wie alle ernsten Gebete eine sehr schwierige Sache ist. Schwierig insofern, als Gott verlangen kann, daß der Betende sich von Grund auf ändert, und gerade das ist nie leicht.
Ein Jahr danach machte Tessie eine Krise durch. Ein verheirateter Mann mit vier Kindern verliebte sich in sie. Sie fühlten sich sehr zueinander hingezogen, und einige unerfreuliche Dinge in der Ehe führten zu der Entscheidung des Mannes, eine rasche Scheidung in Mexiko vorzuschlagen, um Tessie heiraten zu können.
Diese Zeit war quälend. Tessie fühlte sich von Gott abgeschnitten. „Ich kam mir immer ein bißchen abenteuerlich vor bei meinen Gebeten, ich hatte das Gefühl, irgendwie weiterzukommen, einerlei wie langsam es ging", sagte sie zu mir. „Und jetzt bin ich auf einem toten Punkt angelangt." Dann verteidigte sie sich. „Aber ich liebe diesen Mann, und unsere Liebe ist etwas Schönes. Was ist unrecht daran?"
Schließlich beantwortete Tessie ihre Frage selbst. Ich bewunderte die Tapferkeit ihrer Entscheidung. Dieser Freund war nicht der Richtige für sie, weil etwas einer wichtigen Prüfung nicht standzuhalten vermochte: Die Erfüllung unseres Herzenswunsches darf nicht bedeuten, daß wir einem anderen Menschen etwas wegnehmen. Trotz ihres gegenseitigen Verstehens war dieser Mann wesentlicher Bestandteil eines andern Menschenlebens. Also sandte ihn Tessie voll Schmerz und unter Tränen zu seiner Frau zurück, damit er in seiner Ehe einen Neubeginn versuche.
Eine Zeitlang war meine Freundin untröstlich. Dann sagte sie sich, daß Gott ihre Aufrichtigkeit sicherlich belohnen und ihr bald den Mann ihrer Träume senden werde. Der Gedanke klang gut, nur entdeckten wir bald,

daß Gott nicht so handelt. Wir können seine Gnaden nicht durch Bravsein erkaufen. Eineinhalb Jahre vergingen, und Tessie war immer noch Witwe.

In der Zwischenzeit fiel mir Tessies Veränderung auf. Nach ihrem Verzicht auf den Mann ihrer Träume, der sie hatte heiraten wollen, hatte sie plötzlich das liebenswerte Wesen an sich, das sie sich so sehr gewünscht hatte. Wie ein Mantel schien es sie einzuhüllen. Vielleicht hatte die schwere Erfahrung sie weicher gemacht. Zweifellos waren bisher unberührte seelische Quellen aufgebrochen. Was immer es war, sie schien plötzlich ganz Frau und von einer Weichheit und Lebendigkeit zu sein, die sie vorher nicht gehabt hatte. Wenn ich sie ansah, wußte ich, daß die Erfüllung ihres Traums nicht mehr lange auf sich warten lassen konnte.

Es zeigte sich, daß nur noch eine einzige Hürde zwischen ihr und ihrem größten Wunsch lag. Sie war jedoch sehr hoch und bestand aus ihrer tiefen Entmutigung. Über drei Jahre waren seit jenem ersten Abend vergangen, als Tessie und ich über das Gebet, das Träume erfüllt, gesprochen hatten. Es waren drei Jahre dauernden aufrichtigen Bemühens um Selbstprüfung, Selbstvervollkommnung und Zusammenarbeit mit Gott gewesen. Doch der Traum war noch immer unerfüllt. Erwies sich unser gemeinsames Gebet als nutzlos und unsinnig? Mehrere Wochen lang dachte meine Freundin so und geriet in eine geistige Krise. Sie war fast verbittert, als sie davon sprach, daß „Gebet sowieso nichts als Selbsthypnose sei. Warum bemühen wir uns überhaupt? Warum beenden wir den ganzen Versuch nicht einfach?"

Dann trafen wir uns eines Tages zum Lunch in der Stadt. Tessies Stimmung war wie umgewandelt. Sie konnte die Bestellung nicht rasch genug hinter sich bringen, um mir zu erzählen, was sie beschäftigte.

„Es sind jetzt ungefähr sechs Jahre, seit ich mein Leben in Gottes Hand gab", begann sie. „Von ihm aus gesehen bin ich sein Kind — obgleich ich dazu neige, es manchmal zu vergessen. Vermutlich muß er mir bestimmte Lehren erteilen."

Die Kellnerin kam mit unserem Essen, und Tessie schwieg, bis wir wieder allein waren. „Ich bin widerstrebend zu dem Schluß gekommen, daß Gott mir gerade jetzt wieder eine Lehre erteilt; ich soll damit aufhören, in alle Richtungen loszulaufen, um die Erfüllung meines Traums zu erzwingen. Ich habe es mit der Abendschule versucht, mit neuen Kleidern, geselligen Kreisen, der Kunst des Zuhörens — du weißt, mit hunderterlei Dingen. Seien wir doch ehrlich, dies alles ist zwar wertvoll, aber nicht entscheidend."

„Welche Lösung schlägst du dann vor?"

„Nun, ich glaube, Gott will mir sagen, daß ich meine Bemühungen einstellen und ihm die Sache allein überlassen soll.

Wenn er wünscht, daß ich mich wieder verheirate, dann ist er auch imstande, es zuwege zu bringen."

„Tessie, du hast eben gesagt: ‚Wenn Gott will, daß ich mich wieder verheirate.' Demnach bist du also bereit, ihn entscheiden zu lassen, ob eine Wiederverheiratung für dich in Frage kommt oder nicht."

Tessie verzog ihr Gesicht. „Welche andere Möglichkeit habe ich denn? Meine ganzen Anstrengungen waren vergeblich. Ich fühle mich geschlagen."

Da war es wieder — Verzicht! Als Tessie diesen Entschluß faßte, wich ein Großteil der nervösen Spannungen von ihr. Dies hatte in seelischer und gesellschaftlicher Hinsicht überraschende Folgen. Durch eine Ausstrahlung — von der ich nicht behaupten möchte, daß ich sie verstand — von Gelöstheit und innerer Freiheit fühlten sich Tessies männliche Freunde augenblicklich angezogen.

Offensichtlich hatte sie, nachdem sie ihr Problem in Gottes Hände gelegt hatte, auch den Übereifer abgelegt, der die Männer abschreckt. Die neue Zufriedenheit und Ausgeglichenheit, die sich daraus ergaben, schienen entwaffnend und anziehend zugleich.

Ungefähr drei Monate nach unserem mittäglichen Gespräch traf sie auf einer Dinnerparty mit Van zusammen. Er war Junggeselle, stammte aus Cleveland und hatte geschäftlich in Washington zu tun. Es stellte sich heraus, daß Van sechs Jahre zuvor mit einer Lazarettschwester verlobt gewesen war, die während ihrer Stationierung in Deutschland an Lungenentzündung gestorben war. Er fühlte sich augenblicklich zu Tessie hingezogen, obgleich er an jenem Abend nicht darüber sprach. Aber häufige Ferngespräche aus Cleveland zeigten bald, wie zuversichtlich er war, und daß er sein Ziel mit allen ihm zur Verfügung stehenden Mitteln im Auge hielt.

Tessie hatte mir oft erklärt, sie sei vor Junggesellen über 35 auf der Hut. „Nach meiner Ansicht", pflegte sie zu sagen, „sind sie irgendwie verschroben, sonst wären sie verheiratet. Sie sind Muttersöhnchen oder

Frauenverächter oder sonst so was. Ich kann mir auf jeden Fall nicht vorstellen, daß ein Junggeselle den Mut aufbringt, eine Frau mit drei lebhaften Kindern zu heiraten."

Van erwies sich in beiden Fällen als Ausnahme. Der Gedanke, eine um vieles vermehrte Verantwortung zu übernehmen, schreckte ihn nicht nur nicht ab, sondern seine Männlichkeit fühlte sich davon angesprochen. Sein Heiratsantrag erfolgte genau nach drei Wochen, nachdem sie sich kennengelernt hatten. Tessie gestand mir später: „Natürlich war meine Reaktion auf seinen Antrag ein herausgesprudeltes ‚Van, du bist ja verrückt! Ich kenne dich doch noch kaum'."

Ich lachte. „Natürlich, das stimmte ja auch. Ihr hattet euch ja nur — wie oft —dreimal getroffen?"

„Viermal", verbesserte Tessie. „Van sagte mir, daß er nicht sofort eine Antwort erwarte. Er wolle mich nur wissen lassen, wie es um ihn stehe, und daß er seiner Sache völlig sicher und fest entschlossen sei. Dann fügte er hinzu: „Wenn du davon überzeugt bist, daß es keine gemeinsame Zukunft für uns gibt, dann sag es bitte gleich und laß mich nicht vergeblich hoffen."

„Direkter konnte er sein Ziel kaum ansteuern", staunte ich.

„Ja, und was mich besonders verblüffte", fügte Tessie hinzu, „war, daß Van mit so offenem Visier kämpfte. Mit Todesverachtung schien er bereit zu sein, eine Ablehnung des Lebens hinzunehmen, das er mir zu Füßen legte." Tessie war ganz gerührt. „Da begann ich zu erkennen, daß ein Mann mit selten zu findenden Eigenschaften vor mir stand. Und dann kam der Augenblick, da mir schien, als stehe Christus über unserer Liebe und sagte: ‚Dies ist mein Geschenk. Nimm es voll Freude und mit meinem Segen!'"

Van und Tessie heirateten einige Monate später.

Nachdem Tessies Traum in Erfüllung gegangen war, verstand ich einmal mehr, was Mutter mich so viele Jahre vorher gelehrt hatte: Wenn unser Traum von Gott in unser Herz gepflanzt wurde, durchströmt uns ein seltsames Glücksgefühl. In solch einem Augenblick sind alle geistigen Hilfsquellen der Welt freigelegt, um uns zu helfen. Unser Beten ist dann eins mit dem Willen Gottes und führt hin zu den freudvollen, herrlichen Zielen, die der Schöpfer für uns und unsere Welt hat.

12 Die Abtötung des Ichs

Ich werde mich noch lange an einen bestimmten Junitag des Jahres 1955 erinnern, den ich mit einer Gruppe christlicher Freunde in einem Blockhaus in der hügeligen Landschaft von Maryland verbrachte. Dieser Tag in den Wäldern sollte ein besonderer Tag werden. Wir wollten Teile aus zwei aktuellen Büchern miteinander lesen und hernach darüber diskutieren. Wir hofften, daß dieser Tag uns der christlichen Reife einen deutlichen Schritt näherbringen werde.

Der Inhalt dieser Bücher ist in meinem Gedächtnis inzwischen miteinander verschmolzen. Das Thema aber, das uns damals beschäftigte, könnte man folgendermaßen umreißen: Viele Christen haben die falsche Vorstellung, wir könnten mit Gottes Hilfe „nette Leute" werden. Das heißt, daß das Gute im Menschen vom Bösen getrennt und entwickelt werden kann, und daß Erziehung die meisten Probleme zu lösen vermag. Durch eigene Anstrengung und eifriges Bemühen soll unser Leben „des Menschen bestes mit Gottes Hilfe" sein.

Die Hauptschwierigkeit dieser Netten-Leute-Theorie liegt darin, daß man nirgends hinkommt, wenn man ihr nachzuleben sucht. Was noch schlimmer ist, es ist kein Christentum. Nirgends sagt uns die Heilige Schrift, daß wir mit Gottes Hilfe Gutes und Böses in uns trennen können. Sie besteht vielmehr darauf, daß alle Menschen vom selben Verlangen getrieben sind: vor niemand als vor sich selbst die Knie zu beugen, seit das erste Menschenpaar versucht wurde, sich in der Hoffnung, „wie Gott" zu werden, vom Schöpfer loszureißen.

Unsere menschliche Natur könnte mit einem Apfel verglichen werden, der mit braunen Flecken der Fäulnis bedeckt ist. Es gibt keine Möglichkeit, sie herauszuschneiden, ohne den Apfel zu beschädigen; die Frucht ist vom Verfall gezeichnet.

Genauso ist jeder einzelne von uns von Eigenwillen durchdrungen; von Ehrgeiz; vom Verlangen, auf Händen getragen und bewundert zu werden; von überkritischer Haltung den andern und Überempfindlichkeit sich selbst gegenüber; vom Trieb, das Ich durch Anhäufung von Gütern zu erhöhen. So tritt das Ich wieder und wieder zutage und stellt uns ein Bein, sosehr wir auch versuchen mögen, unsere selbstsüchtigen Eigenschaften von den selbstlosen zu trennen.

Welche Lösung hat Christus für unser Dilemma? Er sagt sie uns klar und unmißverständlich: „Wer sein Leben erhalten will, der wird's verlieren; und wer sein Leben verliert um meinetwillen . . . , der wird's erhalten (Mark. 8, 35). Um es anders auszudrücken, es gibt keine andre Lösung als die schmerzliche, unbedingte Übergabe unseres ganzen natürlichen Ichs an Christus, damit es zerstört werde (die guten Teile des Apfels zusammen mit den faulen Stellen), so daß Christus uns ein neues Ich geben kann, ein aus Gott geborenes, in dem er den Mittelpunkt unseres Seins bildet. Wenn uns der Gedanke erschreckt, daß Christus im Mittelpunkt unseres Lebens stehen könne, mag es mit an der Befürchtung liegen, wir würden ohne unseren eigenen Willen zu rückgratlosen Kreaturen, zu einfarbigen Kopien werden. Beides stimmt nicht. In Wirklichkeit ist es so, daß wir gerade dann zu Kopien voneinander werden, wenn Ichsucht und Eigen-Wille in unserer Gesellschaft mehr und mehr überhandnehmen. Ein Heranwachsender, der seiner Eigenpersönlichkeit noch nicht sicher ist, hat eine Riesenangst davor, in irgendeiner Weise von seinen Kameraden abzustechen. Erwachsene, die nicht im geringsten darum besorgt sind, Gott zu gefallen, achten verzweifelt darauf, den Menschen zu gefallen. Wenn wir wenig innere Hilfsquellen haben, halten wir uns Masken vor, um unsere innere Armut zu verbergen. Und alle Masken scheinen aus derselben Fabrik zu stammen — dem „Villenvorort", dem „Vereinsmenschen", dem „Mann im grauen Flanellanzug", gefördert durch die Massenreklame und vorbereitet durch die Massenkommunikationsmittel.

Wenn wir unseren Eigen-Willen mit Gottes Willen vertauschen, entdecken wir stets, daß der neue Wille stärker und unerschütterlicher ist. Und paradoxerweise werden wir dann zu größeren Individualisten und zu einmaligeren Persönlichkeiten, als wir für möglich gehalten hätten. Das liegt daran, daß wir für die Maske das wirkliche Ich eingetauscht haben. Ich erinnere mich, daß ich an jenem Tag sehr davon beeindruckt war, wie lebendig jemand das ausdrückte. Mehrere Sätze schrieb ich mir in mein Notizbuch:

Christus sagt: „Gib mir alles. Ich will nicht soundso viel von deinem Geld und soundso viel von deiner Arbeit — ich will dich. Ich bin nicht gekommen, um dein natürliches Ich zu quälen, sondern um es abzutöten. Halbe Maßnahmen taugen nichts. Ich will nicht hier und dort einen Zweig abschneiden, sondern den ganzen Baum fällen. Ich will den kranken Zahn nicht überkronen oder plombieren, sondern ihn herausziehen. Übergib mir dein ganzes Ich, alle Begehren, die du für harmlos, und alle, die du für böse hältst — alles. Ich will dir dafür ein neues Ich geben. Ich selbst will mich dir geben, mein Wille wird der deine werden."

Für den Apostel Paulus stand diese Übergabe des eigenen Ichs an Christus, damit es abgetötet werde, im Mittelpunkt des christlichen Glaubens, „weil wir wissen, daß unser alter Mensch samt Christus gekreuzigt ist, damit der Leib der Sünde aufhöre, daß wir hinfort der Sünde nicht dienen" (Röm. 6, 6).

Für Paulus lag das Wesen der Sünde darin, daß sich der Mensch lieber von dem Grundsatz „mein Wille geschehe" als „Gottes Wille geschehe" beherrschen läßt. Wir müssen uns, so sagt der Apostel, grundsätzlich entscheiden, wer bei uns Meister sein soll. Wenn wir es unterlassen, die Wahl bewußt zu treffen, dann treffen wir sie unbewußt durch unsere Nachlässigkeit. In diesem Fall herrscht das Ich auf dem Thron unseres Herzens.

Als wir an jenem Tag im Wohnraum des Blockhauses saßen, betonte Sheldon Turner, der die Diskussion leitete, daß die relativ neue Wissenschaft der Psychologie unabhängig von der Theologie zur selben Schlußfolgerung gekommen ist. Es gibt keine Reife oder Erfüllung der menschlichen Persönlichkeit ohne Vernichtung der Ichbezogenheit. Einer der Anwesenden, ein Psychiater, drückte es so aus: „Ichbezogenheit in irgendeiner Form führt immer zu schwierigen Erfahrungen, die wir als Krisen bezeichnen ... Je ichbezogener und deshalb starrer wir sind, um so weniger sind wir fähig, die Lasten des Lebens zu tragen (zunehmende Ichbezogenheit zerstört sich selbst; wer sein Leben zu retten sucht, vernichtet es). Dies muß so sein, da der Zusammenbruch des Ichs — der Zusammenbruch des Systems irrtümlicher Vorstellungen, die das Ich wie eine Schale einschließen und Äußerungen seiner Kraft einschränken — ein grundlegendes Ziel menschlichen Schicksals ist."

Knapp vor dem Mittagessen wurden Papier und Bleistifte ausgeteilt, und jeder von uns suchte die charakteristischen Merkmale des egozentrischen Menschen im Gegensatz zu dem auf Gott ausgerichteten Menschen niederzuschreiben. Zusammengefaßt sahen die Listen etwa so aus:

DIE ICH-BEZOGENE PERSÖNLICHKEIT	DIE GOTT-BEZOGENE PERSÖNLICHKEIT
„Mein Wille geschehe"	*„Dein Wille geschehe"*
Ist eifrig auf eigenen Ruhm bedacht.	Hat wahre Demut.
Ist besorgt um die Meinung, die andre Leute von ihr haben; ersehnt Bewunderung und Popularität.	Wird in zunehmendem Maße frei vom Bedürfnis nach Lob und Anerkennung durch andre.
Ist starr; von sich selbst eingenommen.	Ist anpassungsfähig.
Kann Kritik nicht ausstehen.	Nimmt Kritik sachlich entgegen; gewinnt gewöhnlich Nutzen davon.
Wünscht Macht über andere; benutzt andere für ihre Zwecke.	Widmet sich dem allgemeinen Wohl.
Wünscht Bequemlichkeit; ist nachgiebig gegen sich selbst.	Verzichtet, wenn notwendig, auf Bequemlichkeit; weiß, daß viele dem Ich kostbare Annehmlichkeiten unter Umständen aufgegeben werden müssen.
Hält Selbsterhaltung für eine Sache von größter Wichtigkeit.	Ist sich bewußt, daß man sein Leben verliert, um es zu gewinnen.

DIE ICH-BEZOGENE PERSÖNLICHKEIT	DIE GOTT-BEZOGENE PERSÖNLICHKEIT
„Mein Wille geschehe"	*„Dein Wille geschehe"*
Sucht ihre Bedürfnisse selbst zu befriedigen; verfügt über einen praktischen Atheismus, der ihr das Gefühl gibt, Gott nicht zu benötigen.	Weiß sehr genau, daß sie Gott im Alltagsleben benötigt.
Fühlt, daß ihr das Leben gewisse Dinge schuldet.	Erkennt, daß ihr das Leben nichts schuldet.
Ist überempfindlich; Gefühle sind rasch verletzt; nährt Ressentiments.	Vergibt andern bereitwillig.
Erholt sich langsam und mühsam von Enttäuschungen.	Hat die Fähigkeit, sich über Enttäuschungen zu erheben und sie schöpferisch zu nutzen.
Vertraut hinsichtlich ihrer Sicherheit auf materiellen Besitz.	Weiß, daß ihre Sicherheit in der Beziehung zu Gott und nicht in irdischen Dingen liegt.
Schwelgt in Selbstmitleid, wenn etwas schiefgeht.	Verfügt über nüchterne Spannkraft, wenn etwas schiefgeht.
Benötigt Lob und öffentliche Anerkennung für ihre guten Taten.	Arbeitet gut mit anderen zusammen; kann sich mit dem zweiten Platz begnügen.
Ist nachsichtig, sogar blind gegenüber den eigenen Sünden; entsetzt über die bösen Taten anderer.	Versteht das mögliche Böse in sich und legt es Gott zu Füßen; entsetzt sich nicht darüber, bei sich oder andern böse Regungen zu entdecken.

DIE ICH-BEZOGENE PERSÖNLICHKEIT	DIE GOTT-BEZOGENE PERSÖNLICHKEIT
„Mein Wille geschehe"	*„Dein Wille geschehe"*
Ist selbstgefällig; ersehnt den Seelenfrieden, der sie unwillkommener Verantwortung enthebt.	Weiß, daß der Kampf zwischen Gut und Böse keinen ungestörten Frieden erlaubt.
Liebt diejenigen, die sie lieben.	Kann alle Menschen lieben, auch die, die es nicht wert sind; fühlt sich in Gott mit der ganzen Menschheit eins.

Als die Gruppe sich nach dem Lunch wieder versammelte, fragte ein Mädchen sofort: „Aber wie verhält man sich dem Mein-Wille-Geschehe gegenüber? Wer vermag das eigene Ich schon ganz loszuwerden?"

„Vielleicht nicht in diesem Leben", sagte Sheldon nachdenklich. „Aber wir Menschen würden es auf keinem Gebiet zu einem Fortschritt gebracht haben, wenn wir uns gesagt hätten, daß wir gar nicht erst versuchen wollen, was wir nicht vollkommen tun können. Erinnern Sie sich — Christus verspricht uns ein Wunder mit dieser Abtötung des Ichs, und daß uns dies viel besser gelingt, als wir je für möglich halten."

Das Mädchen wiederholte seine Frage: „Gut, wie macht man es?"

Hierauf zitierte Sheldon das Pauluswort: „Denn ihr seid gestorben, und euer Leben ist verborgen mit Christus in Gott" (Kol. 3, 3).

Es wurde aufgezeigt, daß das „seid gestorben" auf einen bestimmten Punkt in der Vergangenheit hindeutet. Deshalb ist dieses Ablegen des alten tyrannischen Ichs ein ebenso wohlerwogener Schritt wie der Eintritt ins christliche Leben.

Wir arbeiteten hierfür einige Richtlinien aus, die ungefähr folgendermaßen lauteten:

1. Wir sehen die Grenzen eines ichbezogenen Lebens und welche Gefahr es auf allen Gebieten darstellt.
2. Wir sprechen das Urteil über unser natürliches Ich, indem wir Gott sagen, daß wir einverstanden sind, wenn er es vernichtet. Unsere Ein-

willigung ist eine zu einem bestimmten Zeitpunkt abgegebene endgültige Handlung.

3. Gläubig akzeptieren wir die Tatsache, daß Gott uns gehört hat, und auch, daß alles weitere bei ihm steht. Wir rechnen nun gläubig damit, daß er die Abtötung unseres Ichs schon in Angriff genommen hat.
4. Es wird eine Krise oder eine Reihe von Krisen geben. Wir durchleben sie Schritt für Schritt. Dies ist der offensichtliche Beweis, daß die Abtötung des Ichs im Gang ist.
5. Wir werden noch täglich zwischen Selbstsucht und Selbstlosigkeit zu wählen haben. Aber die große Entscheidung, lieber Christus als das eigene Ich herrschen zu lassen, macht alle kleinen Entscheidungen leichter. Dies ist das „tägliche Aufsichnehmen des Kreuzes", von dem Jesus sprach.

Sheldon warnte uns, Gott um die Abtötung unseres Ichs zu bitten, wenn wir es nicht ernst damit meinen. Denn niemand weiß im voraus, welch schmerzliche Erfahrungen Gott daraufhin zulassen wird. Immerhin hat der Eigenwille eines jeden Menschen andre Formen, und Gott wird ihn an seiner verwundbarsten Stelle treffen.

Dann fügte er noch hinzu: „Aber ich möchte kein zu düsteres Bild entwerfen. Vielleicht wird Ihnen dies ein Trost sein: Für Sie, die Sie schon ins christliche Leben eingetreten sind, muß die Abtötung des Ichs früher oder später erfolgen, hier oder im nächsten Leben. Also können Sie ebensogut gleich damit beginnen und es hinter sich bringen, damit Sie jetzt schon zu wirklichem Glück durchdringen können."

Er lächelte uns an, und in seinen blauen Augen stand ein besonderes Licht. Wir kannten diesen bemerkenswerten Laienführer schon seit langem. Irgendwann in seinem Leben hatte er das eigene Ich in einem Grad hinter sich gelassen, wie es kaum möglich schien. Aber er hatte die Erfahrung nicht nur überlebt, sondern wurde zu einer der erfreulichsten Persönlichkeiten, die ich kenne, erfolgreich in seinem Anwaltberuf, kraftvoll im Umgang mit andren Menschen.

Was Sheldon „die Abtötung des Ichs" nannte, ist die „Krise", von der der oben erwähnte Psychiater sprach. Paulus bezeichnete sie als die Kreuzigung des „alten Menschen", und es ist nur menschlich, davor zu fliehen. Das Christentum, so denken die meisten von uns, ist bis zu einem bestimmten Punkt ganz schön: Solang wir es uns nämlich dienstbar machen können;

solang es uns Seelenfrieden verleiht, etwas vom Staub unserer inneren Konflikte wegräumt, uns zu erträglicheren Menschen macht — schön, gut! Aber dies sind reine Äußerlichkeiten und hieße, das Christentum als Rosenwasserphilosophie zu interpretieren, die für nette Leute eine angenehme Atmosphäre schafft. Aber nette Leute haben keine scharfe Schneide. Sie wissen auch keine Antwort auf die Probleme, die unsere Welt bedrängen. Wir beginnen zu verstehen, daß kein Mensch wert ist zu herrschen, ehe er selbst nicht beherrscht wurde; kein Mensch kann gut führen, wenn er sich nicht einer Führerschaft anvertraut hat, die größer als die eigene ist. Selbst Jesus Christus war keine Ausnahme. Er sagte immer wieder, daß er nicht seinen eigenen Willen, sondern den Willen desjenigen erfülle, der ihn sandte.

Ich fand Sheldon Turners Gedanken verwirrend: „Der gekreuzigte Christus wird für Sie Wirklichkeit, wenn Sie sich auf diese harte Realität im Mittelpunkt des christlichen Glaubens einstellen. Wie hätte er für Sie zur Tatsache werden können, solang Sie selbst — und nicht Jesus — noch immer im Mittelpunkt Ihres Lebens stehen?"

Als die Wälder um das Blockhaus dunkler wurden und das Ende des Tages näherrückte, hatten wir vieles zu überdenken. Wer von uns sich entschloß, den Sprung zu wagen, tat es nicht so leicht. In der Tat, wir kamen uns vor, als stimmten wir einer Art geistigem Roulettespiel zu. Ehe wir uns trennten und nach Washington zurückfuhren, beschlossen wir, miteinander in Verbindung zu bleiben. Wir wollten wissen, was auf diesen Tag hin mit uns geschah, mit anderen Worten, wie Gott diese Abtötung unsres Ichs bewerkstelligen würde. Rückblickend muß ich sagen, daß niemand von uns diese Frage hätte beantworten können.

Ein eigenes Buch wäre nötig, wollte man bis ins einzelne beschreiben, was mit uns sieben geschah, die wir uns auf das Abenteuer der Abtötung unseres Ichs eingelassen hatten. Soweit ich hier darüber berichten kann, habe ich — wie immer in diesem Buch — die Namen und ein paar Einzelheiten geändert, um die Freunde, von denen die Rede ist, nicht in Verlegenheit zu bringen.

Einen Geschäftsmann traf es an zwei Punkten — seiner Männlichkeit und seinem beruflichen Ansehen. Ed gehörte zu der Sorte verheirateter Männer, denen ein harmloser Flirt Vergnügen bereitet. Er war der Meinung, daß Flirten ein netter Spaß sei, solang es nicht zu irgendwelchen Konsequenzen führte. Wahrscheinlich kam ihm — während er sein männliches Ich mit der Anbetung und Schmeichelei junger Sekretärinnen fütterte — niemals der Gedanke, daß diese sich in ihn verlieben und dabei Schaden nehmen könnten.

So hatte er schon seit Wochen Isobel, die jüngste Bürohilfe, jeden Nachmittag nach der Arbeit nach Hause gefahren. Die Aufmerksamkeit eines älteren Mannes, insbesondere des Chefs, schmeichelte ihr. Abends in ihrem Zimmer baute Isobel Traumschlösser, sah jede seiner Gesten in romantischem Licht, erinnerte sich an jedes seiner Worte. Sie schrieb ihrem Chef sogar eine Reihe von Liebesbriefen, hatte allerdings nie den Mut, diese abzusenden, sondern hob sie in einem ledernen Schmuckkästchen auf, das abgeschlossen in der Schublade ihres Toilettentisches stand.

Eines Abends vergaß sie, das Kästchen zu verschließen.

Beim Zimmermachen fand Isobels Mutter die Briefe. Sie schloß aus ihnen, daß ihre Tochter ein Verhältnis mit ihrem Chef habe. Wütend darüber, daß der ältere Mann ein unschuldiges Mädchen verführt hatte, beschloß sie, etwas zu unternehmen.

Bald darauf erhielt Ed einen anonymen Brief; er beschuldigte ihn des Ehebruchs und drohte, die Sache seiner Frau und dem Vorstand der Firma zu unterbreiten. Zuerst sah er den Brief als Scherz an. Er hatte ja keinen Ehebruch begangen! Zweifellos war der Brief von irgendeinem Spinner geschrieben worden. Verächtlich zerriß er ihn in kleine Stücke und warf die Fetzen in den Papierkorb.

Aber als der zweite, der dritte und der vierte Brief eintrafen, jeder verletzender als der vorhergehende, und man mit Erpressung drohte, geriet Ed allmählich doch in Aufregung. Die wiederholte Drohung des Briefschreibers, sich an seine Frau und seinen Vorstand zu wenden, veranlaßte ihn schließlich, ihnen selbst von der Sache zu erzählen. Außerdem begab er sich mit den Briefen zum Polizeichef seines Distrikts.

Die Post der Vereinigten Staaten zu Erpressungsversuchen zu benutzen, ist ein strafbares Vergehen; also machten sich die Polizeibeamten an die Arbeit. Durch kluge polizeiliche Erhebungen wurde schon bald die Mutter gefaßt. Ed war entsetzt. Wie konnte sich daraus, daß er ein Mädchen nach der Arbeit ein paarmal nach Hause fuhr, ein so ernstes Mißverständnis entwickeln?

Dann betrachtete er sich selbst und seine Gewohnheit, den Frauen den Hof zu machen, die er bisher immer für ein harmloses Vergnügen gehalten hatte, einmal mit andren Augen. Mit einer neuen Demut stattete er Isobel und ihrer erschreckten Familie einen Besuch ab. Es muß an jenem Abend eine ziemliche Szene gegeben haben. Ed sagte hinterher, daß er während jener Stunden zum Mann wurde.

Er nahm die volle Verantwortung für das Geschehene auf sich und versicherte den Eltern des Mädchens, daß er keine Liebschaft mit ihrer Tochter habe.

Behutsam versuchte er sodann Isobel begreiflich zu machen, wie sehr er seine Frau liebte und was ihm seine Ehe bedeutete; außerdem bat er sie um Verzeihung für das, was sie als unausgesprochenes Versprechen angesehen hatte.

Isobels Mutter hätte eine Gefängnisstrafe erhalten, wäre Ed nicht persönlich für sie eingetreten. In der Erkenntnis, daß zwischen diesen Ereignissen und der Abtötung des Ichs, zu der er sich verpflichtet hatte, ein Zusammenhang bestand, fühlte sich Ed — Stolz hin, Stolz her — verpflichtet, dem Richter die ganze Geschichte zu erzählen. Isobels Mutter hatte ihre Lehre erhalten und würde sich gewiß kein solches Vergehen mehr zuschulden kommen lassen.

Es wäre verheerend für die ganze Familie gewesen, wenn die Mutter verurteilt würde. Isobel und ihre zwei jüngeren Brüder würden über die Schande vielleicht nie mehr hinwegkommen.

Der Richter setzte nach einer strengen Verwarnung der Mutter die Strafe zur Bewährung aus. Die Kriminalbeamten aber, die auf Veranlassung Eds so hart gearbeitet hatten, um den Täter zu fassen, machten keinen Hehl aus ihrem Ärger über Ed und seine Weichheit. Auch dies war hart für seinen Stolz.

So endete diese Krise. Sie war nur zwei Wochen nach Eds Entschluß an jenem Rüsttag eingetreten. Obgleich wir sieben uns seit langem gekannt hatten, staunten wir doch, daß Ed eine so persönliche Erfahrung mit uns zu teilen wünschte. Er bestand darauf. „Es diesem einen Kreis enger Freunde zu erzählen, ist ein Teil der Therapie, meine ich. Überdies wird es mir dadurch schwerer, solch unreifes Zeug erneut zu tun. Sheldon hatte uns gewarnt, daß die Abtötung des Ichs schmerzhaft sein würde. Das war es! Doch ich bin dankbar, so dankbar, daß es geschehen ist."

Aus Eds Erfahrung und einigen anderen Erlebnissen begannen wir zu ersehen, auf welch charakteristische Weise Gott die Abtötung des alten Ichs handhabt. In gewissem Sinn werden die Krisen gar nicht von Gott gesandt — das heißt nicht von oben auferlegt —, sondern jede Krise ist das direkte Ergebnis menschlicher Schwachheit, Starrheit und mangelnder Weisheit der eigenen egoistischen Handlungen. Die Zeitpunkte aber, zu denen sie eintraten, schienen allerdings bemerkenswert.

Allen Bedrängnissen gemeinsam war der Zug, daß sie nie so vollkommen außer Kontrolle gerieten, daß dem davon Betroffenen oder andren Menschen Schaden daraus erwuchs. Die Dolchstöße richteten sich gegen die falschen Werte, gegen das Böse unter der Maske des Guten. Das wirkliche Ich ging unverletzt daraus hervor, ja, stärker als vorher und mit neuer Fähigkeit, den Problemen des Lebens entgegenzutreten. Wie bei Ed schien Gott auch hier die Situation in der Hand zu haben, sie zu lenken und katastrophale Folgen zu verhindern.

Wir erblickten darin einen ehrfurchtgebietenden Beweis der Liebe Gottes zum Einzelmenschen — einen Beweis jener göttlichen Liebe, die in so unnachahmlicher Weise Güte und eiserne Disziplin miteinander vereint. Ed sagte uns, daß er nun zu verstehen glaube, was der Verfasser des Hebräerbriefes meinte, als er sagte: „Welchen der Herr lieb hat, den züchtigt er ... Als seinen Kindern begegnet euch Gott ... Alle Züchtigung aber, wenn sie da ist, dünkt uns nicht Freude, sondern Traurigkeit zu sein; aber danach wird sie geben eine friedsame Frucht der Gerechtigkeit denen, die dadurch geübt sind" (Hebr. 12, 6; 7; 11).

Unter uns sieben befand sich auch ein Geistlicher. Roger war unbedingt das, was man unter einer Persönlichkeit versteht und besaß ein angeborenes Talent zum Predigen. Seine Seminarzeit lag etwa dreizehn Jahre zurück, er war der beliebte Pastor einer blühenden lutherischen Kirche in Nordvirginia.

Rogers Krise war nur unbequem im Vergleich zu der Pein, unter der Ed gelitten hatte, vielleicht, weil Roger schon kräftiger gegen die eigenen egoistischen Neigungen angekämpft hatte als wir übrigen.

„In den letzten paar Jahren", erklärte uns Roger, „erhielt ich mehrere Aufforderungen von Gemeinden, ihr Pastor zu werden; manche waren groß und bedeutend. Es ist ziemlich schmeichelhaft, vom Pfarrausschuß

einer entfernten Gemeinde gebeten zu werden, eine Gastpredigt zu halten; man wird bewirtet, gefeiert, umworben und bekommt alles Mögliche geboten, um dem Ruf zu folgen.
Ich prüfte stets sehr gewissenhaft, welche Haltung ich gegenüber solchen Angeboten einnehmen sollte, was zur Folge hatte, daß die Verhandlungen oft sehr weit gediehen. Daher waren die einzelnen Pfarrausschüsse oft sehr hoffnungsvoll. Und dann geschah es immer wieder, daß mich meine eigene Gemeinde ganz dringend zu bleiben bat — und ich blieb."
„Aber war das nicht eine Art amtsgeistliches Kokettieren?" fragte jemand.
Roger lächelte. „Das weiß ich jetzt. Es ähnelte dem Flirten, von dem Ed uns erzählt hat, und es hatte denselben Grund. Mein Ich gedieh dabei vortrefflich."
„Worin bestand schließlich die Krise?" fragte ich.
„Kurz nach dem Rüsttag erhielt ich eine Aufforderung von einer Gemeinde in Denver im Staate Colorado; meine Frau und ich reisten auf ihre Kosten dorthin. Eine herrliche Reise!
Unsere Hotelzimmer waren mit Blumen geschmückt, Ansteckspräußchen für Betty lagen bereit. Die Zeitungen brachten Bildberichte über Betty und mich. Schlagzeilen wie *Auf Besuch weilender Pastor schätzt Gastfreundlichkeit Denvers — Pfarrer aus Virginia predigt morgen im 11-Uhr-Gottesdienst — Möglicher Nachfolger von ...*
Wir stellten sehr schnell fest, daß die Gemeinde in zwei theologische Lager gespalten war, außerdem störte uns sehr, daß unser Besuch so viele Zeitungsberichte ausgelöst hatte. Zwei Tage nach meiner Rückkehr erhielt ich einen Brief, in dem mir mitgeteilt wurde, der Pfarrausschuß habe zwar der Gemeinde meine Berufung vorgeschlagen, die Gemeinde aber mit 608 zu 462 Stimmen abgelehnt. Sie hielten mich dogmatisch für nicht verläßlich genug — oder so ähnlich.
Ich weiß, Ihnen mag das töricht vorkommen, aber mein Stolz litt tagelang darunter. Betty lachte und sagte, es schade mir nichts. Das stimmte natürlich! Aber die Zeitungsberichte! Besonders die Schlagzeile: *Kirche in Denver wird Pastor ... nicht berufen; Anschauungen über Christus der Grund.* Meine Anschauungen über Christus waren keineswegs der Grund. Es schmerzte, denn Christus bedeutet mir alles. Und natürlich sickerte die ganze Geschichte auch nach Virginia durch! Nun, ich mußte der Tatsache

ins Auge sehen, daß es einfach nicht geht, mit den Gefühlen ganzer Kirchengemeinden zu spielen. Und ich habe gründlich nach den Motiven für mein, wie ihr es nanntet, amtsgeistliches Kokettieren gesucht.
Die Versuchung, Problemen in der eigenen Gemeinde auszuweichen, hat natürlich immer damit zu tun. Überdies ist es schmeichelhaft, wenn einen zwei Pfarrgemeinden zugleich haben wollen. Am schlimmsten aber war der Mangel an Ehrlichkeit mir selbst und allen anderen gegenüber. Von nun an", schloß Roger, „muß ich ehrlich sein, unbedingt ehrlich."

Beverleys Krise durchlebte ich persönlich mit, denn wir waren alte Freundinnen. Zwischen uns herrschte die Vertrautheit, die sich einstellt, wenn man Kummer und Leid miteinander teilt. Zuerst fühlten wir uns zueinander hingezogen, weil wir beide verwitwet waren und Söhne großzuziehen hatten. Beverley hatte zwei Söhne, Kenneth und seinen jüngeren Bruder Sam; ihr Mann war im zweiten Weltkrieg im Dschungel von Neuguinea umgekommen. Zuerst war er als vermißt gemeldet worden. Aber als die Monate zu Jahren wurden, schwand Bevs anfängliche Hoffnung und machte der Überzeugung Platz, daß Jim nie wiederkommen werde. Sie sollte recht behalten. All dies hatten wir miteinander geteilt — und viel mehr.
An dem Rüsttag hatten Bev und ich während einer Pause draußen unter den Bäumen gesessen. „Ich brauchte diesen Tag dringend", vertraute sie mir an. „Ich war in letzter Zeit so durcheinander! Zwischen den Jungen und mir steht eine Mauer, besonders bei Kenneth. Ich kann einfach keinen Kontakt mehr mit ihm bekommen und habe keine rechte Freude mehr. Nicht einmal das Ausspannen macht mir augenblicklich Spaß. Neulich nahm mich eine Bekannte abends mit ins Shoreham. Während des Abendessens kam es mir plötzlich so vor, als hätte sich ein Teil meines Ichs abgespalten und stünde sachlich beobachtend neben mir."
„Und was sah es?" fragte ich.
Bev lehnte ihren Kopf an einen Baumstamm.
„Oh, eine Menge Menschen, mich selbst mit inbegriffen, die sich krampfhaft bemühten, vergnügt zu sein. Mittelpunkt unseres Spiels war die Verstellung. Du weißt schon — es war, als sage man sich, ‚dieser Abend kostet mich allerhand. Ich habe dafür bezahlt, also will ich mich auch vergnügen, und wenn es mich umbringt.'"

Wir lachten beide. „Ich weiß, was du meinst."
„Nun", fuhr Bev fort, „jedenfalls habe ich schon heute herausgefunden, was mit mir nicht stimmt."
Meine Freundin spielte nachdenklich mit einem Grashalm. „Unmittelbar nachdem Jim fort mußte, bat ich Gott, mein Leben in die Hand zu nehmen und darüber zu herrschen. Aber mein Ich kroch an seinen Platz zurück und hat oft an Gottes Stelle geherrscht."
„Mir kommt es eigentlich nicht so vor", wandte ich ein.
„Es ist trotzdem wahr. Zum Beispiel habe ich, was das Trinken anbelangt, in letzter Zeit Zugeständnisse gemacht, und das kann für meine Buben nicht übermäßig gut sein. Ich merke, wie ich manchmal einen Cocktail annehme, wenn ich eigentlich gar keinen will, nur damit die Leute nicht denken, ich sei anders als sie. Das heißt also, daß ich mich viel zu sehr um die Meinung andrer Leute und nicht genug um meine eigene kümmere.
Und dann verwende ich meine Zeit selbstsüchtig, ich habe mir für die Buben nicht genügend genommen. Manche ihrer Interessen, Baseball zum Beispiel, finde ich scheußlich langweilig. Aber ich gebe mir nicht genug Mühe, sie zu verstehen. Da ist noch mehr ..."
Wir wurden wieder ins Blockhaus gerufen, aber dank dieser neuen Einsicht beschloß Bev, den Sprung in die Abtötung des Ichs zu wagen.
Ihre Krise begann an einem Montagmorgen, der ihr Herzeleid und viel Aufregung bringen sollte. Um 7.30 Uhr klingelte das Telefon. Es war Kriminalkommissar C. vom 6. Revier, Jugendabteilung. Seine Stimme klang freundlich. Er wußte wohl, daß das, was er der jungen Witwe zu sagen hatte, ein schwerer Schlag für sie bedeutete. Kenneth und drei andre Jungen hatten am Samstagabend allerhand groben Unfug verübt — Eigentum der Schule entwendet, zwei Äxte und einen Feuerlöscher, und die Scheinwerfer zweier Schulbusse eingeschlagen. Bev erzählte mir später, sie habe so heftig zu zittern begonnen, daß sie den Telefonhörer kaum noch halten konnte.
„Sie und Ihr Sohn müssen heute nachmittag auf dem 6. Revier erscheinen", schloß er.
Bev legte auf und rief mich sofort an. Ich war bestürzt, stellte aber keine Fragen. „Ich komme zu dir hinüber, sowie ich angezogen bin", sagte ich.
Ihre Stimme zitterte. „Wie in aller Welt konnte Kenneth so etwas tun? Ich kann es einfach nicht verstehen." Sie begann zu weinen.

Als ich in Bevs Wohnung kam, war Kenneth bei ihr im Wohnzimmer. Sie hatte ihn aus der Schule dabehalten, damit wir vor dem Verhör noch mit ihm reden konnten.

Der Junge war vierzehn, hochaufgeschossen, und sein Gesicht an jenem Morgen abwechselnd rot und blaß unter dem rötlichen Haarschopf. Er wirkte bedrückt. Seine Mutter sagte unaufhörlich: „Kenneth, du mußt uns alles sagen. Es wäre schrecklich, wenn uns heute nachmittag noch etwas anderes eröffnet würde. Es ist höchste Zeit zur Ehrlichkeit — zu wirklicher Ehrlichkeit. Wie sollen wir dir sonst helfen?"

Dann rief der Schulleiter an. Er wollte Kenneth am späteren Vormittag sehen. Nachdem der Junge gegangen war, beteten Bev und ich miteinander. Es war eines jener echten Gebete — wenn zwei Menschen es ernst und ehrlich meinen.

An jenem Nachmittag verbrachten wir drei Stunden auf dem Polizeirevier. Zwei Herren vom Jugendgericht hatten eine Stunde und fünfundvierzig Minuten Verspätung. Wir warteten mit den Eltern der andern Jungen im Vorzimmer und beobachteten die Zeiger der Uhr, die mit aufreizender Langsamkeit vorrückten. Ich erinnere mich besonders an einen Mann mit schwarzem, von grauen Fäden durchzogenem Haar und großen, glänzenden braunen Augen — er trug Kleider, die nicht zusammenpaßten und Tennisschuhe mitten im Winter — und an das traurige, bestürzte Gesicht eines andern Vaters, mit Augen, die denen eines verletzten Tieres glichen.

Eine Mutter mit einem von Kummer zerfurchten Gesicht hatte ihr Hündchen mitgebracht. Sie hielt den kleinen Terrier an einer Leine, die aus einer Krawatte ihres Sohnes bestand.

Die Eltern eines andern Jungen waren im Ausland, und an ihrer Stelle war ein Verwandter gekommen, ein Nervenarzt, jung und frühzeitig ergraut. Ich konnte fast sehen, wie sein geschulter Verstand mit der Frage rang, was wohl in diese Jungen gefahren war.

Schließlich trafen die beiden Beamten ein, und wir wurden aufgefordert, uns in einen Hinterraum zu begeben. Obgleich es zwanglos zuging, herrschte doch eine Gerichtssaalatmosphäre. Das Jugendgericht saß hinter einem langen Tisch. Für die Jungen und ihre Eltern waren mehrere Bänke da.

Ich sah Bev an und wußte, daß sie den Tränen nahe war.

Während wir auf den Beginn der Vernehmung warteten, legte einer der Jungen, der Sohn des Mannes mit dem bestürzten, verletzten Blick, den Kopf auf den Tisch und begann zu schluchzen. Er weinte leise vor sich hin und suchte den Ton mit den Armen zu unterdrücken, um keine Aufmerksamkeit zu erregen. Später fanden wir heraus, daß sich der Junge seit seiner frühen Kindheit gewünscht hatte, einmal nach West Point zu kommen. Falls dieses Vorkommnis im Strafregister eingetragen wurde, würde er seinen Herzenswunsch nie verwirklichen können.

Kenneth war die ganze Zeit von Röte übergossen. Bei dem Verhör stellte es sich heraus, daß er derjenige gewesen war, der für die andren Jungen Bier gekauft hatte. Inwieweit war das Bier an ihrem Verhalten schuld gewesen? Wer konnte das sagen? Ich wußte, daß Bev ihre eigene, noch nicht lange zurückliegende Nachgiebigkeit gegenüber dem Trinken mit dem Biereinkauf ihres Sohnes in Verbindung bringen würde.

Kenneth stand aufrecht da und sagte: „Herr Richter." Ich blickte ihn an und war plötzlich überzeugt, daß aus diesem Jungen etwas Rechtes werden würde. Aber das minderte den heftigen Schmerz nicht, den ich für Bev und Kenneth fühlte.

Die Richter hätten die Situation nicht mitfühlender und verständnisvoller handhaben können. In den Washingtoner Zeitungen stand nicht ein Wort über die Sache. Klugerweise zogen sie das Urteil lange genug hinaus, so daß Kenneth sich sehr ängstigte. Eine Woche nach der ersten Vernehmung mußten er und Bev noch einmal vor Gericht erscheinen. Der angerichtete Schaden mußte natürlich bezahlt werden. Aber zu guter Letzt ließ das Jugendgericht die Sache ohne Eintrag ins Strafregister fallen, da es der Überzeugung war, daß diese Jungen sich die Lehre zu Herzen genommen hatten.

Einmal mehr hatte Gott die Umstände gerade so gelenkt, wie es eine strenge Disziplin gebot, doch ohne daß dauernder Schaden daraus entstand.

Eine Woche später sagte Bev zu mir: „Ich wußte gar nicht, daß Mutterstolz so verwundbar machen kann. *Meine* Söhne . . . die Angst, daß *mein* Ansehen geschädigt würde . . . Die Möglichkeit, daß der gute Name *meines* toten Mannes befleckt würde . . . Alles eine Sache meines eigenen Stolzes!

Ich weiß, der Kernpunkt meines Problems mit Kenneth war einfach der, daß ich darauf bestand, meine Kinder als mein Eigentum zu betrachten.

Kenneth ist ein Einzelmensch aus eigenem Recht. Er gehört Gott, nicht mir; er wurde mir nur für einige Jahre ausgeliehen.
Inzwischen habe ich von Mensch zu Mensch mit Kenneth gesprochen. Ich habe meine Fehler, Befürchtungen und Schwächen zugegeben, wo ich seine Hilfe benötige. Catherine, in dieser einen Woche erlebte ich, wie sich ein Wunder entfaltete."
Bevs Gesicht glühte vor Freude über ihre Entdeckung. „Die Mauer zwischen uns ist eingestürzt wie die Mauern von Jericho." Tränen standen in ihren Augen — dieses Mal Tränen des Glücks, der Erleichterung und Dankbarkeit.

Es ist unmöglich, Erfahrungen zu durchleben, wie wir sieben sie machten, und gleichzeitig das Eingreifen eines lebendigen Gottes ins heutige Leben zu bezweifeln. Wir lernten in kurzer Zeit sehr viel, wir lernten, daß Christus buchstäblich vor der Tür unseres Herzens steht, aber niemals eindringt, ehe wir ihn nicht dazu einladen. . . Die Unmittelbarkeit seines Eindringens in unser Leben, wenn wir ihm die Tür öffnen . . . Sein immerwährendes Interesse daran, daß wir unser oberflächliches Getändel mit dem Leben aufgeben und zu Reife und Wirksamkeit fortschreiten . . . Seine gründliche Kenntnis unserer schwächsten Stellen . . . Wer, außer Christus, könnte so unfehlbar um jene Auflehnung wissen, die sogar uns selbst sorgfältig verborgen ist?
All dies ließ uns staunend und von Scheu ergriffen zurück. Ihn anbeten? Natürlich! Wie könnten wir anders? Denn er ist der einzige, der der Anbetung würdig, im höchsten Grade würdig ist! Und doch muß der erste Schritt auf jene große Liebe zu immer von uns ausgehen.

13 Das Evangelium der Heilung

Unser Sonntagsschullehrer erzählte uns die Geschichte von dem blindgeborenen Mann, der durch Jesus sein Augenlicht erhalten hatte. Wir waren leicht zu beeindruckende Zwölfjährige. Ich kann mich erinnern, daß mich der Gedanke begeisterte, welch große Aufregung diese Heilung verursacht haben muß. Sicherlich sprach man im Heimatdorf des Mannes fast nur noch davon. Ich stellte mir die Unterhaltung der Leute etwa so vor:

„Ist das nicht der Bettler, der sein Leben lang blind war?"

„Es scheint so."

„Das ist nicht möglich! Wer könnte einen Menschen heilen, der blind zur Welt kam?"

„Wir wollen seine Eltern fragen. Sie werden es sicher wissen."

Und so suchten sie Vater und Mutter des Mannes auf, die jedoch sehr zurückhaltend waren: „Wir wissen es nicht. Warum fragt ihr unseren Sohn nicht selbst?"

Während die Leute die Sache besprachen und sich ereiferten, stand der Geheilte da und sagte immer wieder: „Alles was ich weiß, ist daß ich blind war; jetzt kann ich sehen. Ist das nicht wunderbar?"

„Aber was machte er mit dir — wie machte er dich sehend?" drang man fragend in ihn.

Da wurde der Mann ungeduldig. „Ich habe es euch schon gesagt. Er strich einen Teig auf meine Augen; diesen wusch ich, genau wie er mir auftrug, im Teich Siloah weg. Jetzt kann ich sehen. Versteht ihr denn nicht? Ich kann sehen!"

Aber die Pharisäer und Schriftgelehrten hatten es überhaupt nicht wunderbar gefunden, weil die Heilung ihren geistigen Obstkarren umgeworfen hatte und die Früchte nun holterdipolter in alle Richtungen kollerten.

Ein gewisser überschwenglicher Ton an der Geschichte sprach den Rebellen in mir an, und ich fragte mich, ob Jesus wohl auch Vergnügen an dem Spektakulum gehabt haben mochte.
Einige Sonntage später hörte ich dann eine Predigt, die der wundervollen Geschichte, die wir in der Sonntagsschule gehört hatten, zu widersprechen schien. Ich kann mich der genauen Worte nicht mehr erinnern, aber der Sinn war etwa folgender:

> Wir sollten heutzutage nicht Wunder erwarten, wie die Bibel sie berichtet. Die Wunder im Neuen Testament galten einer ganz bestimmten Zeit. Sie waren eine besondere Fügung Gottes und sollten die Tatsache bestätigen, daß Jesus wirklich von Gott gesandt war. Sie waren außerdem notwendig, um die christliche Bewegung ins Leben zu rufen. Allmählich versiegte das wunderwirkende Element im Christentum, weil es nicht mehr nötig war, ja geradezu gefährlich hätte werden können. Heute erhört Gott unsere Gebete auf andre Weise, durch Arzneimittel und die Geschicklichkeit unserer Ärzte und Wissenschaftler ...

Ich war unwillig und enttäuscht. Wenn das stimmte, warum hatte man sich dann in der Sonntagsschule die Mühe gemacht, uns die Geschichte von dem Blinden zu erzählen? Damals kannte ich mich im Neuen Testament noch nicht genügend aus, um die Lücken im Gedankengang dieses Predigers zu erkennen. Später entdeckte ich, daß er die allgemeine protestantische Einstellung des 18. und 19. Jahrhunderts gegenüber Wundern widergab. Jene Männer hielten sie für den sicheren Mittelweg, weil sie einerseits die Inspiration der Heiligen Schrift wirksam bewahrte und andererseits die Theologen vor einem Konflikt mit den neuen Entdeckungen der Naturwissenschaft.
Während der nächsten 15 Jahre kümmerte es mich überhaupt nicht, ob Heilungen durch Wunder oder die Wissenschaft zustande kamen. Ich hielt Gesundheit für selbstverständlich. Das College, die Zeit der jungen Liebe, meine Heirat, die Geburt eines Sohnes füllten meine Tage aus. Die Frage, ob die im Neuen Testament berichteten übernatürlichen Heilungen für unsere Zeit Bedeutung haben, berührte mein Leben überhaupt nicht — bis zu jenem Mainachmittag im Jahre 1943. Dort in Baltimore, wohin ich zu einer gründlichen Untersuchung gefahren war, sagte mir Dr. Thomas

Sprunt so behutsam wie möglich, daß ich auf beiden Lungen eine Früherkrankung an Tuberkulose hätte. Es könne lange Zeit dauern, bis ich wieder ganz gesund sei.

Es dauerte lange — drei beschwerliche, endlose Jahre. Die meiste Zeit verbrachte ich im großen, nach vorne gelegenen Schlafzimmer des Pfarrhauses mit seinen vielen Fenstern und Peter Marshalls geliebten fünf Seestücken an den Wänden. Jedem winzigen Muster auf der blaßgelben Tapete folgte ich mit den Augen ungezählte Male.

Wie müde können Rückenmuskeln werden, wenn man zu lange im Bett liegen muß! Womit konnte man die sich endlos dehnenden Stunden, Tage, Wochen erfüllen? Ich konnte immer noch den wöchentlichen Speisezettel und die Einkaufsliste zusammenstellen. Aber mit der Zeit schien die Küche in immer weitere Ferne zu rücken, und das Essen interessierte mich kaum mehr. Ich lag da und hätte sehnlichst gerne gewußt, was unten vor sich ging, denn das Stimmengemurmel aus dem Wohnzimmer drang zu mir herauf; wenn ich nur den Gesprächen lauschen und an irgend etwas aktiv teilnehmen könnte!

Zu Beginn meiner Krankheit war Peter John drei Jahre alt. Ich konnte ihm noch Geschichten erzählen oder bei einem Zusammensetzspiel helfen, wenn er auf einen Stuhl neben meinem Bett kletterte. Ich konnte mich auf den Spätnachmittag freuen, wenn Peter aus dem Gemeindeamt zurückkam, denn durch ihn warf ich einen Blick auf die Welt jenseits meiner Schlafzimmerwände.

Ich aber hatte ihm nie viel zu erzählen. Nur zu oft kam er nach Hause und fand mich entmutigt oder gar in Tränen des Mißmuts und der Auflehnung. Er war geduldig mit mir, liebend, weise. Aber nicht einmal Peter konnte meine drängenden Fragen beantworten: „Warum nur muß ich Monat für Monat hier liegen? Warum können mir die Ärzte nicht helfen?"

Als es immer offenkundiger wurde, daß sie nichts für mich tun konnten, griff ich in meiner Not wieder zum Neuen Testament und suchte begierig nach einer Antwort auf die Frage, die meinen kindlichen Verstand einst so beunruhigt hatte: Sind Heilungen durch den Glauben nur auf die Zeit von Jesu Erdenwandel beschränkt?

Ich suchte ehrlich. Weder Selbsttäuschung noch Wunschdenken im Blick auf die biblischen Erzählungen würden mir helfen. Die Schatten auf den Röntgenbildern meiner Lunge und die Schwäche, die mich ans Bett fesselte, waren greifbar genug. Ich war auf der Suche nach der Wahrheit, so klar ich sie erkennen konnte.

Die Ergebnisse meines mehrmonatigen Lesens und Nachdenkens könnten folgendermaßen zusammengefaßt werden: Jesus sagte, daß er auf die Erde gekommen war, um den Menschen das Wesen und den Willen seines Vaters zu offenbaren. Welche Haltung Gottes gegenüber Krankheit und Leiden spiegelte sich dann in Jesus? Ich entdeckte, daß er jede Abweichung von der Gesundheit in dieselbe Kategorie wie die Sünde einordnete; er sah beide als das Werk einer bösen Macht an, als Eindringlinge in die Welt seines Vaters. Jesus „gebot" der Krankheit beständig genau wie den Dämonen (Luk. 4, 38—41). Zu Beginn seiner Priesterschaft sagte er der Sünde, der Krankheit und dem Tod ein für allemal den Kampf an (Luk. 4, 18). Praktisch gesprochen heißt das, daß Jesus Krankheiten gegenüber genau dieselbe Haltung einnahm, die heute jeder Arzt einnimmt: Er bekämpfte sie auf der ganzen Linie.

Nirgends in der Schrift konnte ich einen Hinweis entdecken, daß er seine Einstellung zur Krankheit je änderte. Jesus lehnte es nie ab, einen Menschen zu heilen, der ihn um Hilfe bat (Luk. 5, 12), und mißbilligte Zweifel an seiner Bereitwilligkeit und Fähigkeit zu heilen (Mark. 9, 23). Nicht ein einziges Mal sagte er, wie wir das oft tun: „Wenn es Gottes Wille ist . . . " Für ihn war es selbstverständlich, daß sein Vater die Gesundheit von Körper, Seele und Geist wollte. Ja, ein Drittel von Christi öffentlichem Wirken war damit ausgefüllt, Kranke zu heilen.

Würdigkeit oder Unwürdigkeit waren nicht die Voraussetzungen, um Gottes Gaben zu empfangen. Das Kriterium war vielmehr denkbar einfach — die Not des einzelnen. Er „machte gesund, die es bedurften" (Luk. 9, 11).

Ich konnte keine Schriftstelle finden, wonach Jesus die Ansicht vertritt, daß der seelische Zustand eines Menschen oder das Königreich Gottes durch Krankheit gefördert wurde, und daß Krankheit ein Segen sei. Ich war beeindruckt von der Tatsache, daß es keine Seligpreisung der Kranken oder körperlich Leidenden gibt, während diejenigen, die Verfolgung leiden, seliggepriesen werden (Matth. 5, 10).

Ganz offensichtlich war es Jesu Wunsch, daß wir von Krankheit frei sind. Wie war das zu erreichen? Jesus sagte, daß der Glaube an seines Vaters Bereitwilligkeit und Fähigkeit, seinen Kindern alle guten Gaben zu geben, der Schlüssel ist. In seinen Augen gab es kein Übel, das der Glaube nicht überwinden, kein Bedürfnis, das der Glaube nicht stillen kann.

Ich hatte mit meinen Nachforschungen kaum begonnen, als ich entdeckte, daß es schon zu Zeiten Jesu religiöse Führer gab, die seine Wunder auf genau dieselbe Weise auszulegen suchten wie jener Prediger meiner Kindheit: Daß Gott sich der Wunder nur bediente, um uns zu beweisen, daß Jesus göttlich ist. Jesus nennt dies nach „Zeichen" suchen und hat harte Worte dafür: „Dieses böse und abtrünnige Geschlecht sucht ein Zeichen ..." (Matth. 16, 4).

Jesu Hauptmotiv für sein Heilen scheint indes nicht mehr und nicht weniger als reines Mitleid gewesen zu sein. Das Wort *Mitleid* wird immer wieder zur Beschreibung seiner Haltung gegenüber den Kranken gebraucht. Aus diesem Grund wich er oft von seiner gewohnten Art ab und heilte, wenn ihn der Kranke weder darum gebeten noch daran gedacht hatte, daß Jesus es tun werde (Luk. 6, 6—10). Es machte ihm Freude, einen verkrümmten Rücken aufzurichten (Luk. 13, 10—13). Er freute sich jenes Augenblicks, als ein Mann fröhlich seine Krücken wegwarf. Er war froh, daß er ein Begräbnis unnötig machen und einer Mutter ihren geliebten Sohn zurückgeben konnte (Luk. 7, 11—16). Es befriedigte ihn, in die Augen eines von bösen Geistern Besessenen das Licht der Vernunft und geistigen Gesundheit zurückkehren zu sehen (Luk. 8, 27—35). Jesus heilte, weil die Liebe Gottes, die ihn in einem Strom guten Willens unaufhaltsam durchfloß, das Böse einfach wie Unrat wegfegte, was es ja auch ist.

Vor seiner Kreuzigung beauftragte Christus seine Apostel, seine Arbeit weiterzuführen und sandte sie mehrfach aus (Matth. 10, 5—16; Luk. 10, 1—16). Als sie mit Erfolg zurückkehrten, freute er sich mit ihnen: „Ich sah den Satan vom Himmel fallen wie einen Blitz" (Luk. 10, 18).

So zurückhaltend und nüchtern der Bericht sonst ist, hier bricht ein fröhlicher, triumphierender Ton durch. Der Arzt-Apostel Lukas sagte, daß Jesus „zu der Stunde frohlockte", ein Dankgebet zum Himmel sandte und sich dann an seine Jünger wandte: „Es ist mir alles übergeben von meinem Vater" (Luk. 10, 21; 22).

Als nächstes suchte ich Antwort auf folgende Frage: Wünschte Jesus, daß seine Jünger auch nach seiner Himmelfahrt noch heilten? Ich entdeckte, daß er das zweifellos voraussetzte. Wie anders könnten wir die feierlichen Worte in der Nacht vor dem Verrat auslegen: „Wahrlich, wahrlich, ich sage euch: Wer an mich glaubt, der wird die Werke auch tun, die ich tue, und wird größere als diese tun ..." (Joh. 14, 12).

Außerdem enthält der Missionsbefehl, den Jesus seinen Jüngern nach seiner Auferstehung erteilte, für alle Zeiten die Ermahnung: „Gehet hin in alle Welt und predigt das Evangelium aller Kreatur ... Die Zeichen aber, die da folgen werden denen, die da glauben ... Auf Kranke werden sie die Hände legen, so wird's besser mit ihnen werden" (Mark. 16, 15—18). Matthäus betont in seinem Bericht des gleichen großen Befehls das „Machet zu Jüngern alle Völker ... Lehret sie halten alles, was ich euch befohlen habe" (Matth. 28, 19; 20). Dies „alles halten, was ich euch befohlen habe", ist umfassend genug. Gewiß meinte Jesus, daß das ganze Evangelium gelehrt und ausgeübt werden sollte und nicht irgendeine kraftlose, verwässerte Fassung.

Die Apostelgeschichte läßt keinen Zweifel darüber, daß Petrus, Paulus und auch die andern Apostel das ganze Evangelium so verstanden, daß das Heilen dazu gehörte.

Um auf meine ursprüngliche Frage zurückzukommen: „War Jesus der Ansicht, daß sich das Heilen durch den Glauben auf die Zeit beschränkte, die er auf Erden weilte?" Das Neue Testament beantwortet sie mit einem beständigen, unmißverständlichen Nein!

Für mich war dies eine Zeit wachsender Erkenntnisse. Meine vier Schlafzimmerwände engten Geist und Seele nicht mehr ein. Ich befand mich auf Entdeckungsreise in einer andern Welt und kam mir vor wie einer, der unversehens in ein verborgenes, an Schätzen reiches Tal geraten ist. Etwas von der ursprünglichen Berauschung der ersten Anhänger des „Weges" sprang aus den alten Berichten auf mich über.

Als nächster Schritt mußte offensichtlich die Anwendung dessen kommen, was ich gelernt hatte. Mein Glaube war kindlich-einfach, vielleicht sogar zu kindlich. Hätte ich zu Zeiten Jesu gelebt, würde ich bestimmt zu denen gezählt haben, die ihn um Heilung baten. Ich wußte, daß die Heilige Schrift betont, daß sich an seinem Mitleid oder seiner Macht nichts geändert hat, daß er „derselbe ist, gestern und heute und auch in Ewigkeit" (Hebr. 13, 8). Und wir haben sein unmißverständliches Versprechen: „Ich bin bei euch alle Tage bis an der Welt Ende" (Matth. 28, 20).

Da er ja bei mir war — obgleich ich ihn nicht sehen oder gar seine Gegenwart spüren konnte —, malte ich mir aus, wie es sein könnte. Ich sah mich vor ihm knien und zu ihm aufschauen: „Herr, ich brauche deine Hilfe. Du hast meinen Leib erschaffen. Du kannst ihn heilen. Wirst du für mich tun, was du für viele andere getan hast?“ Er würde mich angelächelt haben, dachte ich, und seine Hand ausgestreckt haben, um sie auf meinen Kopf zu legen.

Danach wartete ich ungeduldig auf die nächste Röntgenuntersuchung meiner Lunge.

Gewöhnlich erhielt ich den telefonischen Bericht des Arztes mehrere Tage nach der Durchleuchtung. Der Augenblick kam schließlich; während mich die Schwester mit dem Sprechzimmer des Arztes verband, begann mein Herz wie rasend zu schlagen, mein Hals war ganz trocken. Wie würden die ersten Worte des Arztes wohl lauten?

Meine Phantasie spielte mit dem Gedanken, was ich ihm sagen sollte, wenn er sein Erstaunen über die Heilung meiner Lunge äußern würde. Sollte ich ihm die Wahrheit sagen? Aber wenn . . . Nein, ich wollte den Gedanken gar nicht erst aufkommen lassen. Ich hatte irgendwo gelesen, daß wirklicher Glaube keine Zweifel kennt. Unter Aufbietung aller Willenskraft, was etwas anstrengend war, klammerte ich mich verzweifelt an den Gedanken völliger Genesung.

Schließlich ertönte am anderen Ende der Leitung ein Knacken, und die Stimme des Arztes war zu hören. Sie klang wie immer. „Wir finden auf keiner Lunge eine Veränderung. Schatten und Infiltration sind fast gleich geblieben. Die Blutkörperchensenkungsgeschwindigkeit hat sich um einen Grad gebessert. Machen Sie so weiter! Ich komme in ein paar Tagen vorbei.“

Langsam legte ich den Telefonhörer auf die Gabel zurück. Die Worte des Arztes hatten den von mir selbst aufgeblasenen Ballon, den ich für Glauben gehalten hatte, angestochen und zum Platzen gebracht. An diesem und am darauffolgenden Tag war ich zu betäubt und bestürzt, um klar zu überlegen, was geschehen war. Dann flossen Tränen der Auflehnung, denen eine Zeit des Selbstmitleids und Stunden tiefer Niedergeschlagenheit folgten.

Ich wußte, ich war an der Grenze meines Denkvermögens angelangt. Ich stand da und starrte in einen Abgrund der Verzweiflung. Da ärztliche Geschicklichkeit mein Problem nicht lösen konnte und meine seelischen Anstrengungen — soweit ich es sah — zu nichts geführt hatten, was nun?

War es möglich, daß Jesus Christus und das Christentum nichts als Phantasiegebilde waren, ein exakt aufgebautes System blanken Unsinns? Oder, wenn Gott existierte, war er durch die von ihm selbst geschaffenen natürlichen Gesetze so gebunden, daß er machtlos dagegen war?

In jener verzweifelten Stimmung reiste ich zu einem Besuch meiner Eltern an die Ostküste von Virginia. Meine Ärzte gestatteten mir noch immer nicht, mein Bett für länger als eine halbe Stunde zu verlassen. Die Reise war nur dadurch möglich, daß ich mit dem Schiff fuhr. Ich erinnere mich, daß Peter mich auf die Arme nahm und die Laufplanke hinauf in meine Kabine trug.

Ein paar Nächte nach meiner Ankunft — am 14. September 1943, um es genau zu sagen — geschah etwas, was sich jeder Erklärung entzieht. Ich habe es seit jener Nacht ungezählte Male in Gedanken noch einmal durchlebt.

Ich erwachte gegen 3.30 Uhr morgens. Um mich herrschte völlige Dunkelheit, nichts rührte sich. Ich hatte keine Ahnung, was mich geweckt hatte, und ebensowenig konnte ich sagen, wieso ich ohne Übergang sofort hellwach war.

Dann geschah es: Ich wurde eine übernatürliche Erscheinung, eine Macht, eine Persönlichkeit in meinem Zimmer gewahr. Meine physischen Augen sahen nichts, aber ich verfügte plötzlich über eine neue Art des Sehens. Mein Körper prickelte wie unter einem elektrischen Schlag.

Die neuen Sinne, die mir plötzlich verliehen worden waren, befähigten mich, die lebensvolle Persönlichkeit, die an der rechten Seite meines Bettes stand, wahrzunehmen: Christus. Er vereinigte eine seltsame Mischung von königlichem Wesen und Zärtlichkeit in sich.

Er schien mich als Kind zu sehen — ein manchmal sehr törichtes Kind — und legte mir zur Heilung die Hand auf. Mit neuen Augen sah ich, daß er mich anlächelte. Seine Haltung besagte: Warum nimmst du dich und deine Probleme so ernst? Entspanne dich doch! Es gibt nichts, was ich nicht lösen könnte.

Ich erkannte auch, daß er über jede Einzelheit meines Lebens Bescheid wußte. Und mit neuen Ohren hörte ich ihn in unserer heutigen Sprache reden.

„Geh und sag es deiner Mutter“, sagte er und lächelte wieder. „Das ist ganz einfach, nicht wahr?“

Meine menschliche Natur machte sich augenblicklich wieder geltend. Was soll ich meiner Mutter sagen? dachte ich. Ich wollte Einwände machen; es ist mitten in der Nacht, was würde Mutter wohl denken?
Aber wieder war ich mir der Macht bewußt, mit der er gesprochen hatte. Und ich begriff noch etwas andres. Er stand da und wartete, es stand mir vollkommen frei zu gehorchen oder nicht.
Einen Augenblick lang schwankte ich zwischen meiner Abneigung zu gehorchen und der von ihm ausgehenden überzeugenden Kraft. Zugleich spürte ich, daß etwas schrecklich Wichtiges — so wichtig wie meine ganze Zukunft — von meiner Entscheidung abhing. Dann fühlte ich Entschlossenheit in mir hochsteigen. „Ich werde es tun, und wenn es mich umbringt", sagte ich und kletterte aus dem Bett.
Und einmal mehr lächelte er über meinen Eifer. Dann trat er zur Seite, um mich vorbeizulassen.
Mutter erwachte augenblicklich und setzte sich im Bett auf. Vater schlief noch. „Was ist los?" Ihre Stimme klang besorgt.
„Erschrick nicht! Etwas Wundervolles ist geschehen. Ich möchte dich nur wissen lassen, daß ich jetzt gesund werde. Ich erzähle alles andere morgen früh."
Dies war nicht ganz richtig von mir, da Mutter sich vor Neugier verzehrt haben muß. Doch weil sie die Mischung von Begeisterung und Zurückhaltung bei mir spürte, fragte sie nicht weiter.
Als ich ein paar Minuten später in mein Schlafzimmer zurückkehrte, war es leer. Ich lag bis zum Morgengrauen wach und staunte über das, was geschehen war. Nun wußte ich, was die Evangelisten meinten, als sie sagten, Jesus „lehrte mit Vollmacht". Ich hatte sein königliches Wesen gespürt. Ich konnte verstehen, warum der skeptische Thomas sich vor dieser Erscheinung in Sekundenschnelle vom Unglauben zum Glauben und zur Anbetung vor diesem Christus bekehren und sagen konnte: „Mein Herr und mein Gott."
Am Morgen fragte ich mich, ob ich nun geheilt sei. Würde die nächste Röntgenaufnahme endlich gesunde Lungen zeigen? Aber etwas, was noch weit wichtiger war als eine gesunde Lunge und ein gesunder Körper, war mir klar geworden. Ich wußte, daß das Christentum kein Mythos ist. Ich konnte verstehen, warum Petrus, Jakobus, Johannes und die andern Apostel durch keine Einschüchterung, ja nicht einmal durch Androhung

der Todesstrafe von ihrer Behauptung abzubringen waren, daß Jesus Christus lebendig ist!
Wie war seine Auferstehung möglich? Ich wußte keine Antwort. Aber plötzlich schien der ganze theologische Meinungsstreit unwichtig vor der Tatsache, daß es so war!
Dieses Erlebnis wurde zum Wendepunkt meiner Krankheit. Die nächste Röntgenaufnahme zeigte erstmals einen Fortschritt; ebenso jede folgende Aufnahme. Aber es vergingen noch Monate, bis ich für gesund erklärt wurde.
Warum brauchte es soviel Zeit? Die Langsamkeit meiner Genesung war nicht Gottes Wille. Davon bin ich überzeugt. Es war eher auf zwei meiner Mängel zurückzuführen. Beim ersten handelte es sich um eine innere Schwierigkeit. Im Laufe der Zeit begann ich zu erkennen, daß die dringliche Frage, die Jesus einst einem Mann am Teich von Bethesda gestellt hatte — einem Mann, der 38 Jahre lang krank gewesen war — auch auf mich zutraf: „Willst du gesund werden?“ (Joh. 5, 6).
Dies scheint eine komische Frage zu sein. Wer wollte nicht gesund werden? Doch viele Ärzte glauben heutzutage, daß die Wurzel zahlreicher Krankheiten in einer tiefsitzenden Flucht vor dem Leben zu suchen ist. Die heutige Medizin hat uns viel über den Lebenswillen und sein Gegenstück, den unbewußten Todeswunsch, zu sagen. Offenbar kann jede innere Spaltung hinsichtlich dieser Frage, jede chronische Unentschlossenheit der notwendigen Anpassung an das Leben direkt zur Krankheit beitragen.
Also hatte ich mich zu fragen: Bin ich gewillt, ins Leben zurückzukehren, bereit, wieder volle Verantwortung zu übernehmen? Bin ich gewillt, Reife zu beweisen und mich allem anzupassen, was mir das Leben bringt? Bin ich bereit, eine so robuste Gesundheit aus Christi Hand entgegenzunehmen, daß mich niemand mehr zu bedauern braucht, und daß ich meinen Gesundheitszustand nie mehr als Entschuldigung vorschieben kann, wenn ich Verantwortung übernehmen soll? Hier mußte eine klare Willensentscheidung fallen. Ich wußte, daß Christus zur Seite trat, damit ich mich entscheiden konnte, wie er es auch in jener Nacht des 14. September getan hatte, als ich überlegte, ob ich ihm gehorchen solle oder nicht.
Aber der zweite Grund für meine langsame Genesung war nicht so leicht erklärt. Es war meine Unfähigkeit, einen unverletzlichen geistigen Grundsatz zu begreifen, der überall im Neuen Testament zu finden ist — daß

der Glaube immer in der Gegenwart zu stehen hat, immer Gegenwart sein muß. Die bündigste Aussage hierüber findet sich bei Markus: „Darum sage ich euch: Alles, war ihr bittet in eurem Gebet, glaubet nur, daß ihr's empfangt, so wird's euch werden“ (Mark. 11, 24).

Ich rätselte monatelang an diesem einen Vers herum. Die Zeitformen schienen sich zu widersprechen. Wie kann man zum Beispiel im gleichen Augenblick, da einem für die Zukunft Gesundheit versprochen wird, glauben, daß man bereits gesund ist? Doch ich fragte mich, ob Christus nicht genau das in jener Nacht von mir verlangt hatte, nämlich zu glauben, daß ich trotz gegenteiligem Röntgenergebnis und ärztlichem Befund schon geheilt war.

Jedesmal, wenn Jesus Sünden vergab oder heilte, handelte er nach diesem Grundsatz. Man könnte die Beispiele fast aufs Geratewohl herausgreifen. Obgleich Zachäus sein ganzes Leben in Sünde verbracht hatte, sagte Jesus zu ihm: „Heute ist diesem Hause Heil widerfahren“ (Luk. 19, 9). Der Frau in der Synagoge, die 18 Jahre lang verkrümmt war, rief er zu: „Weib, sei los von deiner Krankheit“ (Luk. 13, 12) — eben jetzt, in diesem Augenblick!

Um diese Zeit etwa stieß ich auf Hannah Smiths Feststellung, daß bei Gott unvermeidlich erst die Tatsache, dann der Glaube und zuletzt das Spüren kommt; daß also die Gesundung dem Glauben an das Gesundwerden vorausgeht, und daß das Wohlbefinden, das Verschwinden der Symptome und der klinische Beweis für die Gesundung zu allerletzt kommen. Auch dies erhärtet die Formel, die Jesus uns gab.

Ich erkannte, daß unsere Sterblichkeit, die uns zwingt, die Zeit in Vergangenheit, Gegenwart und Zukunft einzuteilen, wahrscheinlich die einfachste Erklärung für den scheinbaren Widerspruch der Zeitformen bei Markus 11 ist. In der Welt des Geistes gibt es nur das ewige Jetzt. Jesus aber versuchte, diesen Grundgedanken fleischlichen Menschen zu erklären. Obwohl ich dies verstand, vermochte mein Glaube nicht mehr zu erfassen, als daß meine Heilung *im Gang* war. Ich spürte, daß dies wenig genug war. Kein Wunder, daß meine Genesung nur langsame Fortschritte machte.

Es gibt Menschen, die das Grundprinzip des „Sofortglaubens“ besser in die Tat umsetzen können als ich, gut genug jedenfalls, um danach zu handeln. In solchen Fällen tritt der Heilungsprozeß entsprechend schneller ein. Dies bewies mir das Geschehen um eine andere Tuberkulosekranke. Ihre Geschichte sollte ein entscheidender Faktor meiner eigenen Heilung werden.

Im Spätfrühling 1945, als meine Genesung besonders langsam voranzuschreiten schien, besuchte mich eines Nachmittags eine alte Collegefreundin. Ich hatte sie jahrelang nicht gesehen. Außer den Berichten über unsere Klassenkameradinnen schien eine Sache ihre Gedanken besonders zu beherrschen.

„Rose Bell Montgomery — ihre Schwester Ruth ist übrigens mit Billy Graham verheiratet — ist auf ganz bemerkenswerte Weise gesund geworden", erzählte sie mir. „Ihr Fall war viel schlimmer als deiner! Sie war in einem Sanatorium in Mexiko, und man rechnete jeden Tag mit ihrem Tod, doch sie wurde schlicht und einfach durch die Macht ihres Glaubens geheilt. Es geht ihr jetzt gut, ja sie heiratet nächsten Monat."

Ich saß in meine Kissen gelehnt im Bett, hörte ihr zu, stellte Fragen und wollte noch mehr Einzelheiten wissen.

Meine Freundin verstand meine Wißbegier. „Ich will dir etwas sagen. Ich werde ihr schreiben und von dir erzählen. Sie wird dir mit Freuden antworten, und du kannst die Geschichte aus erster Hand hören. Möchtest du?"

Und ob ich wollte!

Der versprochene Brief ließ jedoch lange auf sich warten. Als er schließlich eintraf, verstand ich auch warum. Für eine junge Frau auf der Hochzeitsreise war es ein langer Brief. Er war in New York abgestempelt.

> Wie leid tut es mir, mit dem Brief an Sie so lange gewartet zu haben. Mein einziger Entschuldigungsgrund für diese Verzögerung ist, daß mich der Brief, der mir von Ihnen erzählte, wenige Tage nach meiner Heirat in Los Angeles erreichte, und ich mich seither auf einer herrlichen und auch aufregenden Hochzeitsreise befand. . . Jetzt, da wir in New York sind, weit weg von Freunden und Verwandten, kann ich ungestört mit Ihnen plaudern. . .
>
> Es ist mehr als drei Jahre her, daß ich meinen Fall dem Herrn übergab, und er hat wirklich gute Arbeit an mir geleistet. Niemand überredete mich dazu — ja, niemand sprach überhaupt mit mir darüber —, und ich las auch nichts, das mich beeinflußte. Dies geschah mit mir. . .

Rosa lag bereits zehn Monate in einem Sanatorium in Albuquerque, eine Kaverne in der linken Lunge, einen Erguß im rechten Brustraum. Dann kam die Nacht, da sie sehr intensiv über sich selbst nachdachte. Sie spürte, daß ihr Herz eigensinnig und stolz gewesen war. Im Geist ließ sie all die Dinge an sich vorüberziehen, an denen sie zäh festgehalten hatte. Angenommen Gott wollte, daß sie dies alles aufgab? Zum Beispiel ihren großen Wunsch zu heiraten. Vielleicht stand dies gar nicht auf Gottes Plan für sie, da sie nicht gesund war!

Dann schien plötzlich keiner ihrer Wünsche mehr von Bedeutung zu sein. Sie erkannte, daß ihr Christus wichtiger war als alles andre. Während sie auf ihrem Krankenbett lag, beugte sich ihr Wille vor Christus und nannte ihn Meister. Augenblicklich fühlte sie sich von tiefstem Frieden erfüllt.

Am nächsten Tag hatte sie das gleiche heftige Verlangen, das auch ich gehabt hatte: in der Heiligen Schrift nachzulesen, was sie über Heilungen zu sagen hat. Sie war in einem Arzthaus aufgewachsen. Ihr Leben lang hatte sie gehört, daß Gott heutzutage Ärzte und Arzneimittel benutzt, um zu heilen. Aber sie wußte auch, daß damals die Medizin noch kein wirksames Heilmittel gegen Tuberkulose kannte. Die Ärzte konnten der Natur in die Hände arbeiten und einen Stillstand der Krankheit erreichen — aber das war alles. Daher war sie entschlossen, alle bisherigen Vorstellungen fallenzulassen und selbst herauszufinden, was in der Heiligen Schrift darüber stand.

Sie kam zu genau derselben Schlußfolgerung wie auch ich. Also übergab sie ihren Fall Gott.

Jesus hatte das Zusammensein Gleichgesinnter als eine der Vorbedingungen für das erhörte Gebet bezeichnet. „Wenn zwei unter euch eins werden auf Erden, worum sie bitten wollen, das soll ihnen widerfahren von meinem Vater im Himmel. Denn wo zwei oder drei versammelt sind in meinem Namen, da bin ich mitten unter ihnen“ (Matth. 18, 19; 20).

So trafen sich an einem Märznachmittag ein paar Freunde mit ihr in einer nahen Kirche. Sie selbst war zu schwach, sich anzuziehen, deshalb ging sie im Bademantel. Vor dem Altar versammelte sich die Gruppe um sie und betete. Ihr Gebet war einfach und klar und ohne jedes Pathos. Rosa fühlte sich nicht anders, war jedoch überzeugt, daß die Antwort auf ihr Gebet schon unterwegs sei.

Sie bat Gott daher nicht mehr um Heilung, sondern dankte ihm dafür. Sie handelte nach dem Prinzip, das mich so verwirrt hatte. „Glaubet nur, daß ihr's empfangen habt, so wird's euch werden." Sie beschloß, ihrem Glauben gemäß auch zu handeln, sie stand auf und ging hin und her, soweit ihre Kräfte dies zuließen.

Die Tatsache, daß der Glaube in der Gegenwart zu sein hat, verführte sie dann zu einem gewagten Entschluß: Sie würde keine Pneumothoraxbehandlung mehr zulassen.

Der behandelnde Arzt war entsetzt. Er versuchte es zunächst mit gutem Zureden, dann warnte er sie. In ihrem jetzigen Zustand grenze es an Selbstmord, die Behandlung zu unterbrechen, ehe die Heilung eingesetzt habe! Aber seine Warnungen nützten nichts; Rosa blieb bei ihrem Entschluß. Sie wußte, wie tollkühn ihre Entscheidung den Ärzten erscheinen mußte. Aber dies, das spürte sie, gebot Jesus ihr zu tun. Sie mußte gehorchen. Es war so einfach. Gott würde sich um alles andre kümmern.

Es fiel ihr schwerer, als sie zugeben wollte, dem Druck der Ärzte zu widerstehen. Viele Symptome ihrer Krankheit quälten sie noch immer — Fieber, Husten, Auswurf. Doch sie wußte, daß sie ihre Aufmerksamkeit auf Christus und nicht auf ihre Symptome richten mußte; daß sie auf seine Weisungen und nicht auf die andrer zu horchen hatte, so gut sie auch gemeint sein mochten.

Ihr Arzt machte einen letzten verzweifelten Versuch. Er verlangte, daß ihr Vater, Dr. Nelson Bell in Montreat, North Carolina, von der Situation in Kenntnis gesetzt werde. „Aber ich glaube, es wäre nichts für mich, gerade jetzt mit ihm zu sprechen", sagte er. „Ich bin zu aufgebracht über all dies."

Dr. Bell stellte mehrere scharfe Fragen an seine Tochter. Als er sich davon überzeugt hatte, daß ihr Entschluß feststand, und daß sie weiter im Sanatorium bleiben werde, wo die Ärzte sie überwachen konnten, gab er seinen Segen.

Danach kämpfte ihr Arzt nicht mehr gegen ihren Entschluß an, sondern beobachtete sie nur noch genauer als vorher. Der April kam, und Rosa begann zuzunehmen. Ihr Puls schlug wieder normal. Die Nachmittagstemperatur sank.

Im Juni war sie tagsüber meist außerhalb ihres Bettes. Im Juli hatte sie sich angewöhnt, jeden Nachmittag den Hügel hinab in eine Milchbar zu gehen und dann denselben Weg wieder zurückzuwandern. Im Oktober bat sie um einen Posten im Labor des Sanatoriums und bekam ihn auch. Im Februar darauf — nicht ganz ein Jahr, nachdem die kleine Gruppe von Freunden sich mit ihr zum Gebet versammelt hatte — verglich der führende Röntgenologe New Mexicos die neuesten Aufnahmen ihrer Lunge mit den früheren. Er war sprachlos über die Veränderung.

Im April stellte derselbe Facharzt fest, daß die Kaverne in ihrer rechten Lunge „vollkommen verschwunden" war. Um diese Zeit schrieb er auch an Dr. Bell, daß die Erklärung seiner Tochter zu ihrer Heilung die einzig richtige sei.

Dann trat Don Montgomery in ihr Leben, und Gott schenkte ihr gerade das, worauf sie verzichten zu müssen glaubte — Liebe und Ehe.

Ich stehe noch immer in Verbindung mit ihr. Sie erlitt keinen Rückfall. Ebensowenig war sie gezwungen, wegen ihres Gesundheitszustandes im Südwesten zu leben. Sie wurde nicht zur Fanatikerin, was das Thema des Heilens anbetrifft, aber ihre Beziehung zu Christus wurde durch diese Erfahrung überaus persönlich.

In all ihren Briefen betonte sie die individuelle Behandlung, die Christus jedem einzelnen Fall angedeihen läßt. „Sie müssen auf seine Weisungen horchen und nicht die mir erteilten nachmachen", warnte sie.

Den ersten Fingerzeig erhielt ich auf merkwürdige Weise. Ich träumte, der Lungenspezialist habe zu mir gesagt: „Es gibt Menschen, die nicht gesund werden, ehe sie nicht aufstehen und ihrer Arbeit nachgehen. Als Arzt könnte ich die Verantwortung, Ihnen das zu sagen, natürlich nicht auf mich nehmen, aber . . . ", und dann wachte ich auf.

Ich erzählte meiner Mutter von diesem Traum. „Das ist seltsam", sagte sie, und ein erstaunter Ausdruck huschte über ihr Gesicht, „derselbe Gedanke ist auch mir schon oft gekommen."

Doch war ich in dieser Hinsicht noch immer zu ängstlich. Immerhin konnte der Traum auch nichts andres als reines Wunschdenken sein. Aber mit der Zeit lösten die Weisungen eine innere Überzeugung in mir aus, die nicht mehr verblaßte: Wie du andren Kraft gibst, wirst du selbst Kraft empfangen. *Bleibe unter ärztlicher Überwachung, aber beginne aufzustehen.* Und genau das tat ich.

Ich fing mit ein bißchen Hausarbeit an und räumte wöchentlich einmal den Wäscheschrank auf. Dann übernahm ich es, Peter John jeden Morgen anzuziehen. Danach kam ein kurzer Nachmittagsspaziergang mit Jeffrey, unserm Cockerspaniel. Erst einen halben Häuserblock weit. Dann bis zur Ecke. Nach einigen Wochen spazierten wir rund um den Block. Schritt für Schritt ging es vorwärts, und ganz allmählich kehrte meine alte Aktivität zurück.

Dann kam der Tag, da die Sprechstundenhilfe des Arztes anrief und von Anzeichen erster Besserung berichtete. Zwei Monate nach dem günstigen Befund ging ich wieder hin, um die nächste Routineaufnahme für den fetten Ordner des Arztes zu liefern. An einem Dienstagmorgen sollte ich anrufen, um das Resultat zu erfahren.

Als ich zum erstenmal anrief, war der Arzt mit einer Untersuchung beschäftigt. Ich sollte ihn in einer Stunde nochmals anrufen.

Während dieser Stunde kehrte etwas von meiner alten Angst wieder. Was, wenn ... dachte ich. Nein, Fragen nach dem Was-wenn sind immer dumm, weil sie nur Anlaß zu unnötigen Sorgen sind.

Dennoch zitterte meine Hand, als ich die Nummer zum zweitenmal wählte. Die Stimme des Arztes war so ruhig wie immer. „Das Bild zeigt eine völlige Ausheilung ... "

„Völlig geheilt?" Ich schrie ihn fast an. „Sie meinen, ich bin gesund?"

Ein Lächeln schwang in seiner Stimme mit. „Ja, das meine ich. Aber möchten Sie nicht auch noch den Rest hören?" Ich hörte ungeduldig seinem längeren fachlichen Bericht zu. Wie konnte er so aufreizend ruhig bleiben? Er sprach, als verlese er eine Wettermeldung! Sobald ich das Gespräch beenden konnte, legte ich den Hörer auf und lief, die große Neuigkeit laut verkündend, die Treppe hinunter.

Ein paar Stunden später, als ich etwas ruhiger geworden war, stieg noch tiefere Dankbarkeit in mir auf. Ich war nicht nur dankbar, weil ich wieder gesund war, sondern auch für meine persönliche Begegnung mit Christus, die bestimmte Fragen für immer geklärt hatte. Unschätzbarer Segen war mir aus einer schweren Erfahrung erwachsen. Ich hatte mich selbst entdeckt und wußte nun, was ich mir vom Leben wünschte. Die Frau, die sich vom Krankenbett erhob und wieder ins Leben eintrat, war eine andre.

Nach dieser Erfahrung hätte gerade ich für alle Zeit von Gottes Fähigkeit zu heilen überzeugt sein müssen. Aber da war noch immer eine Frage, die mich beunruhigte. Ich zweifelte jetzt nicht mehr daran, daß sich ein einzelner der heilenden Liebe Gottes öffnen kann. Aber kann diese heilkräftige Liebe auch einem andern Menschen zugeleitet werden? Können Gebete die Krankheit eines andern beeinflussen?

In den vergangenen Jahren wurde mir diese Frage immer wieder beantwortet. Die Antwort lautet ganz entschieden *Ja!*

Ich habe unter vielen anderen Karen Emmotts Geschichte als Beweis dafür ausgewählt, da die medizinischen Tatsachen hier unbestreitbar sind. Außerdem ist der Mann, der zu den Gebeten den Anstoß gab, Chirurg, und auch Karens Vater ist Arzt. Sie ist die älteste Tochter von Dr. Ralph Emmott, einem Facharzt für Urologie in Oklahoma City.

Erste Anzeichen einer Erkrankung zeigten sich bei ihr kurz nach ihrem fünfzehnten Geburtstag im Frühling 1960. Es war nichts Ernstes — nur ein Abszeß, der eine kleine Operation mit Einschnitt und Dränage erforderlich machte. Vierundzwanzig Stunden im Krankenhaus (demselben, in dem ihr Vater arbeitet), und alles schien wieder in Ordnung zu sein.

Karen stürzte sich in einen geschäftigen Sommer. Vor mir liegt, während ich dies schreibe, eine kleine Fotografie von ihr, wie sie damals aussah: Ja, sie war ein bezauberndes Mädchen, hatte kurzes, lockiges Haar, leuchtende Augen und sah sehr apart aus. Am Ende des Schuljahres war sie zur Tambourmajorin erkoren worden. Ihre fünf jüngeren Geschwister waren stolz auf sie.

Am 1. Juli bemerkte Karen, daß sich ein weiterer Abszeß bei ihr bildete. Wieder empfahlen die Ärzte eine kleine Operation mit Dränage. Die Operation wurde auf den Vormittag des fünften Juli angesetzt. Es war eine Routinesache, so daß Karens Vater nicht mitkam, sondern zur Nachmittagssprechstunde in die urologische Abteilung hinüberging.

Als Karen auf den Operationswagen gelegt wurde, gab sie ihrer Mutter einen spitzbübischen Kuß. Es sollte auf Monate hinaus ihr letzter bewußter Willensakt sein.

Den ersten Hinweis, daß eine Tragödie im Gange war, erhielt Karens Vater, als die Oberschwester kam — eine Freundin der Familie Emmott — und ihn aus der Sprechstunde holte. Zum Operationssaal hastend, erfuhr er, daß gegen Ende der nur zehn Minuten dauernden Operation das Herz stehengeblieben war. Daraufhin hatte man den Brustkorb geöffnet und das Herz massiert. Nun schlug es wieder.

Aber während der aufregenden Minuten hatte niemand im Operationssaal daran gedacht, auf die Uhr zu schauen. Wieviel Zeit war vergangen, bis das Herz wieder weiterschlug? Vier Minuten? Fünf? Diese Frage sollte alle verfolgen, die mit Karens Fall zu tun hatten. Denn wenn das Herz stillsteht, kommt es auf jede Sekunde an. Die empfindlichen Gehirngewebe werden fast augenblicklich geschädigt, wenn die Sauerstoffversorgung ausfällt.

Karens Mutter schloß sich im Sprechzimmer ihres Mannes ein und versuchte zu beten. Etliche Türen weiter im Operationssaal kämpften die Ärzte um Karens Leben; eine Unterkühldecke sollte die Temperatur ihres Körpers auf 31 Grad halten — um ein weiteres Anschwellen des Gehirns zu verhindern —, ein Luftröhrenschnitt die Beatmung erleichtern.

Vor einem Ledersessel kniend, versuchte Mrs. Emmott zu beten. „O Gott, laß mich Karen zurückhaben. Diese 15 Jahre waren so kurz, so unvollendet . . . " Dann schweiften ihre Gedanken ab. *Solch ein feiner Faden zwischen dieser Welt und der jenseitigen. Wie können wir Gott gegenüber nur so gleichgültig sein, wenn alles gutgeht?* „O Gott, wirst du dich unseres Kindes annehmen? O Gott . . . " *Das kann doch einfach nicht sein! Karen wird bald aufwachen, und unsere Angst wird vergessen sein.*

Aber gegen 9 Uhr abends zeigte es sich, daß Karen nicht aufwachen würde. Abgesehen vom Schlag ihres Herzens war Karen tot. Am Morgen des 6. Juli zuckte eines ihrer Augenlider. Es war das einzige Lebenszeichen für Wochen. Dann bekam sie Krämpfe. Plötzliche Anfälle mit blutigem Schaum auf den Lippen und hochschnellender Temperatur wechselten mit tiefem Koma ab.

Gegen Mitte August hatte man die Krämpfe unter Kontrolle. Aber alle Spezialisten waren sich einig, daß der Fall hoffnungslos, die Schädigung des Gehirns unheilbar sei.

Sämtliche Körperfunktionen mußten künstlich aufrechterhalten werden. Die Mutter des Mädchens konnte den Anblick kaum ertragen. . . Ein Schlauch in Karens Brust; Einschnitte in ihren Beinvenen zur künstlichen Ernährung; ein Luftröhrenschlauch; ein Katheter; Nadelelektroden am Kopf und an den Beinen zur Überwachung des Herzschlags.

Schließlich sprachen die Ärzte die harte Wahrheit aus. „Ihre Tochter wird für immer in einem Zustand der Bewußtlosigkeit dahinleben", sagten sie den Emmotts. „Lebend, aber ohne davon zu wissen. Es ist möglich, daß wir sie auf Jahre hinaus in diesem Zustand halten können. Aber wir raten Ihnen, sich mit dem Gedanken abzufinden, daß sie nicht mehr gesund wird. Vergessen Sie, daß sie jemals lebte."

Vergessen? Eine Mutter und ein Vater sollten ihr Kind, sollten einen Teil ihrer selbst vergessen? Ihre reizende, intelligente Karen lebendig und doch nicht lebendig; tot und doch nicht tot! Für Isabel und Ralph Emmott brach eine entsetzliche Zeit an. Nichts ist so finster wie die ewige Nacht der Hoffnungslosigkeit. Isabel hatte schon lange aufgehört zu beten. Es konnte keinen Gott der Gnade geben. Er würde so etwas niemals zugelassen haben. Verglichen damit, besaß der Tod keinen Stachel mehr.

Am 16. August wurde das Mädchen in ein Kindergenesungsheim verlegt, damit ihr Bett für einen Patienten frei wurde, dem die Ärzte helfen konnten. Ein Monat verging. Außer einem gleichmäßigen Gewichtsverlust trat keine Veränderung ihres Zustandes ein.

Am 28. September, einem Donnerstag, wurde Isabel Emmott von einer Freundin eingeladen, mit zu einem Vortrag zu kommen. Sie ging nur mit, weil der Sprecher, Dr. William Reed, beratender Chirurg im Samaritan Hospital in Bay City, Michigan, war. Mrs. Emmott war neugierig, worüber ein Arzt in der Kirche sprechen würde.

Dr. Reed war ein hochgewachsener, ernster Mann Ende der Dreißig. Er berichtete seinen Zuhörern, welche Ereignisse ihn gelehrt hatten, daß die Medizin in Verbindung mit dem Gebet Heilungen bewirken kann, die unmöglich zu sein scheinen.

„Naturwissenschaft, Mathematik und Physik haben als Ergebnis der Einsteinschen Theorie den Bereich des Materiellen verlassen und sind in gewisser Beziehung zu mystischen Wissenschaften geworden. Es wäre richtig, wenn auch die Medizin über das Materielle hinausginge. Der ganze Mensch muß behandelt werden.

Ich bin jetzt überzeugt, daß weder die innere Medizin noch die Chirurgie ein Höchstmaß an Wirksamkeit erzielen kann — insbesondere in Fällen, die außerhalb der Reichweite des Arztes liegen —, solang nur der Körper und nicht auch die Seele behandelt werden."

Isabel Emmott war fasziniert. In all den Jahren, die sie zur Kirche gegangen war, hatte sie niemals etwas über Heilung durch das Gebet gehört. Und sie hätte den Gedanken weit von sich gewiesen, daß ein Arzt in Gegenwart des Personals im Operationssaal beten könnte, ehe er eine

Operation begann. Mrs. Emmott lächelte, wenn sie daran dachte, wie Dr. Reed es formuliert hatte: „Ich pflegte meinen Kopf zu senken und still für mich zu beten. Aber dann dachte ich, die Schwestern könnten annehmen, mir wäre unwohl. Wenn ich jetzt mit dem Gebet zögere, erinnern sie mich daran.“ Und dieser Mann war Arzt, nicht Pfarrer!

Nach Beendigung des Vortrags sagte ihre Freundin: „Ich habe etwas getan, ohne dich vorher zu fragen. Hoffentlich hast du nichts dagegen. Ich habe Dr. Reed von Karen erzählt. Wenn es dir recht ist, fährt er mit uns heute nachmittag zu ihr ins Kindergenesungsheim hinaus.“ Sie blickte forschend in Isabels Gesicht.

Licht kam in die schwarzen Augen. „Ob ich es möchte? Natürlich!“

Karens Vater wartete an jenem Nachmittag bereits vor dem Eingang des Kindergenesungsheims und begrüßte Dr. Reed. Als ihn Dr. Emmott eine Zeitlang musterte, kam ihm der Gedanke, daß der Vater des Mädchens seinen Namen wahrscheinlich schon im Ärzteverzeichnis des Amerikanischen Ärzteverbandes nachgeschlagen hatte.

In leidenschaftslosen medizinischen Fachausdrücken erzählte Karens Vater die Krankengeschichte seiner Tochter. Als er über die Hoffnungslosigkeit des Falles sprach, dachte Bill Reed: Herr, diesmal hast du mir einen schwierigen Fall übertragen.

Dr. Reed hatte es noch nie versucht, für einen so schweren Fall zu beten. Aber er wußte auch, daß bei Gott alle Dinge möglich sind — alle Dinge! Offensichtlich bestand seine erste Aufgabe darin, in den Eltern Karens wieder Hoffnung zu wecken. Dies würde nicht leicht sein, zumal der Vater selbst Arzt war.

Dr. Emmotts Gesicht war eine Studie in Skeptizismus. „Ich möchte Ihnen raten, sich keine Meinung zu bilden, ehe Sie Karen nicht gesehen haben“, sagte er. „Kommen Sie mit, meine Frau wartet drinnen auf uns.“

Der erste Eindruck war erschreckend. Ein einst schönes Mädchen, jetzt ausgemergelt, von Krämpfen geschüttelt; die schwarzen Augen — die denen der Mutter so ähnlich waren — wild und ohne Zeichen des Erkennens umherstarrend; beständige, ziellose, schlagende Bewegungen. Ihr Bett hatte Seitenwände, damit sie nicht hinausfallen konnte. Dr. Emmott beobachtete das Gesicht seines Kollegen.

Vorsichtig berichtete Dr. Reed, daß auf dem Gebiet der Hypnose arbeitende Ärzte festgestellt hätten, daß das Unterbewußtsein eines in Narkose

liegenden Patienten wahrnimmt, was im Operationssaal vorgeht. „Und ich glaube, dasselbe gilt auch für das Koma“, fügte er hinzu.
Dr. Emmott schien wenig interessiert zu sein. Was Isabel Emmott anbetraf, so flackerte in ihren müden Augen ein Fünkchen Hoffnung auf.
„Ich schlage vor“, sagte Dr. Reed, „daß wir Karen von jetzt an behandeln, als sei sie geistig wach und aufnahmefähig. Ob Sie das wohl fertigbringen?“
Die Eltern nickten. Sie hatten nichts zu verlieren. „Dann wollen wir gleich beginnen.“
Dr. Reed legte seine Hände auf Karens Kopf und betete, nicht über ihr, sondern mit ihr, trug Gott ihre Lage vor und dankte ihm für seine liebende Sorge. Nichts geschah. Die heftigen Zuckungen und Krämpfe hörten nicht einen Augenblick auf.
„Ich habe keine Ahnung, wie Gott dieses Gebet erhören wird“, sagte er dann. „Aber wir müssen uns beständig daran erinnern, daß es in seinen Augen keinen hoffnungslosen Fall gibt. Nun lassen Sie mich Ihnen erklären, was nach meiner Ansicht zu tun ist, damit Karen wieder gesund wird.“
Karen wieder gesund? Mrs. Emmott glaubte, nicht recht zu hören. In den langen Monaten seit der Tragödie hatte niemand — gar niemand — je die Möglichkeit erwähnt, Karen könnte wieder gesunden. Und hier war dieser Fremde . . .
„Erstens kommt es auf unaufhörliches, zuversichtliches Gebet an.
Zweitens sollte täglich mit Karen gesprochen und ihr versichert werden, daß sie wieder ganz gesund werde.
Drittens müssen sobald wie möglich die verschiedenen künstlichen Hilfen — Sedierung, Katheter, Atemschlauch, künstliche Ernährung — abgesetzt werden.“
Am folgenden Morgen fuhr Mrs. Emmott zum Heim hinaus und setzte sich ans Bett ihrer Tochter. Karen schlug noch ebenso um sich wie zuvor. Sanft legte sie ihre Hand auf Karens Stirn. „Karen“, sagte sie leise, „du wirst wieder gesund werden. Deine Freundinnen haben nach dir gefragt. Sie vermissen dich in der Schule und bei den Trommelübungen.“
Bildete sie sich's ein? Waren die Bewegungen ein bißchen weniger heftig?
Tag für Tag sprach Mrs. Emmott zu Karen — über das, was sich in der Familie ereignete, über Karens Freundinnen, über das, was in der Schule geschah. Stets kam sie auf dasselbe Thema zurück: „Du wirst gesund wer-

den, Karen. Gott liebt dich, und wir lieben dich. Wird es nicht wunderbar sein, wenn du wieder gesund bist?"
Schon bald zeigte sich eine deutliche Besserung. Karens Verkrampfungen waren weniger heftig. Zwei Tage später konnten ihre Mutter und die Krankenschwestern sie in einen Rollstuhl setzen und zum erstenmal seit drei Monaten an die Sonne hinausfahren. Aber noch immer schien sie ihre Umwelt nicht gewahr zu werden.
Der nächste im Glauben unternommene Schritt war die Entfernung des Katheters. Endlich begann die ernste Infektion der Harnwege abzuklingen.
Dann entschloß sich Isabel Emmott zu dem Versuch, Karen auf normalem Weg Nahrung zuzuführen. Drei Bekannte waren ihr abwechselnd dabei behilflich. Karen konnte zunächst nicht kauen; selbst das Schlucken erwies sich als schwierig. Aber allmählich lernte sie, Kleinkindernahrung und Kartoffelpüree zu sich zu nehmen.
Langsam entfaltete sich das Wunder. Mitte November legte Karens Vater einen Kugelschreiber in ihre Hand. Sie drückte auf den Auslöseknopf und begann, auf der Bettdecke herumzukritzeln.
Fast außer sich vor Freude, gaben die Eltern ihr vertraute Gegenstände in die Hand — einen Kaugummi, einen Fettstift, eine Sonnenbrille. Sie setzte sich die Sonnenbrille zuerst verkehrt herum auf, drehte sie dann aber in die richtige Lage.
An diesem Tag gingen ihre Eltern jubelnd nach Hause. Sie setzten sich nun ein neues Ziel: Karen bis Weihnachten bei sich zu Hause zu haben, und ihr Wunsch ging in Erfüllung. Am Weihnachtstag war die ganze Familie beisammen. Vor dem Weihnachtsessen dankte jedes einzelne der Geschwister Gott, daß Karen ein paar Stunden mit ihnen zusammen sein konnte.
Wieder im Kindergenesungsheim, begann Karen zu rebellieren. Sie haßte die künstliche Ernährung, die noch immer als Ergänzung notwendig war. Wenn ihre Hände nicht festgebunden waren, zog sie den Schlauch heraus. Dann begann sie auch das Püree abzulehnen.
Die Mutter brachte ihr ein Thunfischbrot mit. Das war einst eine von Karens Lieblingsspeisen gewesen. Karen schlang das Sandwich förmlich hinunter, und ihr Kauen und Schlucken funktionierten besser, als man für möglich gehalten hatte. In den folgenden Tagen riefen Eiskrem,

Pommes frites und kleine Fleischkuchen ähnliche Begeisterung bei ihr hervor. Bald konnte auf die künstliche Ernährung ganz verzichtet werden, und Karen begann wieder zuzunehmen.

Isabel und Ralph Emmott lernten unaufhörlich. Sie gingen Schritt für Schritt voller Hoffnung und Glauben vor. Rebellierte Karen, so war ihnen das ein Zeichen, daß sie für den nächsten Schritt bereit war.

Der Dezember ging seinem Ende zu. Noch immer hatte Karen kein Wort gesprochen. Nun sollte auch der Luftröhrenschlauch entfernt werden. Zunächst hatte man neun Tage hintereinander immer kleinere Schläuche eingesetzt, dann wurde der Schlauch völlig weggelassen. Das Mädchen atmete normal, konnte aber immer noch nicht sprechen.

Nachdem der Luftröhrenschlauch entfernt war, kam Karen endgültig nach Hause. Der vierte Januar war ein richtiger Festtag für die Familie Emmott.

Ein paar Tage später begann Karen zu flüstern. Ihre ersten Sätze, mit leiser Stimme und in einwandfreier Ausdrucksweise gesprochen, waren eine Reihe von Offenbarungen. Ihre Mutter schrieb sie auf: „Ich möchte wieder wie früher leben" . . . „Wenn Himmel und Hölle Welten sind, dann möchte ich in die Himmelswelt gehen" . . . „Ich möchte Jesus begegnen und ihn begrüßen" . . . „Bitte sagt mir, daß mein Leben nicht vergeblich gewesen ist. Ich muß es wissen."

Jeden Abend, wenn Isabel ihre Tochter zu Bett brachte, betete sie das Vaterunser und den 23. Psalm mit ihr. Am Ostersonntag 1961 wiederholte Karen das Vaterunser allein — mit ein paar Zusätzen, die von ihr selbst stammten: „In dem Himmel — dort oben in der Welt, die wir Himmel nennen."

Karens Genesung schreitet langsam und stetig voran. Sie ißt nun wieder selbst, sie liest, sie geht ohne fremde Hilfe spazieren. Seit Juni entwickelt sie eine neue Vorliebe. Wenn sie sich unbeobachtet glaubt, schlüpft sie aus dem Haus und versucht, das Auto in Gang zu setzen.

Wann immer Isabel Emmott mehr Kraft für ihr Gebet und den langen Weg benötigt, der noch vor ihr liegt, kniet sie nieder und dankt Gott für das, was er bereits getan hat.

Hoffnungslos? Nein! Die Emmotts wissen nun, daß Bill Reed recht hatte: Gott kennt dies Wort nicht.

Jener Prediger meiner Kindheit hatte sich zweifellos geirrt, als er dachte, das Element des Wunders sei im Christentum ausgestorben, weil man es nicht mehr benötige. Nicht mehr benötige? Nachdem es so viele Kranke gibt — denen die Ärzte nicht helfen können?
Nein, nicht mangelnder Bedarf hat zum jähen Rückgang des Wunders geführt. Irgend etwas hat unseren Glauben an die Liebe Gottes und an seine Fähigkeit, sich in unserer Not zu uns herabzubeugen und unseren Körper zu heilen, verringert und verdrängt. Heilungen durch das Gebet sind noch immer die Ausnahme und nicht die Regel. Doch um Sünden zu vergeben oder Männer und Frauen von versklavenden Gewohnheiten zu befreien, ist ebensoviel Kraft erforderlich. Und in Wirklichkeit sind die andren Wunder heutzutage genauso selten wie Heilwunder.
Doch ein Fortschritt bahnt sich an, denn in den letzten 20 Jahren war bei allen kirchlichen Denominationen eine Zunahme des Interesses für seelische Heilungen zu verzeichnen. Der Nationale Kirchenrat befragte kürzlich eine Anzahl protestantischer Pfarrer über Heilungen durch das Gebet. Vierunddreißig Prozent der den Fragebogen beantwortenden Seelsorger gaben an, daß sie sich darin versucht hatten — über den Erfolg waren sie vielfach selbst am meisten erstaunt.
Die neue Zusammenarbeit zwischen Seelsorgern und Ärzten ist ein Zeichen dafür, daß heutzutage kein scheinbarer eingebildeter Konflikt zwischen Religion und Medizin mehr besteht. An der religiösen Front glauben meines Wissens alle, die sich für Heilung interessieren, daß Heilwunder stets in Zusammenarbeit mit der Medizin, nie im Wettstreit mit ihr angestrebt werden sollten. Und auf seiten der Medizin weiß jeder moderne Arzt um die Verbindung zwischen Seele, Geist und Körper seines Patienten.
Schon lange haben Psychologen wie Adler, Jung und Fritz Künkel den Rückstand aufgeholt, der uns daran hinderte zu verstehen, wie Seele und Geist auf den Körper einwirken. Sie bringen uns auch der Lehre Jesu immer näher, daß das Wesen des Menschen ein Ganzes ist und keinesfalls in einzelne Glieder aufgeteilt werden kann.
Wir werden dann unseren größten Schritt ins Reich der seelischen Heilung vorwärtstun, wenn auch der Durchschnittschrist davon überzeugt ist, daß Gott seine Heilung ebenso sehr wünscht wie sein Arzt. Nur diejenigen, die dies fest in ihrem Denken verankert haben, können sich ins Abenteuer

seelischer Forschung stürzen. Wir müssen vorwärtsstreben, denn Christus hat es uns befohlen.
Dies wird uns natürlich nicht immer gelingen, ebensowenig den Ärzten. Jesus selbst tat in seiner Heimatstadt Nazareth „um ihres Unglaubens willen" (Matth. 13, 58) nicht viele Zeichen.
Aber lassen wir uns vor allem nicht durch ein besonders spitzfindiges Hindernis aufhalten. „Ist es nicht ein gefährlich Ding, im Gebet um Heilung zu flehen?" lautet es. „Angenommen, Sie beten um Gesundheit und haben keinen Erfolg. . . Könnten Sie dann nicht allen Glauben an Gott verlieren?"
Ein Pfarrer, der während der letzten zwölf Jahre allwöchentlich einen Gottesdienst abhielt, in dem um Heilung gebetet wurde, antwortet darauf folgendes: „In zwölf Jahren kam nicht ein einziges Mal jemand zu mir und sagte: ‚Ich folgte Ihren Anregungen. Ich habe alles getan — und alles hatte keinen Wert. Ich will nichts mehr mit der Kirche zu tun haben.' Aber ich habe wunderbare Erfahrungen mit Menschen gemacht, die erhört wurden und sogar mehr erhielten, als sie erfleht hatten."
Mir selbst wurde gerade zu dem Zeitpunkt, als mein Gebet noch nicht erhört war, die lebhafteste Versicherung der Wirklichkeit Gottes zuteil.
Dies alles führt auf die einfache, aber kraftvolle Wahrheit hinaus, daß man Gott in dieser wie in jeder anderen Hinsicht vertrauen kann. Hoffnung ist immer von Gott; Hoffnungslosigkeit ist immer vom Bösen. Glaube ist immer richtig; Furcht und Verzweiflung sind immer falsch.
Wir können auf die Liebe Gottes vertrauen, denn wir wissen, daß seine Liebe die unsere unendlich übertrifft. Nichts kann uns je von seiner Liebe trennen, ausgenommen unser eigenes blindes Widerstreben, sie zu empfangen.

14 Reise in die Freude

Im zweiten Jahr nach meinem Eintritt ins christliche Leben erfaßte mich auf einmal lebhafte Neugier gegenüber etwas, das ein seltsames Objekt dafür schien, dem Heiligen Geist. Wie für die meisten Menschen bedeutete für mich der Heilige Geist ein theologisches Begriffsbild, eine Art kirchliche Umrankung zu Taufen, Hochzeiten, Dankgottesdiensten und dergleichen mehr. Was den Ausdruck *Heiliger Geist* anbelangt, so hielt ich ihn für archaisch, wenn nicht für geradezu unheimlich.

So merkwürdig der Gegenstand auch schien, die Tatsache blieb, daß dies keine vorübergehende Neugier war. Wie es oft der Fall ist, wenn man plötzlich auf etwas aufmerksam wird — wo immer ich mich während jener Monate hinwandte, schien ich etwas über den Heiligen Geist zu hören oder zu lesen.

Während unseres Urlaubs in Cape Cod fand in der dortigen Kirche, die Peter und ich mit Peter John besuchten, im Rahmen des Sonntagsgottesdienstes jeweils auch eine kurze Ansprache für Kinder statt. Gleich am ersten Sonntag nach unserer Ankunft hielt der Gastprediger aus diesem Anlaß einen Anschauungsunterricht über den Heiligen Geist in Beziehung zur Dreieinigkeit ab.

Drei Glasbehälter waren auf einem Tisch aufgestellt. Der eine war mit Wasser gefüllt; der zweite mit Eis; der dritte mit etwas, das wie Dampf aussah und wahrscheinlich Trockeneis war.

„Kinder", begann er, „vielleicht habt ihr schon von der Dreieinigkeit gehört. *Dreieinigkeit* bedeutet drei Personen. Wenn wir von der Dreieinigkeit sprechen, meinen wir die drei Personen, aus denen Gott besteht, den Vater, Jesus Christus, den Sohn, und den Heiligen Geist.

Nun schaut euch diese drei Gläser an. In diesem hier ist Wasser, in jenem Eis und in dem dritten Dampf. Sie sehen alle verschieden aus, nicht wahr?

Aber ihr wißt, daß Eis nur gefrorenes Wasser ist. Und daß Dampf aufsteigt, wenn eure Mutter Wasser in einem Topf auf dem Herd kocht. Das bedeutet also, daß Wasser, Eis und Dampf in Wirklichkeit dasselbe sind. Das gleiche gilt auch für die Dreieinigkeit — Jesus Christus, das Wasser des Lebens, ist verschieden vom Vater — und doch derselbe. Wie der mächtige Dampf, der eine Lokomotive antreibt, sich vom Wasser unterscheidet, so unterscheidet sich der Heilige Geist von Christus und vom Vater und ist doch derselbe."

Ich hörte ebenso interessiert zu wie die Kinder. Was der junge Pfarrer an jenem Morgen sagte, vermittelte mir eine neue Vorstellung und bildete den Hintergrund für ein Thema, das mich weiter beschäftigen sollte.

Ungefähr zwei Monate später geschah etwas, was dieses Interesse aus dem Reich der Theorie heraushob und auf eine persönliche Basis stellte. Ich traf eine alte Freundin wieder, die ich seit langem kannte. Sie erhielt oft innere Winke. Neugierig fragte ich Tay: „Wie erklärst du dir diese plötzlichen Eingebungen, diese — nun, diese innere Stimme?"

„Manche Menschen nennen es plötzliche Eingebungen", antwortete sie prompt, „aber ich würde es eher als Weisung des Heiligen Geistes bezeichnen."

Da war es also wieder!

Tay sah mich neugierig an. „Was bedeutet dir der Heilige Geist?" fragte sie.

Ich erinnerte mich an die Kinderlehre in der Kirche in Cape Cod. „Oh — eine der drei Personen des dreifaltigen Gottes — die dritte Person der Dreieinigkeit."

„Ich spüre aber etwas an der beiläufigen Art, wie du das sagst . . .", sie blickte mich prüfend an, „habe ich recht in der Annahme, daß der Heilige Geist in deinem Herzen nur einen unbedeutenden und unnötigen Platz einnimmt?"

Ich nickte.

„Aber ich weiß aus persönlicher Erfahrung, daß der Heilige Geist ebenso groß, ebenso notwendig wie die beiden andern Personen der Dreieinigkeit ist. Doch du hast meine ursprüngliche Frage noch immer nicht beantwortet. Was bedeutet er dir?"

Ihr Eifer schien eine offene Antwort zu erfordern. „Ich muß dir die Wahrheit sagen, Tay", erwiderte ich. „Er bedeutet mir nichts. Ich habe einfach kein richtiges Verhältnis zu ihm und könnte wohl auch ohne ihn auskommen."

Obgleich ich damals von meiner eigenen Behauptung überzeugt war, sollte ich bald erfahren, daß sie nicht zutraf. Es stimmte ja gar nicht, daß ich auch ohne den Heiligen Geist auskommen konnte. Beim Suchen in der Heiligen Schrift entdeckte ich das Warum.

Mit Bibelkonkordanz und Notizbuch ausgerüstet, begann ich methodisch alle Hinweise nachzulesen, die ich über die dritte Person der Dreieinigkeit finden konnte. Mit der Zeit brachte ich die Ergebnisse meiner Suche im Notizbuch in logischen Zusammenhang.

Ich lernte, daß es sich beim Heiligen Geist nicht um einen „Einfluß", sondern um eine Person handelt; nicht um ein Ding, ein Es, sondern um einen Er. In gewisser Hinsicht ist er sowohl das zusammenbindende als auch unscheinbarste Glied der Dreieinigkeit, denn er hat die Aufgabe, Christus widerzuspiegeln und zu verherrlichen.

Verherrlichen bedeutet ganz offensichtlich „jemandem huldigen wie in Anbetung". Aber es hat noch eine tiefere Bedeutung. Dr. Leslie Weatherhead brachte sie im Jahre 1952 in seiner Fastenpredigt im City Temple in London zum Ausdruck: „Ich würde ‚Herrlichkeit' als Ausdruck jenes Wesens einer Person oder einer Sache bezeichnen, das aus sich selbst Lobpreisung hervorruft."

Dann muß die Herrlichkeit eines Sonnenaufgangs in der Schönheit seiner zarten Rosa- und Orangetöne liegen, die am Himmel reflektiert werden, ehe die Sonne selbst über den Hügeln erscheint. Hier beruht die Herrlichkeit auf den Eigenschaften oder charakteristischen Merkmalen des für uns wahrnehmbaren Sonnenaufgangs.

Die Herrlichkeit Jesu Christi beruht auf den charakteristischen Merkmalen seines Wesens, das uns zu Bewunderung veranlaßt. Sie haben nichts mit königlichem Schmuck oder Heiligenschein zu tun, den mittelalterliche Künstler um seinen Kopf malten. Weit gefehlt! Die Menschen erblickten seine Herrlichkeit in seiner Menschlichkeit — seinem spontanen Mitleid, seiner Güte, seinem Verständnis, seiner Furchtlosigkeit und Entschiedenheit, seiner Ablehnung, mit dem Bösen einen Kompromiß zu schließen, seiner Selbstlosigkeit, die in der Selbsthingabe am Kreuz gipfelte.

Der Apostel Johannes faßte es in unvergeßliche Worte: „Und das Wort ward Fleisch und wohnte unter uns, und wir sahen seine Herrlichkeit, eine

Herrlichkeit als des eingebornen Sohnes vom Vater, voller Gnade und Wahrheit" (Joh. 1, 14).

Aber dann entdeckte ich, daß das Neue Testament erklärt, daß diese Eigenschaften der Natur Jesu für uns ebensowenig sichtbar sind wie ein Sonnenaufgang für einen Blinden. Darum benötigen wir den Heiligen Geist, damit er Christi Herrlichkeit für uns sichtbar macht. Es ist, als ob uns der Geist ein neues Sehvermögen verleiht, mit dessen Hilfe wir die göttliche Wahrheit erkennen, wo vorher nur Finsternis war.

Ich entdeckte, daß Jesus seine eigenen bevorzugten Bezeichnungen für den Heiligen Geist hatte. Christus sprach aramäisch, die Sprache seines Volkes. Dies war zugleich der Dialekt der Bazars und der Küste, überreich an farbigen Redensarten, Bildern und vermutlich lebhaftem Humor. Jesus liebte es, den Heiligen Geist als den „Helfer", den „Geist der Wahrheit", den „Lehrer", den „Tröster", den „Ratgeber" zu bezeichnen.

Das Johannesevangelium erwies sich als besonders hilfreich und vermittelte mir weiteres Verständnis für den Heiligen Geist. In seinem letzten Gespräch mit den elf Aposteln (Judas hatte die Gruppe bereits verlassen), setzte Christus ihnen auseinander, daß er durch den Geist bei ihnen sein werde. In jener letzten Nacht hatte er seinen Aposteln wichtige Dinge zu sagen, von denen die meisten den Tröster betrafen.

Die Jünger wußten, daß sich ihr Meister in unmittelbarer Gefahr befand. Sie waren voll Furcht und Kummer.

„Euer Herz erschrecke nicht, wenn ich euch verlasse", sagte Jesus tatsächlich zu ihnen, „es ist sogar gut für euer Wachstum."

Dann erklärte er es ihnen genauer; wenn er körperlich nicht mehr bei ihnen sein konnte, würde ein andrer (der Tröster) seinen Platz einnehmen und für die Fortsetzung und Ausbreitung seiner lebensspendenden Kraft auf Erden sorgen. Alle Wunder — das Lehren, Predigen, Vergeben, Reinigen von Sünde, Heilen —, deren Zeugen die Jünger gewesen, würden nicht nur weitergeschehen, sondern noch größere Dinge durch den Helfer möglich sein, die während Jesu irdischer Wirksamkeit nicht mehr getan werden konnten (Joh. 14, 12).

Dies mußte so sein, weil es noch mehr Wahrheit, weit mehr Wahrheit gab, die es zu entdecken galt; und der Geist der Wahrheit würde die Menschen in diese nie erträumten Bezirke geistlicher Forschung führen (Joh. 16, 12; 13).

Nur auf diese Art konnten Menschen aller Jahrhunderte mit dem auferstandenen Christus Gemeinschaft haben. Ohne den Heiligen Geist, der uns beständig Christi Gegenwart vermittelt, bliebe nichts zurück als die Erinnerung und die aufgezeichneten Worte und Taten irgendeines guten Menschen, wie Franz von Assisi, Albert Schweitzer oder Gandhi.

Jesus gab in jener letzten Nacht vor seinen Aposteln eine erstaunliche Erklärung ab, daß nämlich dieser Geist im Körper der Menschen wohnen solle. Uns wurde das Privileg angeboten, unseren Körper dem Helfer als Wohnstätte anzubieten, so daß Christus nicht nur mit uns sein konnte, sondern auch in uns. Dies würde Gott den Vater den Menschen näherbringen als je zuvor. Die Heilige Schrift drückt „daß Gott in den Menschen Wohnung nimmt“ auf verschiedene Art aus. Paulus sollte später ausrufen: „Ich lebe; doch nun nicht ich, sondern Christus lebt in mir“ (Gal. 2, 20). Und: „Wisset ihr nicht, daß euer Leib ein Tempel des heiligen Geistes ist, der in euch ist, welchen ihr habt von Gott“ (1. Kor. 6, 19)? Christus versprach seinen Jüngern, daß sie des Vaters Macht und Weisheit genau wie seine eigene besitzen sollten, wenn sie ihren Körper dem Helfer als Wohnstätte anböten (Joh. 16, 13—15).

Er ließ auch keinen Zweifel darüber, daß die Welt dies alles merkwürdig finden werde und den Heiligen Geist unmöglich sehen oder erkennen könne, bis auch sie ihn erfahren habe (Joh. 14, 17; 1. Kor. 2, 14).

Dann sagte er seinen Jüngern, was sie tun sollten, um den Heiligen Geist zu empfangen (Luk. 11, 13; Joh. 14, 16), und ermahnte jeden einzelnen, nicht eher als sein Zeuge aufzutreten, bis daß der Geist zu ihm gekommen sei (Luk. 24, 49; Apg. 1, 4; 5; 7).

Wahrscheinlich verstanden die Apostel zunächst nur wenig von alldem. Aber auch so muß es für sie offenkundig gewesen sein, daß Jesus größten Wert auf den Tröster legte; dies führte mich direkt zu meiner früheren Behauptung zurück, daß ich „ganz gut“ ohne den Heiligen Geist auskommen könne. Jetzt fand ich im Gegenteil, daß wir nach dem Neuen Testament ohne den Heiligen Geist auch ohne

Freude
Bewußtsein der Liebe Gottes
Gewißheit darüber, wer Christus ist
Fähigkeit, das Evangelium so zu verkünden, daß es das Leben ändert
Sündenbewußtsein

Führung
Heilung
Fürsprecher beim Vater
Gaben des Heiligen Geistes
Früchte des Geistes
Sicherheit (oder innere Gewißheit) des ewigen Lebens sind.

Für jeden, der nur das geringste Interesse daran hat, Christ zu sein, ist dies eine lange Liste von Gnaden, auf die man verzichten müßte. Schon meine unvollständige Suche erbrachte, daß Jesus die Gegenwart des Helfers als das Geschenk sah, das alle anderen Gaben umschließt.
Nachdem ich dies gelernt hatte, war meine nächste Frage: Wie stellt man es an, den Heiligen Geist zu empfangen?
Aus der Apostelgeschichte wissen wir, auf welch unterschiedliche Weise die Menschen ihn empfingen, und es ist offensichtlich, daß es viele Wege und keine bestimmte Methode hierfür gibt. Aus diesem Grund kann auch der Abriß, den ich zu dieser Zeit aus der Schrift auswählte, nicht als endgültig oder als Regel angesehen werden:

1. Wir müssen die Überzeugung gewinnen, daß nach der Schrift Christus durch den Heiligen Geist in uns wohnt, und daß wir selbst seine Gegenwart wünschen müssen.
2. Wir müssen zu Christus gehen und ihn um dieses Geschenk bitten.
3. Wir verlassen uns nun darauf, daß der Heilige Geist von unserem Körper Besitz ergriffen hat und in uns wohnt.
4. Wir empfangen den Beweis dafür — was manche die „Offenbarung“ des Heiligen Geistes genannt haben.
5. Wir bewahren uns Christi Gegenwart durch Gehorsam gegenüber der inneren Stimme.

Als nächstes begann ich den Heiligen Geist für mich selbst zu erbitten. Nichts Dramatisches geschah — kein sausender Wind, keine helle Begeisterung, kein Zungenreden, wie die Apostel es an Pfingsten erlebten. Bis heute habe ich erst ein bißchen von dem erfahren, was es über den Helfer zu wissen gibt. Hier erwartet mich noch immer Neues. Aber das wenige, das ich über den Tröster bereits gelernt habe, möchte ich gerne mit andern

teilen, denn genau in diesem Punkt wurde das Christentum für mich äußerst praktisch und erregend.
Meine erste Entdeckung war, daß dem Heiligen Geist nichts Überirdisches, keine Spur frömmelnder Verkleidung anhaftet, den die meisten Leute bei ihm zu finden erwarten; auch keine süßliche Sentimentalität. Ganz im Gegenteil, der Heilige Geist strahlt eine Nüchternheit aus, die so ausgeprägt ist, daß ich es noch immer nicht glauben könnte, wenn ich es nicht selbst erlebt hätte.
Der Heilige Geist freut sich, im täglichen Leben Mittler zwischen uns und Christus zu sein. Hier ein Beispiel: Ungefähr zwei Jahre nach Peter Marshalls erstem Herzanfall wurde ich eines Morgens von dem beharrlichen Gedanken geplagt, das Autofahren zu lernen. Ich sprach mit meinem Mann darüber. Er war nicht übermäßig begeistert, denn er wußte, zwei Autofahrer und ein Wagen — das könnte Komplikationen geben. Mehrere Monate lang verfolgte mich die Idee so beständig, daß es für mich nur der Helfer sein konnte, der darauf beharrte. Schließlich war auch Peter dafür, daß ich Fahrstunden nahm.
Bei seinem plötzlichen Tod verfügte ich gerade über soviel Fahrpraxis und Zutrauen in mein Können, daß ich auch weiter Auto fuhr. Hätte ich es aber in dieser Zeit der seelischen Erschütterung erst lernen müssen, würde ich es wahrscheinlich nie versucht haben. Dabei sollte dies noch von großer Bedeutung für mich werden, als es darum ging, die für einen Neubeginn notwendige Unabhängigkeit zu haben.
Die Wirkung, die diese Art liebender Besorgnis auf den Menschen hat, ist unbeschreiblich. Mir scheint dies ein Beweis dafür zu sein — den so nur der Tröster liefern kann —, daß Gott existiert und uns liebt. Es ist eine Möglichkeit, endgültig und für immer zu erfahren, daß wir geliebt werden und daß Gott diese Liebe auf ganz einfache, alltägliche Weise zum Ausdruck bringen kann.
Auf diese Weise entdeckte ich, daß nichts in unserem Leben zu klein ist für die Sorge des Helfers. Jahrelang hatte ich Christen die Frage diskutieren hören: „Haben wir das Recht, Gott mit den kleinen Dingen des Alltags zu belästigen?"
Die es verneinten, pflegten zu sagen: „Man wäre doch ein schlechter Christ, wollte man Gott wie einen himmlischen Hotelpagen behandeln, der unsere kleinen Dinge erledigt. Außerdem hat Gott uns unseren Verstand gege-

ben und erwartet sicher, daß wir ihn für diese kleinen Dinge auch nutzen." Gewiß sollten wir uns vor jeder selbstsüchtigen Auslegung unserer Religion hüten und nicht etwa dauernd fragen: „Was kann mein Glaube heute für mich tun?" Wir sollten eine gesunde Angst davor haben, unseren Gott zu klein zu machen. Jene haben recht, die in ihm den Gott der Geschichte mit weitgespannten Plänen für den Menschen sehen.

Doch die Tatsache bleibt bestehen, daß Jesus dem Wesen seines Vaters eine weitere Dimension hinzufügte. „Ihr sollt den Vater unter allen Umständen auch mit Kleinigkeiten behelligen", scheint Jesus an zahlreichen Stellen des Evangeliums zu sagen. Jesus behelligte den Vater unaufhörlich mit den praktischen Gegebenheiten des Lebens — den gesundheitlichen Problemen der Menschen, der Beschaffung des Geldes für die Tempelsteuer des Petrus, dem Abendessen für eine Schar hungriger Zuhörer, dem Mangel an Wein bei einer Hochzeit.

Und nach Jesu Auferstehung, was dann? Würden die Menschen zurückkehren müssen zu dem Gott des Alten Testamentes — hoch und erhaben, majestätisch und weit entfernt? Nein, der göttliche Plan war, daß der Heilige Geist uns weiterhin diese vertraute Seite des allmächtigen Gottes zeigen sollte, wie Jesus es getan hatte. Denn der Heilige Geist spiegelt Jesus auf jede Weise wider.

Jesus kümmerte sich um die alltäglichen Bedürfnisse der Menschen, wie es der Heilige Geist tut. Jesus rührte an die Herzen der Menschen, verwandelte zufällig Fragende in leidenschaftlich Gläubige. Genauso will der Heilige Geist heute unsern Gefühlen wieder neue Kraft verleihen. Manchmal denke ich, daß dies die wichtigste Aufgabe des Heiligen Geistes im zwanzigsten Jahrhundert ist. Von unserer Zivilisation wurde gesagt, sie töte die Gefühle. Für Millionen von Menschen in unserer ding-übersättigten westlichen Welt ist das Leben langweilig geworden. Nichts macht uns mehr den Spaß, den wir erwarteten. Schöpferische Gedanken und Arbeit lassen nach, da es an den emotionellen Quellen fehlt, sie zu speisen. Die Liebe verliert ihre Kraft und Romantik.

Die Gesellschaft ist uninteressiert, sie bewundert kühle Neutralität und zeigt milde Verachtung für starke Gefühle. Jeder, der sich über eine Sache oder ein Problem erregt, erscheint ihr verdächtig.

Diese Interessenlosigkeit bringt unsere demokratische Welt in Gefahr. Als Admiral Arleigh A. Burke im Juli 1961 in den Ruhestand ging, warnte er: „Ich frage mich, ob unser Volk noch so feste Überzeugungen wie einst hat. Wir scheinen nicht einzusehen, daß es notwendig ist, nach unseren Überzeugungen zu leben und wenn es sein muß, auch dafür zu sterben. Ich mache mir Sorgen wegen des bequemen Lebens; es ist eine Gefahr für die Entschlossenheit des Volkes, fest für seine Überzeugungen einzustehen."

Wenn ein Teil unserer heutigen Probleme auf den Mangel an starken Leidenschaften gläubigen Beharrens zurückgeht, wie kann dann der Heilige Geist zu ihrer Lösung beitragen? Er kann es durch seine Macht, das Gefühlsleben des Menschen mit neuer Kraft zu erfüllen. Denn es war den Menschen weder im ersten noch ist es ihnen im zwanzigsten Jahrhundert möglich, Jesus Christus von Angesicht zu Angesicht zu sehen und dabei kalt und gefühllos zu bleiben; etwas feuert sie entweder zu totaler Hingabe oder zu totaler Verneinung an. Und Jesus selbst hat stets Widerstand der Gleichgültigkeit vorgezogen. Denn Gleichgültigkeit ist das Zeichen eines kranken und sterbenden Geistes.

Starke Gefühle durchziehen die Evangelien. Kraftstrotzende Männer wie die Apostel verließen Geschäft und Heim nicht aus Unentschlossenheit, um Christus nachzufolgen; Menschen nahmen Verfolgung und Tod in Kauf nicht aus Lauheit; die geheilt wurden, die ihr Augenlicht oder ihre Kinder zurückerhielten, konnten nicht gleichgültig bleiben. Der Redeschwall der Männer, auf die an Pfingsten der Heilige Geist kam, war so ungewöhnlich, daß man sie verdächtigte, trunken von Wein zu sein. Gefühlsüberschwang, der keine Verlegenheit kannte, die Meinung der Leute nicht mehr beachtete, gebundene Menschen zu freien Persönlichkeiten machte — all dies schenkte der Heilige Geist.

Ähnliches habe auch ich bei Menschen beobachtet, die von ihm erfaßt werden. Ihre Gefühle werden erkenn- und wahrnehmbar, ihre Freuden verstärkt. Das Leben bekommt neuen Reiz. Hören wir, wie eine Frau ihre Begegnung mit dem Heiligen Geist beschrieb: „Ich sah nichts Neues, aber ich sah das Alte in einem wunderbaren neuen Licht. Ich sah zum erstenmal, wie unbändig schön und freudvoll (mir fehlen die rechten Worte, es auszudrücken) das ganze Leben ist. Jedes menschliche Wesen, jeder Vogel in der Luft, jeder Zweig, der sich im Winde bewegte, war eingeschlossen und Teil der ganzen überschäumenden Begeisterung über die Lieblichkeit, Freude, Bedeutsamkeit, Trunkenheit des Lebens ..."

Bei allen Menschen, mit denen ich über ihre Erfahrungen gesprochen habe, tritt im Zusammenhang mit dem Heiligen Geist das Wort Freude besonders in den Vordergrund. Bei der Wiedergeburt unseres gefühlsbedingten Ichs scheint sie der wichtige, langvermißte Bestandteil zu sein, den nur der Heilige Geist schenkt.

In einem früheren Kapitel dieses Buches habe ich die Freuden der Kindheit beschrieben. Für mich waren sie gleichbedeutend mit dem Duft von Minze und Geißblatt, weichen Moospolstern unter bloßen Füßen, eiskalten Äpfeln, dem überwältigenden Toben eines Gewitters, den fernen Horizonten der blauen Appalachen. Und mein Leben lang hatte ich das Gefühl, daß diese ersten Freuden mich etwas lehren wollten; daß es sich nicht um Empfindungen handelte, die allein auf die Kindheit beschränkt waren. Sie schienen Grundsätzliches und Unverrückbares über das Wesen der Welt selbst aussagen zu wollen.

Gewiß hatte ich recht, gewiß sind die Dinge in Gottes Welt so! Aber erst jetzt verstehe ich, wie Gott uns dies wissen lassen will. Der Heilige Geist soll uns die Augen öffnen für die Freude, die das Universum umschließt.

Der Heilige Geist war es, der Marianne Browns Augen öffnete. Mrs. Brown ist die Frau eines presbyterianischen Pfarrers in der kleinen Stadt Parkesburg im Staate Pennsylvania. Sie ist Mutter von fünf Kindern und Herrin über ein altmodisches, weiträumiges Pfarrhaus mit elf Zimmern.

Würde man Marianne Brown vor sechs Jahren nach der Grundwahrheit des Lebens gefragt haben, würde sie als letztes „Freude“ gesagt haben. Sie hätte vielleicht „Pflicht“ gesagt oder, wenn sie rücksichtslos ehrlich gewesen wäre, „Erschöpfung“.

Wie die Frauen vieler Seelsorger war auch Mrs. Brown in einem Strudel von Aktivität gefangen — Tagungen, Vorsitz des Frauenvereins, Gäste, Kindergarten, Überwachung des Freizeitprogramms der Gemeinde. Sie hatte ein gnadenloses Gewissen, das sie vorantrieb, und achtete sehr auf die Meinung der Leute, weshalb sie zu keiner Bitte nein zu sagen wagte. Wie die meisten Pfarrfrauen konnte sie sich keine Haushaltshilfe leisten. Ihre einzige Rettung vor totaler Erschöpfung bestand darin, häufig krank zu sein und im Bett zu liegen. Dies geschah allzuoft, denn da sie dauernd überbeansprucht wurde, war sie eine leichte Beute aller Arten von Viren und Krankheiten. Dann hatte sie viel Zeit zum Nachdenken. Warum besaß sie so wenig Spannkraft? Warum war sie so oft deprimiert? Warum gab es Zeiten, wo sie sich ganz in sich selbst zurückzog? Oft sprach sie tagelang selbst mit den Familienangehörigen nur widerwillig. Sie begann jeden zweiten Gedanken mit den Worten: „Das Unangenehme ist —." Sie waren bezeichnend für ihre freudlose Lebensauffassung.

„Wenn ich heute zurückblicke", erzählte sie mir, „kommt es mir vor, als wäre ich stets nur auf der Suche nach der Freude gewesen. Ich erinnere mich, daß ich einst ein zerlumptes Kind vor dem großen schmiedeeisernen Tor eines Herrensitzes sah, dessen Hände sich am Gitter festgeklammert hatten. Die Augen des Jungen hingen sehnsüchtig auf den gepflegten Wegen unter großen Bäumen, dem weiten Rasen, auf dem er hätte rennen und Purzelbäume schlagen können, den Blumenbeeten, dem Bach, in dem er hätte herumwaten und fischen können...

Nun, ich war wie jener kleine Junge und starrte mit hungrigen Augen auf Freuden, die mir für immer verschlossen schienen. Das heißt, bis vor sechs Jahren."

Damals begann ein neues Leben für Marianne — unauffällig genug. Eine Nachbarin schaute eines Morgens zu ihr herein. Bei einer Tasse Kaffee am Frühstückstisch schüttete die gequälte Pfarrfrau ihr Herz aus. Die Freundin wußte zwar keinen Rat, aber sie wußte etwas über die Kraft des Gebets.

Nichts Ungewöhnliches oder Dramatisches haftete ihrem Gebet an. Doch es schien den Druck, der auf Marianne lastete, zu mildern. Sie beteten nun öfters miteinander. Mit der Zeit schlossen sich weitere Bekannte an. Schließlich waren sie eine kleine Gruppe von Ehepaaren, die sich jeden Samstagabend zum Gebet trafen.

Zu dieser Zeit brach über die Browns eine Familienkrise herein; die älteste Tochter, die die High School besuchte, erlitt einen Nervenzusammenbruch. Die Gebetsgemeinschaft war ihnen während dieser Zeit eine wichtige Hilfe. Und einmal mehr zeitigte das Gebet erstaunliche Ergebnisse. Die rasche Genesung ihrer Tochter erfüllte die Browns mit Dankbarkeit gegenüber Gott und den Freunden, die ihnen in ihrer Not beigestanden hatten. Als sie an einem Samstagabend ihr Treffen beschlossen, kniete Marianne plötzlich nieder; tiefe Dankbarkeit für Gottes Nähe und Güte erfüllte sie und machte sich in Worten Luft, die wie ein reißender Strom aus ihr hervorbrachen.

Über Marianne Brown war der Heilige Geist gekommen. Sie hatte über den Tröster weder nachgedacht noch sich eingehender mit ihm beschäftigt, ja, sie war sich seiner kaum bewußt. Doch lassen wir sie selbst erzählen: „Der Geist Gottes erfüllte mein ganzes Sein — Körper, Seele und Geist. Er war wie eine Flutwelle voller Herrlichkeit und unausgesprochener Freude und überschwemmte mich. Mehr als einmal fragte ich mich, ob ich diesen Zustand der Ekstase überhaupt aushalten könne, und bat Gott ihn zu beenden. Doch gleichzeitig fürchtete ich, daß er meine Bitte erhöre. An diesem Abend fanden meine Gefühle ihren vollkommenen Ausdruck. Ich weiß jetzt, daß sie ausgehungert waren. Ich hatte nur halb gelebt, weil ich nur halb gefühlt hatte.

In jenen Minuten enthüllte Gott mir mehr, als ich je aus Büchern gelernt hatte. . . Ich wußte, für den Rest meines Lebens würde Jesus selbst meine erste Liebe sein. In ihm erfüllte sich jedes Verlangen. Und ich wußte, daß Jesus jedem Menschen eine solche Gemeinschaft mit Gott wünscht!“

Mariannes Freunde wie auch ihr Mann waren verblüfft über das, was sich vor ihren Augen abspielte. Pfarrer Brown hatte oft über Pfingsten geredet, über den Heiligen Geist gepredigt, manchmal in klugen theologischen Ausführungen. Doch Zeuge seines Wirkens zu sein — das war etwas anderes! Er und die meisten der Anwesenden hatten sich stets vor religiösen Gefühlsausbrüchen gehütet. Wir Presbyterianer tun das gewöhnlich! Da der gelehrte und kluge Johannes Calvin sowie der steife und formelle John Knox die Väter unserer Kirche sind, ist dies nur zu natürlich. Und die gebildete Geistlichkeit, auf die die presbyterianische Kirche immer Wert legte, überbewertet gern den Geist und vernachlässigt somit das Gefühl.

Kein Wunder, daß die Anwesenden verwirrt und verwundert waren, als sie sich zu später Stunde widerstrebend gute Nacht sagten und nach Hause gingen. Obgleich sie es einander noch nicht einzugestehen wagten, war mit ihnen bereits eine Verwandlung vor sich gegangen. Auch sie wollten den Heiligen Geist und die Freude haben!

In den folgenden Wochen wurde ihr Wunsch erfüllt. Es war wie ein Feuer, das auf Marianne herabgekommen war und dann von einem zum andern übersprang, auch auf Pfarrer Brown, ihren Mann. Während sich das Feuer ausbreitete, wurde die Gruppe auf eine Art und Weise zusammengeschweißt, wie es noch keines von ihnen erlebt hatte.

Ohne Schwierigkeit teilten sie nun Freuden, Ängste, Hoffnungen, Enttäuschungen, Probleme und Triumphe miteinander. Sie lebten jeder das Leben des andern nicht nur geistig, sondern auch praktisch mit. Sie entdeckten die Gemeinschaft des Heiligen Geistes, die die Urkirche des ersten Jahrhunderts als Folge des Pfingstwunders erfahren hatte. Schließlich entwickelten sich in ihrer Kirchengemeinde eine ganze Reihe von Gebetsgemeinschaften.

„Sechs Jahre sind seither vergangen", erzählte Marianne mir später, „und ich bin in dieser Zeit nicht einen einzigen Tag krank gewesen und imstande, ohne Erschöpfung für mein großes Haus und meine Familie zu sorgen. Wir haben mehr Gäste denn je. Unser Haus steht Freunden aus der ganzen Welt offen.

Die Führung des Helfers hinsichtlich meiner täglichen Pflichten ist von besonderer Art. Er hat mich befähigt, ein festes Nein zu Dingen zu sagen, die ich nicht tun soll. Und für etwas, das zu tun er mich lenkt, stehen mir unerschöpfliche Reserven zur Verfügung."

Marianne Brown ist nicht mehr auf der Suche nach Freude. Sie quillt über davon. Das Leben selbst ist Freude geworden.

Es ist dieselbe überschwengliche Freude, die wir als Kinder erleben. Christus sagt: „Wenn ihr nicht umkehret und werdet wie die Kinder, so werdet ihr nicht ins Himmelreich kommen" (Matth. 18, 3). Es ist der Heilige Geist, der ja sagt auf die Frage des Menschen: Kann ich?

Zu Beginn des Buches sprach ich von dem jetzt sooft geäußerten Standpunkt, daß die einzige Hoffnung unserer Welt auf einer Wandlung der menschlichen Natur beruht. Ist vielleicht das überall zu bemerkende steigende Interesse am Heiligen Geist ein Beweis dafür, daß der Helfer diese Aufgabe schon übernommen hat?

Im vergangenen Jahr verbrachten zwei Bekannte und ich ein paar Stunden bei Dr. Henry Pitney Van Dusen, dem Rektor des Union Theological Seminars, und erörterten eben diese Möglichkeit mit ihm. Dr. Van Dusens Buch über den Heiligen Geist, *Spirit, Son and Father*, zeigt, welches Gewicht er dem Heiligen Geist als der wirksamsten Kraft im Menschenleben beimißt.

Die Unterhaltung wandte sich einem Punkt zu, den jeder einzelne von uns im Laufe dieser Stunden entdeckt hatte: Daß uns der Heilige Geist immer wieder zu Jesu Beteuerung zurückführt — daß wirklicher Glaube keine unirdische Angelegenheit ist. Ich weiß, daß er mich in den letzten Jahren immer wieder aus den Wolken eines theoretischen Christentums geholt und in die Welt zurückgebracht hat, wohin ich gehöre.

Denn wenn wir dem Heiligen Geist erlauben, uns zu führen, wird er sich kümmern um unsere Freizeit und unsere Geldausgaben; um unsere Ehrlichkeit, moralische Integrität und Christus ähnlichen Charaktereigenschaften; um das, was mit unseren Kindern geschieht; um unser gutes Verhältnis zu anderen Menschen und zu Gott. Und wenn notwendig, wird der Heilige Geist unser ganzes Leben von oben nach unten wenden.

Denn das Hauptproblem des Menschen ist noch immer der Mensch. Unsere Suche, deren Ausgangspunkt unser Verlangen nach Mehr, nach etwas anderm ist, bringt uns nach Durchschreiten des Kreises wieder zurück zum inneren Menschen. Trotz atomarer Bedrohung sind die unerlösten Einzelwesen noch immer das Problem unserer Zivilisation. Kein Gipfeltreffen wird abgehalten, keine internationale Konferenz einberufen, ohne daß uns dieses Dilemma nicht drastisch vor Augen geführt wird.

Wie kann sich die menschliche Natur dann ändern? Die Menschen haben bewiesen, daß sie sich nicht selbst ändern können; auch ihre Mitmenschen können sich nicht ändern. Wir haben gesehen, daß Erziehung und Ausbildung nicht unbedingt dazu führen, auch unsere Gesetzgebung oder die Erhöhung der Einkommen vermögen es nicht, ebensowenig eine Versorgung mit all den Dingen, die für Geld zu haben sind. Das bringt uns zur Krönung der Arbeit des Heiligen Geistes unter den Menschen. Nur Christus kann die menschliche Natur ändern, und der Heilige Geist macht der bedürftigen Menschheit Christus erreichbar.

So geschah es Saulus von Tarsus, Augustinus, Franz von Assisi, Martin Luther und Tausenden von andern im Laufe der Jahrhunderte. Es geschieht auch Männern und Frauen in unserer Zeit, zum Beispiel Starr Daily.

Es war im Jahre 1924 in dem Gerichtssaal einer Stadt des Mittelwestens. Die Stimme des Richters war ernst, als er auf den vor ihm stehenden Gefangenen hinabblickte. „Ich werde Sie nun zum drittenmal zu einer größeren Zuchthausstrafe verurteilen müssen. Ich weiß, Sie sind krank.

Und ich weiß, daß ein Mehr an Strafe nicht das Heilmittel für Sie ist. Aber Ihr Strafregister läßt mir keine andere Wahl."

Und so lautete auch das Urteil der Gesellschaft über Starr Daily: hoffnungslos kriminell. Es schien durchaus gerechtfertigt. Mit 16 Jahren hatte Starr keinen anderen Ehrgeiz gehabt, als sich den Ruf eines gefährlichen Menschen zu erwerben. Er träumte von der Zeit, wo die Polizei mit Schaudern von ihm sprechen würde.

Er erreichte sein Ziel, indem er Anführer einer Bande von Geldschrankknackern wurde. Es gab keinen Tresor, den er nicht öffnen, kein Schloß, das er nicht auseinandernehmen konnte. Aber schließlich machte ihn der Alkohol sorglos, und er wurde geschnappt.

Es folgten 14 Jahre Straffarm, eine Zeit als Kettensträfling und zwei Zuchthausstrafen. Die ganze Zeit über verlor Starrs Vater niemals die Hoffnung, daß sein Sohn von seinem verbrecherischen Leben errettet werden könne. Aber all seine Hoffnung war vergebens. Er erlebte, daß Starr zum drittenmal ins Zuchthaus mußte. Starr sah seinen Vater nie wieder. Der verzweifelte Mann starb, ein Gebet für den Sohn auf den Lippen.

Im Zuchthaus machte Starr zwei vergebliche Ausbruchsversuche. Dann setzte er eine Zuchthausmeuterei in Szene. Der Gefangenenaufseher sollte ergriffen und als Schild und Geisel benutzt werden. Ein Spitzel verriet den Plan, und Starr erhielt Einzelhaft.

Stärkste Männer hatten bisher das „Loch" nicht länger als 15 Tage überlebt. Zu jener Zeit waren amerikanische Gefängnisse oft schreckliche und unmenschliche Orte. Es war Winter, und durch die Wände der naßkalten Zelle sickerte Feuchtigkeit. Um 6 Uhr morgens erhielt der Gefangene ein Stück Brot und einen Becher Wasser. Dann kam er für zwölf Stunden in Handschellen. Um sechs Uhr abends kettete man ihn für die Nacht los, und er erhielt nochmals ein Stück Brot und einen Becher Wasser.

Doch Starr überlebte. Als der letzte Tag anbrach, konnte er auf seinen Füßen, die blauschwarz von Blutergüssen waren, nicht mehr stehen. An jenem Morgen mußte der Aufseher den fast Bewußtlosen hochheben, um ihm die Handschellen anlegen zu können.

Danach erlaubte man dem Gefangenen, auf dem Steinboden zu liegen — krank, ausgemergelt, unaussprechlich schmutzig, dem Tode nahe. Er verlor jedes Zeitgefühl. In die denkbar schlimmste Hölle versetzt, hielt ihn nur der Haß noch lebendig — Haß auf den „Bullen", der geschworen hatte, nicht eher zu ruhen, bis Starr auf Händen und Füßen um Gnade bettelnd zu ihm krieche.

Dann kam der Augenblick, da er zu schwach war, um zu hassen. Durch diese momentane Bresche schlich sich ein seltsamer neuer Gedanke: *Mein ganzes Leben lang war ich ein Dynamo an Energie. Was wäre geschehen, wenn ich diese Energie für etwas Gutes benutzt hätte?*

Dann verblaßte der Gedanke. *Jetzt ist es zu spät; ich sterbe.* Es folgte ein halb wacher, halb schlafähnlicher Zustand der Bewußtlosigkeit: Augenblicke des Deliriums wechselten mit Zeiten scheinbaren Bewußtseins ab. Es folgten unzusammenhängende Träume, die wie Nebel durch sein Gehirn geisterten. Der Gefangene war sich des eisigen Steinbodens, des Schmutzes oder des Kommens und Gehens des Wärters nicht mehr bewußt.

Schließlich begannen die Träume Bedeutung anzunehmen, wurden in Form und Reihenfolge wirklich. Plötzlich schien sich Starr in einem Garten zu befinden. Er wußte, daß er in diesem selben Garten schon oft gewesen war — in seiner Kindheit. Er befand sich in einem schuhförmigen, von sanften Hügeln umgebenen Tal. An einem Ende des Gartens sprang ein großer grauweißer Fels vor. Dann kam Jesus Christus auf ihn zu, den er sein Leben lang wie die Pest gemieden hatte. Nun stand er direkt vor Starr und schaute ihm tief in die Augen, als blicke er bis auf den Grund seiner Seele. Liebe von einer Art, wie Starr sie nie vorher gefühlt hatte, sog den Haß aus seinem Herzen, wie man Schlangengift aus einer infizierten Wunde saugt.

Seltsam klar sprach eine Stimme in ihm: *Ich bin in die Wirklichkeit eingetaucht, ich werde nie mehr derselbe sein, jetzt und in alle Ewigkeit nicht.*

Es folgte ein andrer Traum, in dem alle Menschen, die Starr jemals verletzt oder geschädigt hatte, an seinen Augen vorüberzogen. Über jeden einzelnen goß er seine Liebe aus.

Schließlich erschienen alle jene, die ihn verletzt hatten, und auch ihnen schenkte er die Liebe, deren es zur Wiedergutmachung und Heilung bedarf. Die Liebe floß ihm von außerhalb seines Ichs zu, durchströmte ihn in einem Sturzbach der Anteilnahme und überschwenglichen Dankbarkeit.

Als der Gefangene sein Bewußtsein wiedererlangte, sah die Zelle nicht mehr gleich aus. Ihre schreckliche Düsterkeit war verschwunden. Sie schien von einem warmen Licht erleuchtet. Auch Starrs Gefühle waren anders. Die Zuchthausmauern vermochten ihm keine Pein mehr zu bereiten, sondern nur noch Freude.

Als nächstes wurde Starr bewußt, daß sich die Tür öffnete und der „Bulle" in einem Tonfall, den Starr noch nie an ihm gehört hatte, zu ihm sagte: „Bist du hungrig? Ich könnte in der Küche ein Sandwich organisieren."

Der Gefangene blickte ihn überrascht an. Aber er war über seine eigene Antwort noch viel mehr überrascht: „Nein, tun Sie das nicht. Riskieren Sie meinetwegen nicht den Hals."

Jetzt war es an dem „Bullen", erstaunt zu sein. Er ging verwundert fort und kam schon bald mit dem Arzt zurück. Starr wurde ins Gefangenenhospital gebracht. Durch eine Reihe überraschender Ereignisse öffneten sich ihm im März 1930 die Zuchthaustüren, fünf Jahre vor der für seine Freilassung festgesetzten Zeit.

War sein Erlebnis auf dem Zellenboden eine Halluzination? Nein! Und die Wandlung des Mannes war der Beweis dafür. Er, der von allen und jedem als unverbesserlich bezeichnet worden war, war von jenem Augenblick an von allen kriminellen Neigungen geheilt.

Peter Marshall war dem gewandelten Starr Daily sehr zugetan und erzählte seine Geschichte mit besonderer Vorliebe von der Kanzel herab. Als ich 1954 zu Drehbuchbesprechungen für den Film *Ein Mann namens Peter* in Hollywood war, fuhr ich zum Heim der Dailys in Van Nuys, Kalifornien, hinaus, um Starr und seine Frau Marie zu besuchen und bei ihnen zu übernachten.

Starr ist hochgewachsen, mager, leicht ergraut; sein Gesicht trägt die Linien der langen schweren Jahre; aber Einfälle voll trockenen Humors, im gedehnten Tonfall des Mittelwestens vorgetragen, erhellen es immer wieder.

Dieser Mann, der in der Schule nur sechs Klassen absolvierte, hat acht Bücher geschrieben. Er hat im ganzen Land Vorträge gehalten. Seine Kenntnis der kriminellen Psyche trug maßgeblich dazu bei, daß unsere Haftmethoden neu überdacht wurden. In vielen Fällen hat er dem Heiligen Geist als Werkzeug zur Bekehrung von Verbrechern gedient.

In einem Gespräch über die Erfahrungen, die sein Leben veränderten, sagte er kürzlich zu mir: „Der Heilige Geist kam durch den verherrlichten Christus zu mir. Er schenkte mir weniger die Gaben als vielmehr die

Früchte des Heiligen Geistes, die ich mir in täglich geübter Disziplin erwerben mußte; vielleicht war dies in meinem Fall notwendig, damit sie durch die notwendige, vollkommene Änderung meines Charakters ergänzt werden konnte. Wie dem auch sei, Sie erinnern sich, daß der Apostel Paulus dies den ‚vortrefflichen Weg' nannte."

Können wir die menschliche Natur ändern? Nein, aber der Heilige Geist kann es. Seine allumfassende Liebe zu uns ist zugleich Jesu Liebe und verlängert Jesu Leben und Macht bis in unsere Zeit. Der Helfer betrachtet unsere Nöte als die seinen; er begleitet uns in Gefahren; er erleuchtet uns in Schwierigkeiten; er heiligt unsere Freude.

Der Heilige Geist war mit John Sherrill, als er ins christliche Leben eintrat, indem er ja zu Christus sagte; er war mit Stuart Luhan in der Nacht, als das Winecoff Hotel in Flammen aufging; er half meiner Freundin Beverly durch die Krise mit ihrem Sohn Kenneth; er befähigte Raymond Thomas, von einem besseren Leben zu träumen, als Radical Hill ihm zu bieten vermochte; er ist mit Betty Elliot und ihrem Töchterchen Valerie im südamerikanischen Dschungel. Und gerade jetzt ist er mit Karen Emmott draußen in Oklahoma City — Karen mit dem aparten Gesichtchen, die noch immer hofft, ihr Leben eines Tages wieder „auf die alte normale Weise" leben zu können.

Ohne ihn auskommen? Wer könnte es von uns, die wir uns auf die Pilgerschaft gemacht haben, als die wir das Christentum betrachten müssen? Denn wir, die es uns nach mehr verlangt, nach Hoffnung und Weisheit über unser eigenes Ich hinaus, entdecken zu unserer Freude, daß, während der Tröster uns Christus offenbart, in ihm unser Herzenswunsch erfüllt wird.

15 Ausklang

Es war am Nachmittag des ersten Mai. Ich saß an der Schreibmaschine in meinem im Parterre gelegenen Arbeitszimmer. Durch das große Fenster konnte ich das erste schwache Grün auf den Bäumen drunten am Fuß des Hügels sehen. Der Frühling war in diesem Jahr spät nach New York gekommen.

Plötzlich schrillte das Telephon. Mutters Stimme drang an mein Ohr; sie rief von der Evergreen Farm in Virginia an. Ihre Stimme klang seltsam. „Catherine, ich hab' eine schlimme Nachricht für dich", sagte sie. „Vater hat uns verlassen!"

„Vater hat uns verlassen . . . ?"

Sie fuhr atemlos fort: „Dr. Oliver kam eben, um es mir zu sagen."

„Wie? Wann?"

„Vater ging vor ungefähr 15 Minuten aus dem Haus. Er wollte nur schnell in den Laden, um nach der Post zu sehen. . . Er kam nicht mehr zurück."

„Du meinst . . . ?"

„Er saß im Laden auf einem Stuhl und unterhielt sich und scherzte mit Mr. Janney und ein paar anderen Männern. Plötzlich gab er zwei schwache Seufzer von sich — das war alles."

Ich starrte auf meine Schreibmaschine und suchte es zu begreifen.

„Dr. Oliver sagte, daß Vater noch immer mit gekreuzten Beinen, die Hände im Schoß auf dem Stuhl saß, als er hinkam. Sein Kopf war ein wenig geneigt. Auf seinem Gesicht lag ein friedlicher, glücklicher Ausdruck."

„O Mutter, liebste . . . " Ich versuchte verzweifelt, meine Gedanken zu sammeln. „Es wird etwa 40 Minuten dauern, bis ich es Len sagen kann. Er ist gerade auf dem Heimweg aus seinem Büro. Ich komme, sobald ich kann."

„Catherine, rufst du Peter John in Yale an?"
„Ja sicher. Sofort."
Wie es sich zeigte, war Peter John gerade bei einer Chorprobe. Sie übten für eine auf den Sommer geplante Konzerttournee durch Südamerika. Erst am frühen Abend erhielt er die Nachricht vom Tod seines Großvaters.

Wie plötzlich der Tod das Leben unterbricht!
Doch zwei Abende später, als die Familie sich im Wohnzimmer der Evergreen Farm versammelte, war es nicht so sehr Schmerz als Dankbarkeit, was wir fühlten. In 76 Jahren hatte Vater ein reiches, erfülltes Leben gelebt. 46 aktive Jahre als Seelsorger, später noch bald fünf wundervolle Jahre auf der Farm.
Er hatte lange genug gelebt, um Leonard LeSourd und mir seinen Segen zu geben, als er am 14. November 1959 in der kleinen presbyterianischen Kirche in Leesburg, Virginia, unsere Trauung vornahm. Zwar hatte er sich mit Lens Vater und Dr. Norman Vincent Peale in den Gottesdienst geteilt, aber er hatte darauf bestanden, uns selbst die feierlichen Worte auf den gemeinsamen Lebensweg mitzugeben: „Durch die Vollmacht, die mir als Pfarrer der Kirche Christi übertragen ist . . . "
Sein langgehegter Wunschtraum, eine Reise zu den Passionsspielen in Oberammergau, war im vorletzten Sommer in Erfüllung gegangen. Und an Ostern waren, wie um sein letztes Jahr abzurunden, alle Mitglieder von Vaters großer Familie einschließlich der drei neuen Enkel — Jeffrey, Chester und Linda LeSourd — um ihn versammelt gewesen.
Danach hatten unsere Eltern Goldene Hochzeit gefeiert. Genau vor einem Jahr hatte das alte Farmhaus geblitzt und gefunkelt und war vor lauter Gästen fast aus den Nähten geplatzt. Sie waren zum Teil von weither gekommen, um mitzufeiern und gemeinsam Vaters und Mutters Freude zu teilen.
Ein Jahr später nun, an diesem 3. Mai, war die Erinnerung daran für Mutter zugleich beglückend und schmerzlich. An diesem Abend ihres 51. Hochzeitstages konnte sie den Gedanken nicht ertragen, Vaters irdische Hülle in der unpersönlichen Leichenhalle zurückzulassen. Aus diesem Grund stand der Sarg noch im Farmhaus.
„Wie wundervoll war es doch", sagte Mutter, „daß John dieses letzte Jahr noch erleben durfte."

Voller Dankbarkeit sprachen wir auch davon, wie gnädig sich in seinen letzten Stunden alles gefügt hatte. Wie schwer wäre es für Mutter gewesen, wenn sie bei Vaters Tod mit ihm allein gewesen wäre. Und was wäre geschehen, wenn ihn der Herzschlag am Steuer seines Wagens überrascht hätte, als er unterwegs zum Laden war? Auch die Invalidität war ihm erspart geblieben. Wie hätte er es gehaßt, andern zur Last fallen zu müssen! Bis zu seinem Ende war er mit Plänen beschäftigt. Wir fingen an, sie aufzuzählen.

Erst drei Tage zuvor hatte er einen Kastenwagen fertiggebaut, der so massiv war, daß wir uns fragten, ob der Traktor ihn überhaupt vom Fleck bringen würde.

Dann hatte er ihn mit einer Freude, die der eines kleinen Jungen über seinen ersten selbsterbauten Wagen glich, in einem leuchtenden Rot gestrichen. An seinem Todestag hatte er sich gefragt, wieviel Küken er dieses Jahr kaufen, wieviel Erdbeerpflanzen er setzen solle; wann er und Earl Cook, unser Farmarbeiter, frühestens mit der Anlage der zweiten Terrasse beim Hühnerhaus beginnen könne. Dann mußte natürlich der Sockel für die Sonnenuhr errichtet werden —

Mein Schwager, Harlow Hoskins, unterbrach unsere Aufzählung: „Aber ich dachte, Vater wollte den Stumpf des Bienenbaums als Sockel für die Sonnenuhr verwenden."

„Du meinst", und Peter Johns Stimme klang ein klein bißchen verächtlich, „den Baumstumpf, den Mutter für immer mit ihrer unsterblichen Prosa berühmt machte?"

„Scherze nur darüber, junger Mann", gab ihm Großmutter zur Antwort. „Ob du es glaubst oder nicht, viele Besucher wollten den Robinienstumpf sehen."

„Ich hab' einen neuen Stoff für dich, Catherine", fügte mein Bruder Bob neckend hinzu. „Ich war damals noch ein kleiner Junge. Vater stand oben auf der Leiter und wollte die Kabel der Weihnachtsbeleuchtung vor dem Haus an den Stecker anschließen, der sich an der Verandadecke befand. Seine Hand rutschte aus, und er wäre fast von der Leiter gefallen. Dabei rutschte ihm ein Wort heraus, das kaum — hm — geistlich war. Dann schaute er zu mir herunter, der ich auf dem Boden der Veranda saß und mit offenem Mund zu ihm hinaufstarrte.

‚Vergiß bitte, was ich da gesagt habe, Sohn', sagte er mit heiserer Stimme."

Bob lachte stillvergnügt vor sich hin. „Paps konnte nicht ahnen, daß mich plötzlich ein neues und enges Band mit ihm verband. Wir Männer hatten etwas ziemlich Außergewöhnliches miteinander erlebt."

Ein kindlicher Schrei in der Diele unterbrach unsere Unterhaltung. Mary, meine Schwägerin, und Em eilten hinaus, um nach ihren Kindern zu sehen, die auf der Treppe Haschen gespielt hatten. Das Stimmengewirr in der Diele legte sich augenblicklich, und wir nahmen unsere Unterhaltung wieder auf. Aber ein paar Minuten später schlich sich die siebenjährige Margaret ins Zimmer.

„Bobby sitzt oben an der Treppe und will nicht mehr spielen und nicht herunterkommen", berichtete sie mit ihrer zarten Stimme.

„Er will schon wieder, Mary", sagte Mutter. „Ich werde gleich mal mit ihm sprechen."

Dann hörten wir ihre Stimme. „Bobby, du hast das falsch verstanden. Deine Mutter hat nicht ‚pst' gemacht, weil sie dachte, du wärest Großvater gegenüber respektlos. Großvater möchte nicht, daß ihr Kinder traurig seid und lange Gesichter macht. Er ist glücklich und will, daß ihr auch glücklich seid. Außerdem hat er euch Kinder immer gern um sich gehabt. Das weißt du doch!"

„O danke, Großmutter", hörten wir Bobby antworten. Sie wollte noch etwas sagen, aber ihre Worte gingen unter in der Umarmung eines kleinen Jungen.

Peter John schüttelte staunend den Kopf. „Und das am Abend vor dem Begräbnis. Was für eine Frau!"

„Ich glaube, meinen Kindern ist die Lebenslust angeboren", Bob lächelte. „Erinnerst du dich an die Geschichte mit den Schweineschmalzbüchsen, Em?"

„Mich erinnern? Wie könnte ich sie je vergessen!"

Dann begannen sie beide auf einmal zu reden.

Ich blickte auf Peter Marshalls Porträt und konnte mir ohne weiteres vorstellen, was er in diesem Moment sagen würde: „Immer die gleiche Familie ... Sie haben sich kein bißchen verändert!"

Peter John bemerkte: „Wir brauchen Großvaters dröhnende Stimme, damit er als Schiedsrichter fungiert."

„Schon gut", gab Em nach. „Ich werde schweigen. Erzähl du es, Bob!"

„Nun, Vater war immer makellos gekleidet, bevor er sich sonntags auf die Kanzel begab. Wenn möglich, steckte er sich auch noch eine Blume ins

Knopfloch. An jenem Sonntagmorgen trug er einen frischgeplätteten weißen Anzug und weiße Schuhe — das einzige weiße Paar, das er besaß. Kurz bevor er sich in die Kirche begab, steuerte er auf den Garten hinter dem Haus zu, wo ein paar Kuckucksnelken blühten.

Was er nicht wußte, war, daß Em und ich den Garten mit Fallen versehen hatten. Wir hatten uns von Mutter leere Schweineschmalzdosen erbettelt — große Fünfzehnpfundbüchsen. Dann hatten wir sie in die Erde eingegraben, mit Wasser gefüllt und mit Zweigen und Grasbüscheln getarnt."

„Es war ein gemeiner Streich", murmelte Em.

„Wie dem auch sei, Vater spazierte direkt in eine der mitten auf dem Gartenweg angebrachten Fallen. Em und ich hörten ihn wie einen verwundeten Stier aufbrüllen und suchten uns auf dem schnellsten Weg ein Versteck. Aber Vater hatte einen ganz schönen Zorn und machte uns prompt ausfindig. Eines seiner Hosenbeine war bis zum Knie durchnäßt, der eine Schuh war natürlich patschnaß. Ich fürchte, Em und ich haben seinen geistlichen Zustand an jenem Sonntag nicht gerade gefördert."

Meine Schwester Em nahm den Faden auf. „Ich lag heute nacht lange wach und erinnerte mich an vieles. Len, das hast du auch noch nie gehört." Dann erzählte sie eine Begebenheit aus der Zeit, als Vater in Westvirginia Pfarrer war. Eines Tages wollte er einen Mann besuchen, der gerade in unsere Stadt gezogen war und in den Baltimore- und Ohioeisenbahnwerkstätten arbeitete. Als Vater den Mann endlich ausfindig gemacht hatte, war dieser gerade dabei, eine Lokomotive zu reparieren.

„Tut mir leid, ich kann Ihnen die Hand nicht geben, Herr Pfarrer", sagte der Mann und zeigte seine von Kohlenstaub und Maschinenöl schwarzen Hände.

Impulsiv bückte sich Vater und rieb seine Hände im Ruß, der zweieinhalb Zentimeter dick den Boden bedeckte. „Jetzt besteht kein Unterschied mehr zwischen uns", sagte er. „Wissen Sie, ich möchte Ihnen die Hand schütteln."

„Jener Mann", fügte Em hinzu, „war für immer Vaters Freund."

„Ich glaube die Geschichte ohne weiteres", sagte Len. „Ich kenne keinen einzigen, der die Menschen so liebte wie Vater — und zwar jede Art von Menschen. Während sich Catherine und ihre Mutter letzten Sommer in Europa Baudenkmäler, Museen und Gemälde ansahen, führte Vater lebhafte Unterhaltungen mit Hotelpagen, Schaffnern, Arbeitern oder Gemischtwarenhändlern."

Len hatte Vaters Liebe zu den Menschen richtig erkannt. Wie aufrichtig sie darauf reagierten, bewies uns ein Vorfall unter vielen: Frank Scott und andre Pfarrkinder aus Vaters Kirchengemeinde an der Ostküste fuhren die ganze Nacht hindurch, um an seinem Begräbnis teilnehmen zu können. Scott ist Farmer und macht nicht viele Worte. „Ich hatte Mr. Wood sehr gern", sagte er einfach, als er meine Hand ergriff. „Ich mußte einfach kommen."

Der Trauergottesdienst war alles andre als bedrückend. David Crawford, der Pfarrer, hatte mir vorher gesagt: „Ihr Vater und ich hatten ein glänzendes Verhältnis zueinander. Es war so gut, daß er mich fast dauernd necken konnte. Ich könnte in einem Gedenkgottesdienst für ihn einfach kein trauriges Gesicht machen. Wenn Sie nichts dagegen haben, soll er ein Modell dafür werden, wie ich mir jeden Trauergottesdienst wünsche."

Also sang die ganze Gemeinde Martin Luthers triumphierendes Kirchenlied

Ein feste Burg ist unser Gott,
ein gute Wehr und Waffen . . .

Ich blickte mich um und sah Earl Cook, die Mütze in der Hand, hinten in der Kirche stehen. Sein dunkles Gesicht glühte, er sang kräftiger als irgendeiner von uns.

Pfarrer Crawford stand vorne am Altar. Sein Kopf war erhoben, ein Ausdruck von Fröhlichkeit lag auf seinem Gesicht. Die Schriftstellen, die er ausgewählt hatte, klangen ebenso freudvoll. Ein Satz aus dem 121. Psalm sprang mir entgegen:

Der Herr behüte deinen Ausgang und Eingang
von nun an bis in Ewigkeit.

Alle in unserer Familie hatten das Gefühl, daß der Herr dieses Versprechen Vater gegenüber gehalten hatte. Während ich da in der kleinen Kirche saß, wanderten meine Gedanken zurück zum letzten Nachmittag seines Lebens. . .

„Ich sehe nur nach der Post", hatte er gesagt.

Die Liebe Gottes hatte seinen letzten Weg zärtlich überschattet. Er sollte nicht an der kleinen einbahnigen Landbrücke enden. Nein, nicht da. Auch nicht in der scharfen Kurve beim Andachtshaus der Quäker. Nein, er mußte Freunde wie Mr. Janney, den Ladenbesitzer, um sich haben, der sosehr ein Glied der winzigen Gemeinde war, der Ur-Ur-Urenkel von Hannah Janney. Ja, als Vater zum Laden fuhr, kam er genau an der

Stelle vorbei, wo Hannah begraben liegt . . . Ich erinnere mich gern an Hannah. Zu einer Zeit, als eine andere Quäkerfamilie die Evergreen Farm baute, war sie damit beschäftigt, zwölf Kinder aufzuziehen. Aber sie hatte trotzdem Zeit, die gottesdienstliche Versammlung zu leiten und bis zu ihrem Tod mit 93 Jahren die Gemeindeälteste zu sein. . . Ja, irgendwie paßte es, daß Mr. Janney dabei war, als Vater starb.

Da Gott Vaters Ausgang so gut behütet hatte, waren wir sicher, daß er dasselbe auch bei seinem Eingang in ein neues Leben getan hatte. Daher konnten wir auf der 80 Kilometer langen Fahrt zum Friedhof nicht bedrückt sein.

Der Trauerzug fuhr über den neuen George Washington Parkway, von wo man als erstes Zeichen Washingtons die Kirchturmspitzen von Georgetown sieht; über die Memorial Bridge, wo die italienischen Goldstatuen im Frühlingssonnenlicht glitzern; um das Lincoln Memorial herum, auf dessen weißer Symmetrie die Augen ausruhen; gewiß das schönste Gebäude Washingtons. . . Die Kirschbäume um das Tidal Basin sind am Verblassen; die Constitution Avenue hinunter, so vertraut, so vertraut.

Wie viele Male bin ich hier auf- und abgegangen. Und hinaus in die Landschaft von Maryland bis zum Fort Lincoln Friedhof. . . Peter Marshall hatte hier in so vielen Ostergottesdiensten gepredigt. Nun wird Vater dicht neben ihm liegen.

Am Tag nach dem Begräbnis sahen Mutter und ich Vaters Schreibtisch durch. Aus einer Schublade zog ich einen Brief, den ich kannte. Es war ein Liebesbrief, den ich Vater vor mehreren Monaten spontan geschrieben hatte. „Ich bin überrascht, daß er ihn aufhob", bemerkte ich.

„Er las ihn immer wieder", sagte Mutter. „Du ahnst nicht, wieviel er ihm bedeutete."

Ich hatte vergessen, was ich geschrieben hatte. Neugierig öffnete ich ihn:

> Ich weiß, Du hast Dich nicht wohlgefühlt, als ich mich im Flughafen von Dir verabschiedete. Ich habe seither dauernd an Dich gedacht. Dies hier schreibe ich aus einer plötzlichen Eingebung heraus. Manchmal ist es gut, solch plötzlichen Eingebungen zu folgen und auszusprechen, was unser Herz bewegt. . .
>
> Du und Mutter, Ihr gabt mir die wunderbarste Kindheit, die ein kleines Mädchen je hatte, weil Ihr mir soviel von Euch selbst gabt. Erinnerst

Du Dich noch an all die Dinge, die Du mir gebastelt hast? Meine Puppenmöbel; den kleinen Geschirrschrank mit den Glastüren; den Toilettentisch mit seinem schwenkbaren Spiegel und den kleinen Glasknöpfen — ich sehe ihn noch immer vor mir; die Hütte im Kirschbaum, die Du für mich bautest; den Krocketplatz mit darübergespannten Lämpchen. Auf hunderterlei Arten nahmst Du teil am Leben von uns Kindern. Das größte aber, was Ihr beide, Du und Mutter, für uns tatet, war natürlich, daß Ihr uns das sichere Wissen mitgegeben habt, daß die Liebe und Güte Gottes auch draußen in der Welt mit uns sein werden. Werde ich zu gefühlsselig? In Wirklichkeit wollte ich Dir nur sagen, daß ich Dich sehr liebhabe...

Langsam steckte ich den Brief in den Umschlag zurück und legte ihn wieder in die Schublade. Ich war froh, daß ich meinem Herzen gefolgt war und ihn geschrieben hatte.

Dann griff ich nach Vaters letztem Bankauszug. Ich konnte kaum glauben, was ich sah. Der Kontostand lautete auf 65 Cent.

Es ist wahr, man kann nichts mit sich nehmen. Aber hat man je von jemand gehört, bei dem es am Ende seines Lebens so genau aufging?

Wie typisch für Vater! Er hatte nie Geld. Das Einkommen von Kleinstadtpfarrern ist bekanntlich gering. Doch es hatte immer für alles gereicht — sogar für die Collegeausbildung seiner Kinder und die Evergreen Farm als Alterssitz. Irgendwie schien der Kontostand von 65 Cent richtig.

Vaters Leben hatte mich das eine Wesentliche gelehrt — die Pflege menschlicher Beziehungen. Die Bande, die Familien und Freunde zusammenhalten, sind nicht für kurze Zeit, sondern für die Ewigkeit geknüpft. Sie erstrecken sich über die Grenzen von Raum und Zeit hinaus. Sie verflechten und verweben sich von einer Generation zur andern und sind über alle Maßen kostbar. Sie sind etwas, das man pflegen, für das man kämpfen, das unter allen Umständen intakt gehalten werden muß. Menschen — mit ihren Ängsten, ihren Schwächen und Träumen; Menschen — im Kampf um den Glauben, in der Pein und Verzückung ihrer Pilgerschaft; Menschen — deren Persönlichkeit fortlebt, die wachsen, lernen, lieben und andern eine hilfreiche Hand leihen; Menschen — um sie allein dreht sich das Leben.

Mutter unterbrach meinen hohen Gedankenflug. Sie hatte schon wieder alles Mögliche im Kopf. „Wahrscheinlich kommt das Kälbchen in ein paar

Tagen zur Welt; Catherine, wir müssen Mrs. Ten Wolde in den Niederlanden und Ray in Wien sobald wie möglich Nachricht von Vaters Tod geben; oh, und da fällt mir noch ein, im Waisenhaus im Tal von Virginia gibt es soviel nette junge Leute. Weißt du, einer dieser Jungen, der die High School besucht, würde vielleicht gern die Sommerferien auf unserer Farm verleben."

In ihren Augen sah ich erwartungsvolle Hoffnung auf die Zukunft.

Register